D1702650

Peter Pierson   Philipp II.

Peter Pierson

PHILIPP II.

Vom Scheitern
der Macht

Verlag Styria

Ins Deutsche übertragen von Uta Szyszkowitz
Der Titel der englischen Originalausgabe lautet
Philip II of Spain
und erschien bei Thames and Hudson Ltd., London 1975
Umschlagbild:
Porträt Philipps II. von Sanchez Coello,
das sich im Besitz des Kunsthistorischen Museums, Wien, befindet.

CIP-Kurztitelaufnahme der Deutschen Bibliothek

Pierson, Peter:
[Philipp der Zweite]
Philipp II.: vom Scheitern d. Macht / Peter Pierson.
[Ins Dt. übertr. von Uta Szyszkowitz]. –
Graz, Wien, Köln: Verlag Styria, 1985.
Einheitssacht.: Philip the Second of Spain < dt. >
ISBN 3-222-11593-1

1985   Verlag Styria   Graz Wien Köln
Alle Rechte der deutschen Ausgabe vorbehalten
Printed in Austria
Umschlaggestaltung: Christoph Albrecht
Satz und Druck: Druck- und Verlagshaus Styria, Graz
Bindung: Wiener Verlag, Himberg
ISBN 3-222-11593-1

INHALT

VORWORT

Für Victor Hugo war Philipp II. eine „schreckliche Sache", für die Aufklärung war er ein Vorkämpfer des Obskurantismus, und die Romantiker attackierten ihn als Feind der Freiheit. Außerhalb Spaniens und für die spanischen Liberalen nahm Philipp II. immer den ersten Platz unter den Tyrannen der Geschichte ein. Diesen Platz freilich sollte er später an die Diktatoren des 20. Jahrhunderts verlieren, die es schafften, Philipp II. in der Rolle des archetypischen Tyrannen zu übertrumpfen.

Mittlerweile ist die Polemik einer nüchterneren Geschichtsbetrachtung gewichen. Wir beurteilen die Persönlichkeit Philipps II. heute bewußt vor dem Hintergrund der damaligen Zeit und ihrer Wertvorstellungen. Die damalige Zeit war der unsrigen nicht gar so unähnlich, und bei den Werten muß man damals wie heute zwischen dem unterscheiden, was lauthals proklamiert und was tatsächlich praktiziert wird.

Das späte 16. Jahrhundert war gekennzeichnet durch Aufstände und Kriege, die sich wie Seuchen ausbreiteten, weil sie nicht allein auf materiellen Erwägungen, sondern auch auf ideologischen und religiösen Überzeugungen basierten. Wie die heutige Welt mußte sich das damalige Europa an relativ schnell wechselnde Lebensbedingungen anpassen. Denn die damalige Zeit war wie die heutige eine Zeit der Umwälzungen, die zu ernsten Erschütterungen auf allen Gebieten des Lebens und des Denkens führten.

Wenn man diesen Hintergrund nicht aus den Augen verliert, kann die Beschäftigung mit Philipp II. durchaus fruchtbar für unsere Zeit sein. Philipp II. war ein Konservativer in dem Sinn, daß er das traditionelle Regierungs-, Gesellschafts- und Kirchensystem unbedingt aufrecht-erhalten und höchstens verbessern wollte. In der Regierung richtete sich sein Ehrgeiz auf eine besser funktionierende Justiz- und Finanzgebarung, auf religiösem Gebiet wollte er die Rolle der Kirche als Zuchtmeisterin seiner Untertanen stärken. Kriege wünschte er zu vermeiden. Daß es ihm nicht gelang, zeigt die Grenzen seiner Macht. Seine eigenen Kriege hielt er für reine Defensivkriege, die er zur Wahrung seiner Rechte, seines Erbes und seiner Religion führte. Dieser Ansicht sind allerdings die Historiker nicht. Seine Eroberung Portugals und sein Krieg gegen Heinrich IV. von Frankreich stellen sich, aus der Distanz betrachtet, als reine Angriffs-kriege dar.

7

Der erste Teil dieses Buches beschäftigt sich mit der Kindheit und Erziehung Philipps II. und schildert seine Ausbildung zum königlichen Amt. Diese wurde von seinem Vater Kaiser Karl V. (Carlos I. von Spanien) überwacht.

Nach der Abdankung seines Vaters übernahm Philipp die Regierung über sein großes Reich, das erste Reich, „in dem die Sonne nie unterging". Die Art seiner Regierung setzte einen Markstein in der Entwicklung des modernen bürokratischen Staatswesens, wenn auch seine Motive noch ganz mittelalterlich waren. Nach einem Überblick über Philipps Herrschaftsbereich und nach der Analyse seines Hoflebens kristallisieren sich fünf einzelne Themen heraus:

1. Einheit beziehungsweise Nichteinheit auf der Iberischen Halbinsel;
2. Probleme mit Italien und dem Mittelmeerraum;
3. Der Aufstand der Niederlande;
4. Aufstieg Englands zur Weltmacht;
5. Die Hugenottenkriege in Frankreich.

Bei jedem dieser Themenkreise sind innen- und außenpolitische Auswirkungen zu beobachten. Im gleichen Maß, wie Philipp mit Problemen konfrontiert war, die ihm die Vergangenheit hinterlassen hatte, schuf und hinterließ er seinerseits ungelöste Probleme.

In der Wortwahl vermied ich absichtlich alle jene Begriffe, die nicht der Situation des 16. Jahrhunderts entsprechen. Dies trifft besonders auf Philipps Außenpolitik zu, die meines Erachtens von modernen Gelehrten oftmals verzerrt dargestellt worden ist, weil sie das Vokabular der Nationalstaaten des 19. und 20. Jahrhunderts verwendet haben. Philipp II. aber dachte nicht nationalstaatlich, für ihn waren die Begriffe „Dynastie" und „Religion" die Maßstäbe seines Denkens und Handelns.

Ich möchte an dieser Stelle meine Dankbarkeit allen jenen Wissenschaftlern bezeugen, die sich vor mir mit Philipp II. und seiner Zeit beschäftigt haben. Viele von ihnen werden in meiner Bibliographie erwähnt. Großen Dank schulde ich meiner Lektorin Ragnhild Hatton für die Durchsicht meiner Manuskripte und für ihre hilfreichen Ratschläge. Für wertvolle Kritik und Hilfe danke ich auch John H. Elliott, Manuel Fernández Alvarez, Helmut G. Koenigsberger, Albert Lovett und Geoffrey Parker. Aus vielerlei Gründen erwähne ich hier auch Andrew Lossky, Elizabeth Gleason, E. Thaddeus Flood, Geoffrey Symcox, Elizabeth Israels Perry, Doña Matilda Medina, Stanley Payne, Lewis Spitz, das Fullbright Programme, den Mabelle McLeod Lewis Memorial Fund, meine Kollegen und Studenten der University of Santa Clara, meine Eltern Mr. und Mrs. Henricus de Wildt.

I.

Karl und Philipp:
Die Erziehung eines christlichen Prinzen

Philipp II. von Spanien: Tizian malte ihn als stolzen Vierundzwanzigjährigen, Antonius Mor als selbstbewußten Dreißigjährigen, Sanchez Coello als gütigen, reifen Mittvierziger und Pantoja de la Cruz als alternden Mann Mitte sechzig. Allen Porträts gemeinsam sind die würdevolle Haltung und der ernste, gebieterische Blick.

Philipps Spanien: Cervantes hat es beschrieben und Mateo Alemán, die heilige Teresa von Ávila, Diego Hurtado de Mendoza und Luis Cabrera de Córdoba. Aber kein Maler hat so wie Velázquez, Murillo und Zurbarán im folgenden Jahrhundert das Leben des Volkes bildlich dargestellt. Pieter Breughel, ein flämischer Untertan Philipps II., hat uns zwar viele Volksszenen zu Philipps Zeit hinterlassen, aber er malte nur in den Niederlanden. Philipp war ja nicht nur König von Spanien, wenn dies auch sein bekanntester Titel ist: Er herrschte auch über die siebzehn Provinzen der Niederlande und war außerdem König von Neapel, Sizilien und Sardinien, Herzog von Mailand, König von Aragonien, Kastilien und seinen überseeischen Besitzungen und seit 1580 auch König von Portugal.

Dennoch assoziiert man hauptsächlich Spanien mit ihm, und zu Recht: Sah er doch die Welt mit den Augen eines Kastilianers und hatte, wenn man seinem Biographen und Lehrer glaubt, Lob nur übrig für Menschen spanischer Abstammung.[1] Nichtsdestoweniger betrachtete er sich als Mitglied und nach dem Tod seines Vaters, Kaiser Karls V., als Haupt der Familie Habsburg, des Hauses Österreich, und betonte immer wieder, daß er allen seinen Untertanen die gleiche Liebe entgegenbrächte. Tatsächlich aber zog er es vor, Spanier an seiner Seite zu haben, und fühlte sich in der Umgebung anderer nicht wohl. Kein Wunder also, daß er, nach den Worten des venezianischen Botschafters Suriano, bei den Italienern unbeliebt, den Flamen widerlich und den Deutschen verhaßt war.[2] Sobald er konnte, zog er sich denn auch nach seinem Regierungsantritt auf die Iberische Halbinsel zurück, wo er bis zu seinem Tode lebte. Er regierte mehr als vierzig Jahre.

9

Philipp wurde als Prinz von Spanien am 21. Mai 1527 in Valladolid geboren und zwei Wochen später mit allen Feierlichkeiten getauft, die dem erstgeborenen Sohn von Don. Carlos, König von Kastilien und Aragonien, besser bekannt als Kaiser Karl V., und seiner Frau Isabella, Infantin von Portugal, Kaiserin und Königin, zukamen.[3]

Nach einem Monat fanden jedoch die Festlichkeiten ein jähes Ende, als Kaiser Karl V. erfahren mußte, daß seine Armeen, die er in Italien zusammengezogen hatte, um gegen die Liga von Franz I., König von Frankreich, und Papst Clemens VII. von Medici zu kämpfen, daß diese Armeen wider alle Regeln das päpstliche Rom geplündert hatten.

Obwohl er Vertrauten gegenüber den Papst selbst für schuldig an dieser Katastrophe erklärte, tat er öffentlich Buße. So wurden schneller als erwartet die optimistischen Prophezeiungen der Hofastrologen, welche dem Prinzen Wohlstand und Frieden geweissagt hatten, von trüberen Zukunftsvisionen verdrängt, die andere Wahrsager in dem strömenden Regen entdecken wollten, der am Tage seiner Geburt gefallen war. Philipp, das stellte sich jetzt schon heraus, würde eines Tages von seinem Vater nicht nur einen riesigen Besitz erben, sondern auch eine Menge schwieriger Probleme.

Auch Karl hatte seine Länder zum großen Teil durch Erbschaft erworben. Die Größe des Besitzes erregte naturgemäß Angst- und Neidgefühle bei den Zeitgenossen; und Karl entwickelte in ständiger Verteidigungsbereitschaft ein starkes Gefühl für seine Mission, welches er mit den meisten seiner Länder an Philipp weitergab.

Von seinem Vater Philipp dem Schönen hatte Karl 1506 als Sechsjähriger die Niederlande und die Franche-Comté (Freigrafschaft Burgund) geerbt. Nach seinem verstorbenen Vater übrigens nannte Karl später seinen Sohn und Erben. Weder Karl noch Philipp waren gebräuchliche Namen bei den spanischen Königen. Sie stammten vielmehr aus der Familie der Valois, der Herzöge von Burgund, mit deren Besitz und Interessen Karl das Schicksal Spaniens und seiner katholischen Monarchie nun fest verband.[4]

Diese katholische Monarchie bestand aus Kastilien und dem Herrschaftsbereich der Krone Aragoniens, nämlich Aragonien und den italienischen Königreichen Sizilien, Sardinien und Neapel. Die Kronen waren durch die Heirat von Isabella der Katholischen, Königin von Kastilien,[5] und Ferdinand dem Katholischen, König von Aragonien, vereint worden; und Karls Mutter Johanna war durch den unerwarteten Tod ihres älteren Bruders und ihrer Schwester plötzlich zur Thronerbin aufgestiegen. Damit hatte Ferdinand nicht gerechnet, als er sie mit Philipp, dem einzigen Sohn Kaiser Maximilians I., vermählt hatte, um sich die Unterstützung des Kaisers gegen den König von Frankreich zu sichern.

Als Isabella 1504 starb, eilten Johanna und ihr königlicher Gatte, Philipp I., nach Kastilien, um den Thron zu besteigen und damit praktisch die katholische Monarchie zu teilen. Vergeblich versuchte Philipp, seine wahnsinnige Frau Johanna von der Regierung auszuschließen: Die kastilischen Cortes hielten ihrer Königin die Treue.[6] 1506 aber starb Philipp, und nun gelang es Ferdinand, die Cortes von Johannas Inkompetenz zu überzeugen. Die schwerkranke Johanna, die nach dem Tod Philipps endgültig zusammengebrochen war, wurde in einen Turm des Schlosses in Tordesillas gesperrt, während Ferdinand die Regentschaft in Kastilien übernahm. Damit nahm Kastilien wieder seinen Platz innerhalb der katholischen Monarchie ein. Um Ferdinand 1516 nach dessen Tod nachzufolgen, mußte Karl seine Mutter weiter hinter Gittern halten. Er überredete die Cortes, ihn als Mitregenten seiner unglücklichen Mutter anzuerkennen, das heißt, ihm für die Dauer ihrer Krankheit die volle Regierungsverantwortung zu übertragen.

1519 starb Maximilian I., Karls Großvater väterlicherseits, und hinterließ Karl die österreichischen Herzogtümer. Im selben Jahr wurde Karl zum „Heiligen Römischen" Kaiser gewählt, eine Würde, die die Habsburger bald als ihr Eigentum betrachten sollten.

Von seinen Großeltern hatte Karl aber nicht nur Länder geerbt, sondern auch einen Krieg mit dem König von Frankreich wegen dynastischer und strategischer Querelen, die Pflicht, die römische Kirche gegen den Protestantismus zu verteidigen, und die Aufgabe, das Christentum gegen seinen traditionellen Feind, den Islam, zu beschützen. Diese schwelenden Konflikte entluden sich explosionsartig in der Plünderung Roms (1527), und es schien, als sei mit diesem Gewaltakt die glückliche Epoche zu Ende gegangen, die wir jetzt die Renaissance nennen. Plötzlich war der Optimismus dahin, mit dem die Menschen die neue Wissenschaft, vor allem aber Erfindungen wie die Druckkunst und die Entdeckung der Neuen Welt, begrüßt hatten.

Vor diesem Hintergrund entwickelte Karl sein starkes Sendungsbewußtsein, denn er glaubte, daß die Vorsehung ihn nicht zufällig mit so viel Besitz überhäuft hatte.[7] Innerhalb des Christentums wünschte er unter den christlichen Fürsten Frieden zu stiften, und er hoffte auf eine Lösung im Streit der Reformer und Roms: Waren diese Ziele erreicht, wollte er zu einem neuen Kreuzzug gegen den Islam aufrufen. Überflüssig zu sagen, daß Karl dieses Programm nie gegen die vielen Widerstände

11

durchsetzen konnte. Unter seiner Regierung verfinsterte sich der Horizont einer Welt, die von Kriegen und Reformen erschüttert und von den Türken bedroht wurde. Immer verbitterter gab er dennoch die Hoffnung nicht auf und machte es sich zu seiner wichtigsten Aufgabe, seinen Sohn und Erben auf die Welt und seine Sendung in dieser Welt vorzubereiten.

Über Philipps früheste Kindheit ist wenig bekannt. Da Kaiser Karl von 1529–1533 nicht in Spanien residierte, wurde Philipp mit seinen Schwestern Maria (geb. 1529) und Juana (geb. 1535) von der Mutter Isabella, einer würdevollen Frau von starkem Charakter und tiefer Religiosität, erzogen. Kaiser Karl hatte sie 1526 aus politischen Gründen geheiratet, aber bald darauf lieben und achten gelernt.

Mit besonderem Nachdruck pflegte die Kaiserin Philipp daran zu erinnern, daß er der Sohn des größten Kaisers aller Zeiten sei, der sich dementsprechend zu benehmen habe.[8] War dies nicht der Fall, dann konnte sie sehr streng mit ihm sein und ihn so hart bestrafen, daß zumindest einmal ihre Hofdamen über ihre „Grausamkeit" in Tränen ausbrachen.[9] Der Vater schien dagegen milder gewesen zu sein: Als er einmal Philipp dabei überraschte, wie er mit anderen Kindern im königlichen Schlafzimmer herumtobte, akzeptierte er die Entschuldigung seines Sohnes, die anderen hätten „damit angefangen". Sie wurden ausgeschimpft und weggeschickt, während Philipp von Strafe verschont blieb.[10]

Karl konnte im Umgang mit anderen Menschen außerordentlich leutselig sein, Isabella dagegen wirkte immer reserviert und behielt sich ihre Herzlichkeit für den intimen Kreis der Familie und der Freunde vor. Philipp war eher nach seiner Mutter als nach seinem Vater geraten: In der Öffentlichkeit war er würdevoll, ja hochmütig und niemals leutselig; aber mit seiner Familie und einigen wenigen Freunden konnte er freundlich und warmherzig sein. Zuweilen zeigte Isabella aber auch Humor. 1535 schrieb Philipps erster Erzieher, Don Pedro González de Mendoza, ein geistlicher Herr und Sohn des Herzogs von Infantado, Kaiser Karl V., daß er und der Marquis von Lombay, der spätere Francisco Borja, General der Jesuiten, Prinz Philipp auf einen Esel gesetzt und ihn durch die Straßen von Toledo geführt hätten, was die Menge und auch die Kaiserin zum Lachen gebracht hätte.[11] So wie Philipp sich im späteren Leben verhielt, schien er tatsächlich mehr der Mutter nachgeraten zu sein: Er lachte gerne über Possen,[12] aber er verabscheute die ausgelassenen Gelage, an denen sich sein Vater ergötzt hatte.

Vielleicht gerade weil er mit seinem Vater so wenig Ähnlichkeit hatte, empfand Philipp für seinen Vater, den mächtigen Kaiser, eine große Verehrung. Und dieser überschüttete seinen Sohn, wenn seine Regierungsgeschäfte ihm Zeit ließen, mit Liebe und Vertrauen. Philipps größter Wunsch war es, seinem Vater würdig zu sein: An des Vaters Erfolgen und Mißerfolgen maß er sein eigenes Verhalten, und wenn wir Gregorio Marañón, dem Leibarzt von Alfons XIII. von Spanien und Historiker aus Leidenschaft, Glauben schenken, dann litt Philipp bei diesem Vergleich unter Minderwertigkeitskomplexen.[13] Aber Philipp hat zuwenig über sich selbst gesagt, um sicher wissen zu können, was in ihm vorgegangen ist: Es ist und bleibt ein heikles Unternehmen, sein Verhalten als reifer Mann als Folge seiner frühkindlichen Beziehungen zu seinen Eltern zu deuten.

1535 nahm Kaiser Karl seinen Sohn aus der Obhut seiner Mutter und ihrer Hofdamen, richtete dem Prinzen einen eigenen Haushalt ein und bestimmte als Erzieher seinen alten Freund und Rat, Don Juan de Zúñiga, „comendador mayor" von Kastilien. Damit begann Philipps Erziehung in der Welt der Männer. Über diese Jahre informieren uns am besten die Briefe von Zúñigas Gattin, Doña Estefanía de Requesens, an ihre Mutter.[14] Wir erfahren hier alles über Philipps Kinderkrankheiten und über die Spiele mit den Kindern des Hofes: So beschreibt sie, wie Philipp einmal mit seinem Pagen, ihrem Sohn Don Luis de Requesens, eine Kirche aus Spielkarten baute. Sein Hauptvergnügen scheint in jener Zeit gewesen zu sein, Scheinturniere zu veranstalten, andererseits verfolgte er auch schon mit Interesse den Gang der Weltpolitik.

Zúñigas wichtigste Erziehungsaufgabe betraf die Vervollkommnung des Prinzen in den höfischen und männlichen Künsten. Hier konnte er gelegentlich sehr streng mit dem Prinzen umgehen, was von Karl, der dies nicht fertigbrachte, offenbar sehr geschätzt wurde.[15] Unter Zúñigas Führung lernte Philipp Reiten, Jagen und die verschiedensten Arten des Turnierkampfes, zum Beispiel das Lanzenreiten mit sogenannten *cañas* (Lanzen), wo es mehr auf gute Reitkunst als brutale Kraft ankam. Daneben aber mußte Philipp lernen, sich galant und elegant zu benehmen mit Anmut und Höflichkeit, wie es dem Ideal eines Renaissancefürsten entsprach.[16] Er erlernte auch das Gitarrenspiel, ohne aber dazu zu singen. Er gewann Vögel und Blumen lieb und hielt sich gerne in Wäldern auf. Die Liebe zur Natur widerspricht übrigens dem gängigen Bild vom spanischsten aller spanischen Könige und nähert ihn vielmehr den Niederländern an.[17] Von seinem Vater erbte er eine ausgeprägte Neigung für die schönen Künste und für gute Musik.

Für die akademische Erziehung war Meister Juan Martínez Siliceo zuständig, ein gütiger, aber etwas bigotter Geistlicher einfacher Abstammung. Siliceo hatte Philosophie und Theologie in Spanien und in Paris studiert und wurde nun von seinem Lehrstuhl in Salamanca abberufen,

13

um Philipps Lehrer zu werden. Er konnte sich mühelos in Latein ausdrücken und verfaßte später mehrere theologische Abhandlungen. Aber sein größtes Interesse galt der Mathematik, und auch auf diesem Gebiet trat er mit einigen Werken hervor. So ist es kein Wunder, daß die Mathematik Philipps bestes Fach wurde.

Ihm zur Seite standen zwei bekannte Gelehrte, der Humanist Honorato Juan, ein Schüler des Pädagogen Luis Vives, und der aristotelische Philosoph Juan Ginés de Sepúlveda, der Geschichtsschreiber Karls V. und später Philipps II. Dieser war es auch, der Bartolomé de las Casas gegenüber das Recht der Spanier vertrat, nichtchristliche Völker zu unterjochen und zu versklaven.

Philipp wurde allein und in der Gesellschaft von fünf oder sechs anderen Kindern von Höflingen unterrichtet. Unter diesen befand sich auch der junge Requesens. Eine Weile nahm auch Philipps Vetter Maximilian, der am 31. Juli 1527 in Wien geboren war, an diesem Unterricht teil. Kaiser Karl V. legte besonderen Wert darauf, daß Philipp die lateinische Sprache beherrschen lernte und sich mühelos in Französisch ausdrücken konnte: Er wußte, wie wichtig Sprachen waren, und hatte sie sich notgedrungen aneignen müssen, weil er plötzlich Länder erbte, wo überall verschiedene Sprachen und Dialekte gesprochen wurden. Latein war die Sprache der Gebildeten, Französisch war ein wichtiges Kommunikationsmittel in den Niederlanden, sogar in den flämischen Provinzen, Kastilisch dagegen verstand man außerhalb Spaniens nur in Portugal und Italien. Es ist nicht bekannt, ob Karl versucht hat, seinen Sohn auch die deutsche Sprache zu lehren oder einen niederländischen Dialekt. Tatsache ist, daß Philipp sich nicht so sprachkundig erwies wie sein Vater und daß Karl Siliceo dafür zur Verantwortung zog. Er sei nicht streng genug gewesen, wurde ihm vorgeworfen.

Immerhin lernte Philipp mühelos Latein lesen und immerhin so zu sprechen, daß er ein Gespräch führen konnte.[18] Mit Portugiesisch, der Sprache seiner Mutter, verstand er ebenfalls umzugehen, während er Französisch nur mangelhaft beherrschte, so daß ihm die französische Korrespondenz meistens ins Kastilische übersetzt werden mußte. Wirklich fließend beherrschte er nur das Kastilische, aber auch hier verfügte er über keinen besonders guten Stil. Den letzten Schliff erhielten jedenfalls seine Schriften durch seine Sekretäre, die sie in die der damaligen Zeit entsprechende Form brachten. Einer dieser Sekretäre war Luis Cabrera de Córdoba. Er war zugleich sein Biograph, und er erhob die Forderung, Philipp solle als Herrscher über ein Weltreich Kastilisch zur Weltsprache erklären, so wie einst Latein die Sprache des Römischen Reiches und

Griechisch die Sprache des makedonischen Reiches gewesen war. Auch Karl V. wandte sich 1536 in kastilischer Sprache an den Papst und die Kardinäle.

Philipps Kindheit war ein jähes Ende beschieden, als kurz vor seinem zwölften Geburtstag seine Mutter starb. Zwar war der Vater anwesend, um seine Kinder zu trösten, aber nicht lange. Regierungsgeschäfte riefen ihn schon im Spätherbst in die Niederlande. Er ließ Philipp in Spanien als Symbol seiner Verbundenheit mit seinen iberischen Königreichen zurück. Der junge Prinz setzte seine akademischen Studien unter Siliceo fort, nahm aber daneben bereits an den Sitzungen des königlichen Rates teil. Unterricht in der Staatskunst erteilten ihm Zúñiga, der Erzbischof Tavera von Toledo, der zugleich Karls Generalleutnant von Kastilien war, und Francisco de los Cobos, Karls Finanzsekretär.

Ende 1541 kehrte Karl V. nach Spanien zurück, brach aber bereits im Mai 1543 erneut nach Deutschland und den Niederlanden auf, um Krieg gegen seine vielen Feinde zu führen, gegen den König von Frankreich, die protestantische deutsche Liga und die Osmanen. Vor seiner Abreise ernannte er den noch nicht sechzehnjährigen Philipp zu seinem Regenten in Spanien mit der Auflage, die Unternehmungen des Vaters zu unterstützen.

Die Lehrjahre des Regierens:
Die Regentschaft in Spanien

Philipp übernahm die Regentschaft in Spanien im Mai 1543 und übte sie bis Oktober 1548 aus, also bis Karl ihm befahl, zu ihm in die Niederlande zu kommen. Während seiner Abwesenheit wurden von Karl V. Philipps Schwester Maria und ihr Mann Erzherzog Maximilian zu Regenten ernannt. 1551 kehrte Philipp nach Spanien zurück und übernahm neuerlich die Regentschaft.[19] Er übte sie bis Juni 1554 aus. Wieder führten ihn Regierungsgeschäfte nach Norden. Diesmal ersetzte ihn seine Schwester Juana. Als er 1559 nach Spanien zurückkehrte, war er bereits König und damit Juana nicht mehr Karls, sondern seine Regentin.

Die Regentschaft Philipps in Abwesenheit seines Vaters war nichts Ungewöhnliches in Karls großem Reich. Für seine wichtigeren Länder – wie Spanien und die Niederlande – wählte Karl nur Mitglieder seiner Familie als Regenten, die übrigen hatten sich mit Vizekönigen oder Statthaltern aus dem hohen Adel zu begnügen.

Bevor er den sechzehnjährigen Philipp als Regenten einsetzte, hatte Karl V. zwei Angelegenheiten zu regeln: 1. die Anerkennung Philipps als Thronerbe Aragoniens (1528 war er als solcher in Kastilien anerkannt worden); 2. Philipp im Interesse der Dynastie und des Friedens mit einer portugiesischen Prinzessin zu vermählen. Daß eine portugiesische Heirat zu der Union Portugals mit den übrigen iberischen Königreichen führen könnte, war wohl dabei die entscheidende Überlegung. Die Todesrate unter den Kindern König Johanns III. war enorm hoch. Tatsächlich überlebte er sie alle und wurde von seinem einzigen und unglückseligen Enkelsohn Dom Sebastian beerbt.

Anfang 1543 rief Karl daher die „Cortes Generales" der Krone Aragoniens in Monzón zusammen, um ihm Subsidien zu bewilligen und Philipp als Thronfolger anzuerkennen. In beidem entsprachen die Cortes seinem Willen.

Eine weitere Regelung war für das eigentliche Königreich Aragonien zu treffen. (Aragonien bedeutet sowohl das kleine Königreich mit der Hauptstadt Zaragoza als auch Aragonien, Valencia und Katalonien zusammen, die alle vom Haus Aragonien regiert wurden.) Karl beabsichtigte nun, die Macht der Krone zu vergrößern und die Rolle der Justicia von Aragonien zu schmälern, indem er die Zeremonie abänderte, in der Philipp schwor, die berühmten „Freiheiten" Aragoniens zu schützen.[20] Diese Freiheiten begünstigten den Adel: Die Justicia hatte das Recht, den König in gewissen Fällen, eben wenn diese „Freiheiten" zur Debatte standen, zu überstimmen. Das Amt der Justicia war ein Erbrecht der Familie Lanuza geworden; dennoch war der Streit darüber, ob nun dieses Amt vom König, von den Cortes oder von beiden abhänge, nie geschlichtet worden.

Als Karl V. seinerseits 1518 den Eid abgelegt hatte, war die Zeremonie in La Seo, der Kathedrale von Zaragoza, so arrangiert worden, daß er auf einem Podium mit dem Rücken zum Hauptaltar und mit dem Gesicht zu den Repräsentanten der Cortes und der stehenden Justicia gekniet hatte, welche ihm den Eid abnahm. So war der Eindruck entstanden, Karl habe sich dem Magistrat und dem Volk von Aragonien unterworfen, zumindest hatten es viele so empfunden. Karl achtete nun darauf, daß Philipp den Eid angesichts des Hauptaltars von La Seo und nicht der Cortes und der Justicia ablegte, um damit zu verdeutlichen, daß er sich nur Gott und keiner sterblichen Macht unterwerfe. Damit betonten Kaiser Karl V. und sein Sohn Philipp ihre Auffassung vom göttlichen Recht, und Philipp sollte als König den Streit um die Justicia zugunsten der Krone entscheiden.

Die Heirat Philipps mit der portugiesischen Infantin Maria Manuela fand im Herbst 1543 in Salamanca statt. Getrieben von Neugier und jugendlicher Begeisterung ritt Philipp ihr entgegen, als sie sich mit ihrem Reiterzug der Stadt näherte, und er soll sich zeitgenössischen Quellen zufolge sofort in das hübsche, robuste Mädchen verliebt haben, das genauso alt war wie er. Als sie ihm am 8. Juli 1545 einen Sohn gebar, nannte er ihn nach seinem Vater Don Carlos. Vier Tage später jedoch starb die Prinzessin an den Folgen der schwierigen Geburt, und Philipp, der als Zwölfjähriger seine Mutter begraben hatte, mußte nun mit achtzehn seine erste Frau bestatten.

Seine Regentschaft betrieb er mit viel Ernst und Fleiß. Eine wertvolle Hilfe leisteten ihm dabei zweifelsohne die Instruktionen seines Vaters, eines der bemerkenswertesten politischen Testamente der Geschichte, das Karl V. am 4. und 5. Mai 1543[21] verfaßt hatte, als er sich in Palamós zu einer Reise nach Deutschland und den Niederlanden einschiffte. Diese Instruktionen haben so sehr Philipps Denken beeinflußt, daß sie hier im einzelnen dargestellt werden sollen.

Zu Beginn betont Karl V. die Schwere der Verantwortung für einen so jungen Menschen, um dann seiner Zuversicht Ausdruck zu geben, Philipp würde ihm mit Gottes Hilfe Grund geben, „Gott zu danken, Vater eines solchen Sohnes zu sein". Indem er sich als schlechten Vorgänger bezeichnet, bittet er Gott, ihn als sein Instrument zu betrachten – ein von ihm und seinem Sohn häufig gebrauchter Ausdruck –, damit er seinem Sohn die richtigen Ratschläge erteile.

Vor allem beschwor er Philipp, die Inquisition weiter aufrechtzuerhalten und keine Ketzer in sein Königreich zu lassen. Dieser Rat, der in den folgenden Jahren noch mehrmals ausgesprochen werden sollte, wurde von Philipp immer sehr ernst genommen. Die von Papst Sixtus IV. befohlene und 1480 von Ferdinand und Isabella eingerichtete Inquisition wurde von einem königlichen Rat, *de la suprema y general Inquisición*, bestehend aus königlichen Beamten, regiert. Ursprünglich hatte sie verhindern sollen, daß konvertierte Juden (*conversos*) und Mauren (*moriscos*) rückfällig wurden. Man nannte sie die Neuen Christen im Unterschied zu den Alten Christen, der Mehrheit des spanischen Volkes. Da sie der Kontrolle des Königs unterstand, war die Inquisition ein machtvolles Instrument des Absolutismus, sie entwickelte aber zugleich immer mehr Eigenleben, einmal durch den Ehrgeiz des Klerus, zum andern durch die Furcht der Alten Christen, welche die Loyalität der Neuen Christen zur Kirche und Krone immer wieder in Zweifel zogen. Unter der Leitung von Spezialisten des kanonischen Rechts und der Theologie diente der Inquisition ein Heer von 20.000 anonymen Schnüfflern, die in allen Schichten des Volkes zu Hause waren.

Je desillusionierter Kaiser Karl sich dadurch fühlte, daß es ihm nicht gelungen war, mit und ohne Waffen, die Ketzerei in seinem Reich zu unterdrücken, desto fester war er davon überzeugt, daß allein eine mächtige Inquisition Spanien vor den deutschen Zuständen bewahren konnte. In der Instruktion von 1557 für die Prinzessin Juana klagte Karl die Ketzer an, die Gemeinschaft der Gläubigen zu zerstören, und äußerte die Befürchtung, sie würden demnächst zu den Waffen greifen, um die Kirche und die etablierten Mächte zu stürzen.[22] Ketzer waren seiner Ansicht nach als Rebellen anzusehen und zu behandeln. Unter Philipp hieß es schon gemeinhin „Rebell und Ketzer".

Ebenso wichtig wie die Religion war für Karl V. die Rechtsprechung. Philipp sollte immer darauf achten, daß die Beamten gerecht waren, und er riet seinem Sohn, Christus nachzueifern und die Gerechtigkeit durch Barmherzigkeit zu mildern. Allerdings sei „zu viel Barmherzigkeit eher eine Sünde als eine Tugend".

Karl V. beschwor seinen Sohn, in allen Dingen mäßig zu sein: „Bleibe gelassen und tue nichts im Zorn. Folge nicht dem Rat der Jungen und höre nicht auf die Verleumdungen der Alten." Da er in der Regierung von reifen Männern umgeben sei, solle er sich auch selbst als erwachsener Mann betragen, keine Späße machen und sich nicht närrisch aufführen.

Im Eingedenken seiner eigenen Fehler ermahnte Karl seinen Sohn, schlechte Menschen wie das Feuer zu meiden. Sie seien gefährlich und hätten viele Möglichkeiten, sich ihm zu nähern. Er solle nicht zögern, sich über einen Menschen möglichst viele Informationen zu beschaffen, so könne er ihn, wenn er schlecht sei, auf der Stelle entlassen. Dagegen solle er gute Menschen fördern, so daß allgemein bekannt werde, daß sie ihm dienen dürften und nicht die schlechten. Diesen Rat hat Philipp immer befolgt: Ein Charakteristikum seines Regimes war die Sorgfalt, mit der alle Quellen benutzt wurden, um Informationen über die zu sammeln, die dem König dienten.

Karl läßt nun einige Erläuterungen über jene Männer folgen, die er seinem Sohn an die Seite gestellt hatte: Erzbischof Tavera, Zúñiga, los Cobos und den Herzog von Alba. Keiner von ihnen sollte, riet der Kaiser seinem Sohn, zu viel Macht ausüben, obwohl mancher es sicher versuchen würde, aus welchen Intentionen auch immer. Aus Karls Bemerkungen über sie und aufgrund unseres Wissens aus anderen Quellen läßt sich sagen, daß diese sehr konservativen und strenggläubigen Männer, die Philipp während seiner Lehrzeit zur Seite standen, der Monarchie aus Prinzip und aus persönlichem Interesse zutiefst ergeben waren.

Im Fall des Don Fernando Alvarez de Toledo, des dritten Herzogs von Alba, des einzigen, der aus diesem Kreis 1547 noch am Leben war, waren jedoch zwei Punkte zu beachten. Der erste war persönlicher Natur: Der Herzog, warnte Karl seinen Sohn, würde versuchen, ihn als

Kind zu behandeln. Und tatsächlich hatte Albas Benehmen dem König gegenüber bis zu seinem Tod etwas Onkelhaftes; noch viele Jahre später war Alba für Philipps früheren Pagen immer *el tío* (der Onkel).[23]

Wesentlich schwerwiegender war die Gefahr, die Albas Stand, die Granden, für die Autorität der Krone darstellte. Ihre Vorfahren hatten einst dem königlichen Bastard Heinrich, dem Begründer der Dynastie der Trastámaras, geholfen, Pedro, dessen Politik ihnen nicht gefiel, vom Thron zu stoßen. Die den Granden daher stark verpflichteten Trastámaras revanchierten sich durch reichliche Landvergabe aus königlichem Besitz. Erst Ferdinand und Isabella stoppten diese Entwicklung. Um die Macht der Krone wieder zu stärken, übernahmen die katholischen Könige die Kontrolle über die militärischen Orden Kastiliens und beschränkten die Macht der Granden in der Verwaltung. Sie behielten jedoch ihre unrechtmäßig erworbenen Güter, eine fast absolute Rechtsprechung über ihre Vasallen, und sie waren vor allem weiter von der direkten Besteuerung befreit. Kaiser Karl zweifelte keinen Augenblick daran, daß die Granden jede Chance nützen würden, um die Verwaltung wieder in den Griff zu bekommen und erneut den königlichen Besitz zu plündern. „Wenn du dich den Granden gegenüber schwach erweist", warnte er seinen Sohn, „dann wird dich das teuer zu stehen kommen."

Es war jedoch unmöglich, die Granden gänzlich von der Regierung fernzuhalten. Zu groß war ihre wirtschaftliche und soziale Macht. Das Land ließ sich nun einmal nicht regieren, wenn nicht zwischen Krone und Magnaten ein gewisses Einverständnis herrschte. Die Magnaten aber betrachteten den Dienst an der Krone als ihr Erbrecht und die Plünderung der Krone sozusagen als berechtigte Nebeneinnahme. Es gab nur eine Lösung. Diese allerdings erforderte eine unermüdliche Wachsamkeit: So sollte Philipp zum Beispiel den Herzog Alba lediglich zu Problemen der Außenpolitik und der Kriegführung befragen (in der Werteskala des Adels standen diese beiden Posten ohnehin an höchster Stelle) und ihn dafür von allen Bereichen der Verwaltung fernhalten. Mit anderen Worten: von allen gerichtlichen Verfahren, der Güter- und der Finanzverwaltung.

Aber die Granden waren nicht die einzigen, die der Krone Schwierigkeiten bereiteten: Es gab noch einen Stand, die Kirche. Diese größte aller frühmodernen Institutionen war von entscheidender Bedeutung für die Regierung, zugleich aber abhängig von einer äußeren Macht, dem Papst. Diesen aber, ermahnte der Vater den Sohn, müsse er in Ausübung der königlichen Autorität besonders bei Rechtsproblemen durchaus die Stirn bieten, zwar in allem Respekt vor dem Heiligen Vater, aber in dem Bewußtsein, daß die Gesetze des Landes Vorrang haben.

Mit besonderem Nachdruck behandelte Karl V. in seinen Instruktionen die Finanzverwaltung, „von der der Erfolg und der Mißerfolg meiner Politik abhängt. Du mußt dich intensiv mit den Finanzen beschäftigen und lernen, die Probleme zu verstehen." Philipp nahm sich diesen Rat zu Herzen und beschäftigte sich tatsächlich intensiv mit finanziellen Problemen, ohne jemals wirklich alle Kompliziertheiten zu durchschauen.

Die Finanz war eng mit der Politik verknüpft, da die Krone wegen Steuererhöhungen mit den Cortes zu verhandeln hatte, obgleich unter Philipps Regierung das steigende Einkommen der Krone aus der Neuen Welt dem König größere Unabhängigkeit verschaffte. So konnte er zuerst die politische Entscheidung treffen – gewöhnlich handelte es sich dabei um einen Krieg – und dann erst die Cortes unter Druck setzen, damit sie sich aus Loyalität oder Angst an den Kriegskosten beteiligten.

Das Zusammentreffen mit den Cortes war meistens ein unerfreuliches Erlebnis, wie Philipp während seiner Regentschaft feststellen mußte. Vor ihrem Votum für die Subsidien mußte sich der König ihre Beschwerden anhören. Und immer wieder forderten die Cortes mehr Mitsprache in der Gesetzgebung und in der Verwaltungsjustiz.

Die endlosen Beschwerden der Cortes erregten regelmäßig den Ärger der königlichen Beamten, einer immer größer werdenden Kaste von Akademikern und Spezialisten des römischen Rechts. Als loyale Diener der Regierung waren sie von deren Richtigkeit überzeugt und infizierten Philipp mit ihrem Ärger. Da er aber wie sein Vater entschlossen war, die Konstitution seines ihm von Gott anvertrauten Reiches zu wahren, rief Philipp während seiner ganzen Regierung weiter die Cortes in Spanien und in allen seinen Ländern zusammen, welche über solche Institutionen verfügten (das hieß alle außer Mailand). Er lehnte es jedoch mit zunehmendem Alter ab, sich persönlich ihre Beschwerden anzuhören und direkt mit ihren Führern zu verhandeln. Das überließ er seinen Ministern. So gelang es ihm während seiner ganzen Regierung, sich zuerst die Subsidien bewilligen zu lassen und erst danach über die Beschwerden zu verhandeln, die jeweils nach dem Dafürhalten der Krone akzeptiert oder abgelehnt wurden. Hier stoßen wir schon auf den Absolutismus in seiner Anfangsphase: Zwar werden repräsentative Körperschaften noch nach mittelalterlichem Modell zusammengerufen, um Abgaben zu bewilligen und Beschwerden vorzubringen, aber ihre Forderungen finden dabei kaum noch Gehör.

Während die Krone mit den Cortes über Beschwerden und Steuern stritt, verschlechterte sich die wirtschaftliche Lage in Kastilien zusehends.[24] Das deutlichste Symptom dafür war der steile Anstieg der Preise, ohne daß die Produktivität einen gleichen Anstieg zu verzeichnen hatte. Die Cortes warfen Karl die Kosten seiner Kriege vor, und auch Philipp beklagte sich 1545 bei seinem Vater in seiner Eigenschaft als Regent über das allgemeine Elend; denn die Bevölkerung wurde infolge der steigenden Kriegssteuern vom Adel zu immer höheren Abgaben gezwungen, und auch die Kirche forderte ihren Teil.

Die steigenden Kriegskosten bildeten aber nur eine der vielen Ursachen für die wirtschaftliche Krise der Iberischen Halbinsel. Diese wurde von den Zeitgenossen umso schmerzlicher empfunden, als das Jahrhundert ja so vielversprechend begonnen hatte: Die Einwohnerzahlen waren gestiegen, der Wollhandel mit den Niederlanden und Italien florierte, und vor allem hatte die Entdeckung der Neuen Welt neue hoffnungsvolle Perspektiven eröffnet. Aber der Handel mit lukrativen Produkten wie Wolle, Wein und Olivenöl verdrängte den Kornanbau in die Randbezirke des Landes, zum Beispiel nach Altkastilien. Als nun der Anstieg der Bevölkerungszahlen zu einem Anstieg des Brotpreises führte, reagierte die Regierung auf die öffentliche Entrüstung mit einem Preisstopp bei Getreide. Das wiederum hatte die wirtschaftliche Depression in den Getreideanbaugebieten zufolge, da die Bauern nicht mehr in der Lage waren, andere Produkte, die immer teurer wurden, zu bezahlen. Viele gaben auf und zogen woanders hin, suchten sich einen neuen Lebensunterhalt oder wanderten als bettelnde Vagabunden durch die Lande. Die Regierung erließ Gesetze, wonach Vagabunden in Arbeitshäuser gesteckt wurden, aber die Verordnung wurde nur halbherzig befolgt, weil sie von den Bettelorden, welche für die Organisation des Wohlfahrtswesens zuständig waren, unterminiert wurden. Das Vagantentum entwickelte sich zu einem allgemein geduldeten Lebensstil, dem sogar im pikaresken Roman ein Denkmal gesetzt worden ist. Und die andalusischen Granden holten sich aus den Reihen der Vaganten ihre Saisonarbeiter ebenso wie die Offiziere der Armee ihre Rekruten.

Auch dem Gewerbe ging es schlecht. Die kastilische Industrie, die hauptsächlich eine Textil-, Metall- (in den baskischen Provinzen) und Schiffsbauindustrie war, befand sich auf einem niedrigeren Niveau als die flämische und italienische Konkurrenz. Und trotz der Monopolstellung Kastiliens in „Westindien" brachte auch hier der Export nicht immer die gewünschten Gewinne. Weitere Schwierigkeiten bereiteten der Industrie die Reaktion der Cortes und der Krone auf die steigenden Kosten. So beschränkten sie bei den Textilien den Export und ließen dafür mehr importierte Waren ins Land. Diese Maßnahme aber zog keineswegs die Senkung der Preise, sondern nur eine Schwächung der kastilischen Textilindustrie nach sich.

Die damalige Wirtschaftstheorie, die unter einem gewissen Druck durch die Theologie stand, war nicht in der Lage, zufriedenstellende Erklärungen dieser Vorgänge abzugeben. Die Gelehrten der Universität Salamanca hielten die Überschwemmung mit Münzgeld aus der Neuen Welt für einen der vielen Gründe für die Inflation, aber ihre Methodik war kaum geeignet, diesen Gedanken weiterzuentwickeln oder etwa Lösungen vorzuschlagen.

Die Silber- und Goldmünzen, die jedes Jahr aus der Neuen Welt nach Sevilla gebracht wurden, erreichten in den fünfziger Jahren des 16. Jahrhunderts die jährliche Höhe von zwei Millionen Dukaten. Ein Viertel davon strich die Krone ein.[25] Lange blieb das Geld allerdings nicht in Kastilien. Ausländische Bankiers brachten es meistens mit der Lizenz der Krone außer Landes. Wie auch auf anderen Gebieten waren die Kastilianer den Banken in Italien, Deutschland und den Niederlanden im Wettbewerb weit unterlegen. Diese bestanden nicht nur länger, sie arbeiteten auch effektiver, verfügten über bessere Verbindungen und waren flexibler in der Kreditvergabe.

Die Einnahmen aus der Neuen Welt und aus Steuergeldern dienten dazu, die Kriege zu finanzieren, die die Krone im Ausland führte. Kriege aber, klagten die Cortes, schädigten die spanische Wirtschaft, nicht nur weil sie Steuererhöhungen nach sich zogen, sondern auch weil das Geld im Ausland ausgegeben wurde. Denn die Krone kaufte gewöhnlich die Munition im Ausland ein, wo sie schneller zu haben und auch billiger war und man außerdem die Transporte sparte. Auch Schiffe und Söldnerheere besorgte man sich im Ausland, letztere in der Lombardei und in Deutschland.

Auch gewisse Nebeneffekte der Kriege wirkten sich negativ auf das spanische Wirtschaftsleben aus. Die Kriege gaben einem ohnehin aufgeblasenen und kriegerisch gesinnten Adel eine neue Daseinsberechtigung und begünstigten außerdem das Wachstum einer unproduktiven Bürokratie. Die fähigeren und ehrgeizigeren Granden suchten die Ehre auf dem Schlachtfeld oder saßen auf angesehenen Posten der Regierung und der Kirche (die teilweise bereits ein Regierungsorgan war). Die eigentliche Verwaltungsarbeit aber wurde mehr und mehr fleißigen Ausländern überlassen. Die allgemein übliche Verachtung der Adeligen und Gebildeten für körperliche Arbeit spiegelte sich sogar auf der untersten Ebene in dem Verhalten der untätigen *picaros* wider.

Als Karl V. 1552 zusammen mit dem französischen König Krieg gegen die deutschen Protestanten führte, war Philipp, der gerade seine zweite Regentschaft begann, gezwungen, neue Kredite aufzunehmen, die Cortes um neue Subsidien zu bitten und königliche Domänen und Rechte zu verpfänden. Wider das Gesetz schrieb Philipp gegen Bargeld Bewilligungen aus, die die Spanier berechtigten, in der Neuen Welt Indianer für sich arbeiten zu lassen (zur Beruhigung seines Gewissens ermahnte er die solcherart Privilegierten, die Indianer gut zu behandeln), und ließ sich dazu bewegen, neue Aufträge für den afrikanischen Sklavenhandel zu unterschreiben. Schon damals hielten viele diesen für unmoralisch, er war aber nichtsdestoweniger durch das spanische Gesetz legitimiert.

Trotz aller dieser Versuche, zu mehr Geld zu kommen, mußte Philipp, von seinem Vater gedrängt, weitere Schulden auf die schon bestehenden aufhäufen, bis das schwankende Gebäude endlich zusammenbrach. Es war dies der Moment, da Philipp die Nachfolge seines Vaters auf den verschiedenen Thronen antrat.

Die Außenpolitik

Während seiner Lehrjahre sammelte Philipp auf dem Gebiet der Außenpolitik weit weniger Erfahrungen als im innenpolitischen Bereich. Wurde er mit außenpolitischen Problemen konfrontiert, dann nur unter der Aufsicht seines Vaters. Er verließ Spanien das erste Mal 1548, um die Länder kennenzulernen, die Karl ihm einst übergeben wollte. Dies waren die ersten Schritte in der Rolle, die Karl ihm bei der zukünftigen Aufteilung seines Reiches zugedacht hatte. 1551 kehrte Philipp nach Spanien zurück und segelte drei Sommer später nach England, um Königin Maria Tudor zu heiraten und damit Titularkönig von England zu werden: Karls großer Plan zur Verbesserung der eigenen Lage und der strategischen Position von Philipps Erbländern.

Denn 1548 war Karl sich bereits klar darüber, wie er sein Reich aufteilen würde: Schon 1522 hatte er seine österreichischen Besitzungen seinem jüngeren Bruder Ferdinand übergeben, der während seiner Abwesenheit bereits als sein Statthalter im Reich fungierte und zu jener Zeit eigenen Landbesitz brauchte, um als würdiger Bewerber um die Hand der Anna von Böhmen und Ungarn dazustehen. Ferdinands Heirat mit Anna sollte sich auf gänzlich unerwartete Weise bezahlt machen, als sein Schwager Ludwig II., König von Ungarn und Böhmen (seinerseits mit Ferdinands und Karls Schwester Maria verheiratet), 1526 in der Schlacht gegen die Türken tödlich verwundet wurde. Ferdinand wurde darauf zum König von beiden Reichen gewählt. Indem er nun Österreich mit Böhmen und allen jenen ungarischen Gebieten entlang der österreichischen Grenze, die nicht von Türken besetzt waren, vereinen konnte, machte sich Ferdinand zum Herrn über einen mächtigen Territorialstaat.

Die beiden Brüder standen fest zueinander: Ferdinand war auf Karls Hilfe angewiesen, sowohl in seinem Kampf gegen die Türken als auch gegen die Rivalen, die ihm die ungarische Königswürde neideten, und erwies sich seinerseits seinem Bruder als treuer Verbündeter. Karl gab Ferdinand einen festen Platz in seinem System, als er 1531 seine Wahl zum römischen König durchsetzte und damit die Grundlage zu der Nachfolge Ferdinands als Kaiser schuf.

Alle übrigen Erbländer hatte Karl seinem Sohn Philipp zugedacht.[26] Die Länder der katholischen Monarchie waren von Ferdinand und Isabella vereinigt worden. Sie konnten sich dabei auf legitime, jahrhundertealte Erbrechte berufen, außer bei Neapel und Navarra, die Ferdinand mehr mit Gewalt als mit Recht an sich gerissen hatte. Auf beide Gebiete erhob der König von Frankreich Anspruch, aber Navarra war leicht von Kastilien aus zu verteidigen, und die Straße nach Neapel wurde von Mailand kontrolliert, das Karl 1535 in seiner Eigenschaft als Kaiser nach dem Tod des letzten Sforza zugefallen war. 1546 schenkte er das Herzogtum seinem Sohn Philipp.

Anders verhielt es sich mit den Niederlanden und der Franche-Comté. Dem Gefühl nach hätte er beide Länder gern Philipp überlassen, aber Karl wußte, daß sie strategisch zu weit entfernt von Philipps spanischen und italienischen Erbländern lagen und schwer gegen den König von Frankreich und seine Ansprüche zu verteidigen sein würden, wenn man nicht Deutschland beherrschte.

1547 nach seinem Sieg über den deutschen Schmalkaldischen Bund war Karl V. auf dem Höhepunkt seiner Macht über die deutschen Fürsten und stolzen Reichsstädte angelangt. Im Gefühl seiner neu gewonnenen Stärke entschloß er sich, nun auch für Philipp einen Platz in der kaiserlichen Nachfolge zu schaffen, wenn nicht anstelle Ferdinands als direkter Nachfolger Karls V., so doch als Ferdinands Nachfolger. Um dies durchzusetzen, mußte er sich nicht nur mit Ferdinand ins Einvernehmen setzen, der sich verständlicherweise über seine eigene Situation und die Zukunft seines Sohnes Maximilian besorgt zeigte, sondern auch mit den deutschen Fürsten, und zwar sowohl mit den katholischen als auch mit den protestantischen.

Dies war der Grund, warum Karl Philipp die Reise ins Reich und in die Niederlande verordnete. Philipp verließ 1548 Spanien und reiste zunächst nach Genua, das seit 1528 mit Karl verbündet war, und nach Mailand. Im darauffolgenden Frühjahr überquerte er die Alpen und reiste durch Tirol, Schwaben und Lothringen nach den Niederlanden. Überall bereitete man ihm einen festlichen Empfang, aber er gab sich so hochmütig und reserviert, daß nicht nur die rauhen Deutschen, sondern auch die Italiener – die ja einiges vom Gehabe ihrer Renaissanceprinzen gewöhnt waren – ihn kalt und unsympathisch fanden. Bei Turnieren versagte er kläglich, und auch bei Tisch konnte er im Essen und Trinken nicht mit seinen Gastgebern Schritt halten. Auch die Niederländer konnten wenig Geschmack an Karls Erben finden, der hinter seiner würdevollen Maske Gedanken versteckte, die niemand kannte. Trotz aller Bemühungen seines Vaters, ihn zu bewegen, sich gefälliger zu geben, hatte Philipp, wenn man den italienischen Gesandten Glauben schenken darf, nur bei den Damen Erfolge zu verzeichnen.

Um sicherzugehen, daß Philipps Erbansprüche auf die Niederlande und die Franche-Comté nicht vom deutschen Reichstag oder einem zukünftigen Kaiser bestritten würden, erklärte Karl, die siebzehn Provinzen der Niederlande bildeten ein unteilbares Erbe, und löste per Erlaß die Bande auf, die sie bisher ans Reich gebunden hatten.

Diese Tat, zusammen mit der Aussicht, daß Philipp eines Tages zum Kaiser gewählt werden könnte, rief heftigen Protest in Deutschland hervor. Der Kurfürst von Trier sagte, er würde in Deutschland keine spanische Herrschaft dulden, und der Bischof von Augsburg erzählte dem venezianischen Botschafter, daß es viele Deutsche gäbe, „die sich lieber mit den Türken vereinen würden, als Philipp zu wählen".[27] Und das sagte ein Katholik! Die Lutheraner waren ohnehin davon überzeugt, daß Karl es auf ihren Glauben abgesehen hatte und Philipp desgleichen.

Alle Deutschen, ob katholisch oder protestantisch, fürchteten, Karl und sein Nachfolger könnten aufgrund ihrer reichen Besitzungen außerhalb des Reiches Kräfte mobilisieren, gegen die die deutschen Fürsten machtlos wären, und versuchen, mit ihrer Hilfe das Reich zu beherrschen und die bestehende konstitutionelle Ordnung über Bord zu werfen. Karls Sieg über den Schmalkaldischen Bund, den ihm spanische Truppen und spanisches Geld ermöglicht hatten, und die Tatsache, daß es seit diesem Sieg spanische Garnisonen in Deutschland gab, schienen alle diese Befürchtungen zu bestätigen.

Das Auftreten spanischer Söldnertruppen in Deutschland förderte zudem den gerade entstehenden deutschen Patriotismus, indem er ihn in eine antispanische Richtung drängte. Die Deutschen wollten einen Deutschen als Kaiser, zum Beispiel Ferdinand, der zwar in Spanien geboren war, aber sein Leben als Erwachsener in Deutschland verbracht hatte. Sein Sohn Maximilian konnte denn auch mit einer Anhängerschaft von Patrioten rechnen, die bereit war, seine Kandidatur für die kaiserliche Krone nach seines Vaters Tod zu unterstützen.

Im Winter 1550/51 rief Karl V. die Mitglieder der Familie Habsburg in Augsburg zusammen. Mit der vermittelnden Hilfe seiner Schwester

Maria, Königin-Witwe von Ungarn, gelang es ihm, zu einem akzeptablen Kompromiß mit Ferdinand, die Kaiserwahl Philipps betreffend, zu kommen. Ferdinand sollte als römischer König in der Nachfolge Karls zum Kaiser gewählt werden. Der nächste Anwärter sollte Philipp sein, der übernächste Maximilian. Auf diese Weise sollte es zur Regel werden, daß die kaiserliche Krone zwischen den beiden Zweigen der Familie hin- und herwechselte. Darüber hinaus stimmte Ferdinand zu, Philipp die kaiserliche Statthalterschaft in Italien zu überlassen. Dies gab Philipp freie Hand in Mailand, das ja ein Teil des Heiligen Römischen Reiches war, und in fast ganz Norditalien.

Philipp seinerseits war damals sehr darauf erpicht, Kaiser zu werden, und bedrängte seinen Vater vor und nach dem Familientreffen aufs heftigste, ihm und auch seinem Sohn Don Carlos einen Platz in der Nachfolge zu sichern. Aber als Ferdinand dann 1562 mit der stillschweigenden Duldung des Papstes Pius IV. Maximilians Wahl zum römischen König durchsetzte, kam von Philipps Seite kein ernstzunehmender Widerstand. Warum? Hatte er erkannt, daß die Deutschen ihn niemals als Kaiser akzeptieren würden, oder wollte er als Katholik nicht über ein Reich herrschen, in dem den Lutheranern durch den Frieden von Augsburg (1555) Religionsfreiheit zugestanden worden war? Er behielt sich lediglich gegen den Widerstand Ferdinands und Maximilians den Titel „Majestät" vor, der damals noch das alleinige Vorrecht des Kaisers war. Trotz dieser Spannungen hielt man aber die Beziehungen zwischen den beiden Zweigen der Familie gebührend aufrecht.

Der Friede von Augsburg macht deutlich, wie sehr sich Karls Position in Deutschland zu Beginn des Jahres 1532 verschlechtert hatte. Er wurde zur gleichen Zeit von dem wieder aufgelebten Schmalkaldischen Bund unter der Führung seines ehemaligen Verbündeten Moritz von Sachsen und von Heinrich II., König von Frankreich, angegriffen. Mit Hilfe spanischer Truppen, die Philipp ihm sandte, versuchte Karl V. vergeblich die kaiserlichen Bistümer Metz, Verdun und Toul vom französischen König zurückzuerobern, der sie mit der Zustimmung der deutschen Protestanten besetzt hielt. Die Verhandlungen mit dem Schmalkaldischen Bund überließ Karl bereits seinem Bruder Ferdinand. Dieser erzielte 1555 eine Einigung, die Karl akzeptierte, obwohl er sie als demütigend empfand.

In Karls Augen stellte dieser Machtverlust im Reich eine schwere Gefahr für die Niederlande dar, die nun völlig isoliert von den übrigen Erbländern schutzlos der französischen Aggression ausgeliefert waren. Er kam jedoch nicht dazu, sich seinen nächsten Zug zu überlegen, da sich plötzlich eine unerwartete Lösung seiner Probleme zeigte.

Im Sommer 1553 starb nämlich der fünfzehnjährige Edward VI. von England. Sein legitimer Nachfolger war die unverheiratete siebenunddreißigjährige Maria Tudor, eine Tochter Heinrichs VIII. und der Katharina von Aragonien. Sie war zugleich eine Cousine Karls V. Wenn Philipp sie heiratete, würde England dadurch an die katholische Monarchie gebunden werden, was sich günstig auf die Sicherheit des Seewegs von Spanien zu den Niederlanden auswirken würde.[28] Daher brach Philipp auf Karls Befehl sofort die Heiratsverhandlungen mit einer weiteren portugiesischen Infantin ab und sandte sein von Tizian gemaltes Porträt nach England, um Maria Tudors Herz zu gewinnen.

In England war man über die Heirat der Königin geteilter Ansicht. Zwar war man sich einig, daß sie nur mit einem Monarchen an ihrer Seite wirksam regieren konnte, aber die Mehrheit wünschte sich einen Engländer, um England von fremden Einflüssen freizuhalten. Eine einflußreiche Minderheit dagegen sprach sich für einen ausländischen Fürsten aus, um die Krone über die innerenglischen Parteikämpfe zu erheben. Die Königin selbst neigte zu einem katholischen Fürsten des Auslands, der ihr bei ihrer missionarischen Aufgabe, in England wieder den katholischen Glauben einzuführen, behilflich sein könnte. Die Überredungskünste von Karls Diplomaten schafften es schließlich, daß sie sich für Philipp entschied.

Ihre Wünsche wurden von ihren Räten loyal unterstützt, obwohl diese wußten, daß sie beim Volk schlecht ankommen würden. Man arbeitete also einen Heiratsvertrag aus, der Philipps Rechte in England rigoros beschränkte, und nur unter Murren wurde Philipp auf Drängen der Königin der Titel „König" zugestanden. Aber Philipp durfte in England keine Ämter vergeben, noch England in einen Krieg mit dem Ausland ziehen. Dagegen würde ein Kind Philipps und Maria Tudors nicht nur England, sondern auch die Niederlande und – sollte Don Carlos ohne Erben sterben – auch den Rest von Philipps Reich erben.

Karl hätte fast alle Bedingungen akzeptiert, um England vom Bündnis mit Frankreich fernzuhalten. Ein solches hatte 1551–1553 bestanden. Er wollte dagegen die traditionelle Allianz wiederherstellen, die 1490 England, Spanien und die burgundischen Niederlande zu gegenseitiger Hilfe gegen Frankreich verpflichtet hatte.[29] Die Allianz, die zu der Heirat Heinrichs VIII. mit Katharina von Aragonien geführt hatte, mußte, zum Zeitpunkt der Scheidung der beiden, eine schwere Krise durchstehen, aber sie war 1543 (sieben Jahre nach dem Tod der Katharina) formal erneuert worden, als sich Heinrich und Karl V. gegenseitige Unterstützung gegen „die Franzosen und Türken" versprachen. 1553 befand sich Karl V. tatsächlich nicht nur im Krieg gegen

Frankreich, sondern wurde zugleich im Mittelmeerraum von den Türken angegriffen.

Philipp, der sich aus den Verhandlungen heraushielt, war von der ganzen Sache nicht sehr begeistert, am wenigsten davon, daß Don Carlos' Rechte auf die Niederlande geopfert werden sollten. Heimlich legte er einen Eid ab, daß diese Konzession ohne sein Wissen gemacht worden sei und daß er sich nicht daran gebunden fühle. Karl aber schenkte Philipps Mißbilligung keine Beachtung und befahl ihm, nach England in See zu stechen, wo er sich ähnlich zu verhalten hätte wie sein Großvater Ferdinand in Isabellas Kastilien. Auch die Engländer dürften dieses Modell vor Augen gehabt haben, als sie den Heiratsvertrag ausarbeiteten.

Wie ungern auch immer, der Sohn gehorchte seinem Vater. Auf Karls Befehl übertrug er Prinzessin Juana die Regentschaft in Spanien, gab seine Anordnung, wie Don Carlos zu erziehen sei, und schiffte sich Anfang Juli 1554 nach England ein.

Ende Juli fand bereits die Hochzeit Philipps mit Maria Tudor in Winchester statt. Rechtzeitig vor der Hochzeit traf eine Botschaft Karls V. ein, die Philipp zum König von Neapel ernannte, so daß er nun den Königstitel aus eigener Berechtigung trug.

Schon im Herbst lernte Philipp die dornenvolle englische Politik kennen, bei der es hauptsächlich um die Restaurierung der Kirche von Rom und um die Rolle ging, die England in den Kriegen Karls V. spielen sollte. Die Sitzungen des königlichen Rates wurden Philipps wegen oft in Latein abgehalten, und auch ein Teil der Staatspapiere wurde seinetwegen in die lateinische oder spanische Sprache übersetzt.

Aber Philipp war keineswegs Herr seiner Entscheidungen. Von seinem Vater, der ihn immer noch als Lehrling der Staatskunst betrachtete, erhielt er von Brüssel aus Anweisungen, welchen Kurs er einzuschlagen habe, damit England der kaiserlichen Politik dienlich sein könne. Und tatsächlich versuchte Philipp getreu der väterlichen Instruktionen, im königlichen Rat durch seinen direkten Einfluß auf seine Frau, die ihn abgöttisch liebte, die englische Politik in seine Bahnen zu lenken. England aus allen Kriegen herauszuhalten, bis die Staatskasse wieder gefüllt war, erwies sich als keine schwierige Aufgabe, besonders da die Königin selber den Wunsch äußerte, eine „Gipfelkonferenz" der katholischen Herrscher zum Zwecke der Friedensstiftung einzuberufen. Philipp unterstützte diesen Plan seiner Frau.

Mehr Schwierigkeiten bereiteten Philipp seine Versuche, die religiösen Verfolgungen, die von Maria Tudor und ihren fanatischen katholischen Beratern durchgeführt wurden, einzuschränken. Karl V.

fürchtete mit Recht, daß sie eine gefährliche Spaltung der englischen Gesellschaft verursachen könnten. Leider wissen wir nicht, wie Philipp selbst zu diesen Verfolgungen stand. Dabei wäre es angesichts seiner eigenen späteren Verfolgungsaktionen in Spanien und den Niederlanden interessant gewesen, mehr über seine Ansichten damals in England zu wissen.[30]

Kein Zweifel dagegen besteht darüber, daß sich Philipp mit der englischen Politik nicht leicht tat, daß er die Königin nicht liebte und die englische Lebensart nicht mochte. Schon seit Anfang 1555 bat er wiederholt seinen Vater um die Erlaubnis, nach den Niederlanden übersetzen zu dürfen, um eventuell eine Armee gegen die Franzosen zu befehligen. Sein Wunsch, England zu verlassen, verstärkte sich, als es nach einer falschen Schwangerschaft ziemlich gewiß war, daß die Königin nicht in der Lage sein würde, ihm einen Erben zu schenken.

Zu Beginn des Sommers rief Karl seinen Sohn an seine Seite, nicht um eine Armee zu befehligen, sondern um die Nachfolge zu regeln. Mit dem Tod der Königin Johanna im April des Jahres 1555 in Tordesillas war das letzte Hindernis zu Philipps Thronbesteigung beseitigt. Der Kaiser, der sich physisch und psychisch schwer angeschlagen fühlte, beschloß nun abzudanken.

Die Nachfolge 1555–1559

Im September 1555 landete Philipp in den Niederlanden und durchreiste das Land, während Karl V. die Stände aller siebzehn Provinzen zusammenrief, damit diese die Abdankung des Kaisers und die Nachfolge seines Sohnes zur Kenntnis nahmen. Karls formale Abdankung fand am 25. Oktober in Brüssel in großer Feierlichkeit vor den Generalstaaten (der Versammlung aller siebzehn Provinzvertretungen) und Adeligen aus allen seinen Ländern statt. Nach einer gefühlvollen Abschiedsrede wandte sich der Kaiser an Philipp und ermahnte ihn, die Gesetze und Privilegien seiner Untertanen zu schützen. Dann dankte er Gott, daß er in Philipp einen Sohn besaß, dem er vertrauensvoll das Szepter in die Hand legen konnte.

Philipp antwortete seinem Vater höflich in französischer Sprache, indem er ihm für sein Vertrauen dankte und versprach, daß er mit Gottes Hilfe gerecht regieren würde. Nachdem die Generalstaaten seine Herrschaft bestätigt hatten, sagte Philipp entschuldigend, er könne sich nicht adäquat in Französisch ausdrücken, und bat den Bischof von Arras (Antoine Perrenot de Granvelle), an seiner Stelle zu sprechen. Dieser war als Minister in der Regierung tätig und ein Befürworter des fürstlichen

Absolutismus. Alles zusammengenommen stand der Start von Philipps Herrschaft über die Niederlande nicht gerade unter einem günstigen Stern.

Am 16. Januar 1556 unterzeichnete Karl V. in Brüssel in Anwesenheit von spanischen und italienischen Adeligen und Juristen die Urkunden, nach welchen die Krone Kastiliens, die Krone der Monarchie von Aragonien und die Befehlsgewalt über die kastilische Armee an Philipp übergingen. Im April übergab er seinem Sohn „unser Vaterland", „La Franche-Comté".

Da Karl V. erst im September die Niederlande verließ, um sich auf seinen Alterssitz, das Kloster Yuste, zurückzuziehen, konnte sich Philipp noch während der ersten Monate seiner Regierung auf den Rat des Kaisers und der Königin Maria von Ungarn stützen. Königin Maria war seit 1530 die Statthalterin Karls in den Niederlanden gewesen. Nun bereitete sie sich darauf vor, ihren Bruder nach Spanien zu begleiten.

Zugleich aber begann Philipp, sich einen eigenen, vorwiegend aus Spaniern bestehenden Beraterstab aufzubauen. Darunter war auch der Portugiese Ruy Gómez de Silva, Prinz Eboli, der der Page der Kaiserin und dann Philipps gewesen war. Nun wurde er Philipps Vertrauter, Staatsrat und Verwalter der Finanzen. Auch Don Gómez Suárez de Figueroa, Graf Feria, Staatsrat und Gesandter in England, kam aus Spanien, ebenso wie der Priester Gonzalo Pérez, Philipps Privatsekretär und Staatssekretär. Andere hatten schon Karl V. gedient: Granvelle, Bischof von Arras, und der Staatsrat Don Juan Manrique de Lara. Es gab auch welche, die sowohl Karl als auch Philipp gedient hatten, wie der Herzog von Alba, den Philipp jetzt zum Vizekönig von Neapel ernannte, und Albas Vetter Don Antonio von Toledo, Staatsrat und Oberstallmeister. Alle diese Männer begannen sich um Philipps Gunst zu bemühen, und schon bald bildeten sich zwei Parteien: die Partei derer, die schon Kaiser Karl gedient hatten, unter der Führung Albas, und die Partei jener, die nur Philipp dienten, unter der Führung von Ruy Gómez. Einige wenige nur hielten sich aus beiden Parteien heraus, wie zum Beispiel Manrique de Lara.

Philipp bemerkte sehr wohl, daß sich um ihn herum Cliquen bildeten, aber er tat nichts, um diese Entwicklung zu stoppen. Im Gegenteil, er setzte auf die offene Auseinandersetzung bei der Formulierung seiner Politik und war sich auch klar darüber, daß er gegebenenfalls die eine Partei gegen die andere ausspielen würde, um sich auf diese Weise die Freiheit der persönlichen Entscheidung zu bewahren.

Die außenpolitische Situation, in der sich Philipp und seine Räte befanden, sah relativ finster aus. Die Türken hatten 1551 Tripolis und

1555 Bougie erobert und zusammen mit den Franzosen einen großen Teil Korsikas in Besitz genommen, das Philipps Verbündeten Genua gehörte. Savoyen war seit 1536 im Besitz des Königs von Frankreich, und Philipp fühlte sich wie sein Vater verpflichtet, es für seinen rechtmäßigen Herzog Emanuel Philibert zurückzuerobern. Inzwischen ernannte Philipp den Herzog zum Statthalter der Niederlande und zum Oberkommandierenden seiner Armeen. Die Franzosen aber hielten außerdem auch weiter die drei kaiserlichen Bistümer Metz, Toul und Verdun besetzt. Allerdings konnte Philipp diese Aufgabe seinem Onkel Ferdinand I. überlassen, von dem Moment an, da dieser 1558 zum Kaiser gewählt worden war. Für Savoyen und Korsika dagegen war Philipp zuständig, da dies strategisch wichtige Punkte für die Position der Monarchie in Italien und im Mittelmeerraum waren. Im Moment jedoch hatte Philipp kein Geld zum Kriegführen und war außerdem mehr an der Innenpolitik der Niederlande und Spaniens interessiert, wo er Reformen plante, die nach jedermanns Meinung längst nötig und überfällig waren, zu denen Karl V. aber sowohl die Zeit als auch die Energie gefehlt hatte.

Daher akzeptierte Philipp 1556 den Waffenstillstand von Vaucelles mit Frankreich, der Heinrich II. seine Gebietsgewinne für die Dauer von fünf Jahren zusprach. Der Waffenstillstand dauerte aber kaum ein Jahr, da wurde er bereits von den Franzosen gebrochen, die aufgrund ihres gegenseitigen Verteidigungsvertrags mit dem Papst nun in den Krieg in Italien eintraten, den der Papst dort mit Philipp II. begonnen hatte.

Papst Paul IV. Caraffa war als Neapolitaner ein natürlicher Gegner der aragonischen Herrschaft über Neapel und versuchte daher hartnäckig, seinen Einfluß auf die Kirche in Neapel geltend zu machen. Philipp aber widersetzte sich dem, weil er fürchtete, der Papst würde die neapolitanische Geistlichkeit und die profranzösischen Adeligen gegen ihn aufbringen, um ihn am Ende zu entthronen.[31] Paul IV. stellte schließlich eine Armee auf und schickte sie in Richtung Neapel, das er als päpstliches Lehen für sich in Anspruch nahm. Daraufhin sandte Philipps Vizekönig Alba dem Papst ein achttägiges Ultimatum zur Auflösung seiner Armee. Als es abgelaufen war, marschierte Alba mit seinen Truppen nach Rom.

Am französischen Hof überredete die Partei der beiden Brüder Franz und Karl von Guise, deren eigene Interessen sich mit Philipps in Italien und auf den britischen Inseln deckten, Heinrich II. dazu, Franz von Guise mit einer Armee dem Papst zu Hilfe zu schicken. Sofort stieg die Spannung an den spanisch-französischen Grenzen. Ein französischer Überfall auf Douai im Januar 1557 beendete den Waffenstillstand, und überall wurde der Kampf wieder aufgenommen.

Schon am 1. Januar 1557 griff Philipp zu einem drastischen Mittel, um den sicher scheinenden Krieg finanzieren zu können: Er erklärte sich für unfähig, seine Schulden zurückzuzahlen, was einer Bankrotterklärung gleichkam. Die großen Bankhäuser Süddeutschlands, Antwerpens und Genuas sowie die Geldleiher Kastiliens aber waren zu tief in die Finanzierung der Monarchie involviert, um ihn im Stich lassen zu können. Nachdem sie sich von ihrem Schreck erholt hatten, erklärten sie sich bereit, ihm weiter Geld, allerdings zu härteren Bedingungen, zu leihen, und nur dann, wenn er sich zu einer Regelung seiner alten Schulden bereitfände.

Philipp mußte nachgeben. Da er wie üblich nicht genug Bargeld in der Kasse hatte, überschrieb er seinen Gläubigern Ländereien der militärischen Orden Kastiliens zur Bebauung und gab sogenannte *juros* aus, das waren Jahresrenten, die ihren Besitzern fünf bis sieben Prozent einbrachten. Das war beträchtlich weniger als die zwölf bis vierzehn Prozent, die Philipp für kurzfristige Kredite zahlen mußte, aber da die *juros* aus dem Einkommen der Krone bezahlt wurden, und zwar direkt von der Quelle weg, wurden sie von den Gläubigern als relativ sichere Investition und ständige Einkommensquelle angesehen, da zudem kaum anzunehmen war, daß die Krone je das Kapital zurückzahlen würde. So wurde das Einkommen der Krone immer häufiger schon an der Quelle beträchtlich geschmälert, bevor es noch den Weg in die Schatzkammern gefunden hatte.

Größeren Schaden noch richteten in der Mitte der fünfziger Jahre des 16. Jahrhunderts französische Seeräuber an. Auch der Bürgerkrieg in Peru sorgte dafür, daß der Strom kostbarer Güter, der jährlich nach Sevilla floß, immer dünner wurde. Die jährlichen Einnahmen der Krone, die durch den Verkauf dieser Güter entstanden, sanken von 4,354.208 Dukaten in der Periode 1551–1555 auf 1,882.195 in den Jahren 1556–1560. In seiner Bedrängnis mußte Philipp sich weiter einer Maßnahme bedienen, zu der auch Karl V. 1553 gegriffen hatte: Er konfiszierte die Silber- und Goldschätze, die für Privatpersonen bestimmt waren, verordnete Zwangskredite, Erbschaftssteuern und den Verkauf von Ehrenämtern. 1557 schickte Philipp Ruy Gómez nach Sevilla, um diese Anordnungen zu überprüfen. Manch ein Kaufmann, der schweres Silber erwartete, mußte sich mit einem Rentenpapier mit königlichem Bleisiegel begnügen.

Zur selben Zeit gelang es Alba, Franz von Guise in der Nähe Roms mattzusetzen. Im Sommer 1557 wurde dieser heimgerufen, um Frankreichs Nordgrenze gegen die große Armee zu verteidigen, die Philipp hier aufmarschieren ließ. In Italien stand der Papst nun alleine da, nur der

Herzog von Ferrara (Guises Schwiegervater) war noch an seiner Seite. Philipp dagegen konnte sich die Unterstützung Cosimos I. von Medici, des Herzogs von Florenz, sichern, indem er ihm Siena übergab, das 1555 von Karls Armee besetzt worden war, weil es gegen die kaiserliche Herrschaft rebelliert hatte. Außerdem zog er Ottavio Farnese, Herzog von Parma, auf seine Seite, indem er ihm Piacenza versprach, ein Versprechen, das allerdings erst 1585 eingelöst wurde. Venedig konnte während des ganzen Krieges neutral bleiben.

Philipp selbst blieb in den Niederlanden und überwachte die Aufstellung seiner Armee unter dem Oberbefehl Savoyens und Graf Egmonts, eines niederländischen Magnaten. Im März 1557 begab er sich nach England, wo er vergeblich versuchte, den englischen Kronrat dazu zu bringen, Frankreich den Krieg zu erklären. In seiner Verzweiflung versprach er den Engländern sogar Handelsrechte in Westindien. Erst als eine Gruppe von englischen Flüchtlingen, die von Frankreich kam, eine Burg in Yorkshire besetzte, stimmte der Kronrat zu. Als Philipp im Juli von England in See stach (zum letztenmal), begleiteten ihn 6000 englische Soldaten.

Seine Armee unter Savoyen übertrat die französische Grenze, belagerte St. Quentin und vernichtete am 10. August 1557 eine zum Entsatz der Festung abgeschickte Kolonne unter dem Oberbefehl des Konnetabels von Frankreich, Anne de Montmorency (der Rivale des Herzogs von Guise am französischen Hof). Der Konnetabel wurde gefangengenommen.

Philipp hatte an der Schlacht nicht teilgenommen. Nach dem Sieg schickte er eilends einen Brief an seinen Vater in Yuste, in dem er seinen Wunsch aussprach, dabeigewesen zu sein, und nahm dann in voller Rüstung die Huldigung seiner Soldaten entgegen. Tatsächlich waren sich Karl V. und Philipp II. darin einig, daß Fürsten und Oberbefehlshaber sich nicht den Zufällen eines Schlachtgetümmels aussetzen, sondern sich lieber von einem sicheren Ort aus den Überblick bewahren sollten, um entsprechende Befehle geben zu können. Aber Karl selbst hielt sich nicht immer an dieses Prinzip, der Geruch des Kanonenpulvers hatte für ihn etwas Unwiderstehliches; Philipp jedoch fand das blutige Gemetzel der Schlacht abstoßend. Ähnlich unterschiedlich war ihr Verhalten in der Ausübung ihres Amtes als Regent: Karl V. reiste in persona zu den Konfliktherden seiner Länder, während Philipp sich absichtlich fernhielt, um von seinem Schreibtisch aus die Angelegenheit durch Depeschen zu regeln.

Daß Philipp seinem Sieg von St. Quentin (und dem Fall der Stadt zwei Wochen später) nicht sofort den Marsch auf Paris folgen ließ, ist auf heftige Kritik gestoßen, damals wie heute. Aber zu seiner Verteidigung läßt sich einiges sagen: Seine Geldmittel waren knapp bemessen, der Herbst stand vor der Tür, vor seiner Armee lag ein mit befestigten Städten gut bestücktes Land, und Guises Armee war bereits aus Italien zurück. Aber vor allem wollte Philipp keinen Krieg, sondern Frieden. Eigentlich war er nur bereit, aus religiösen und rechtlichen Gründen Krieg zu führen, und legte keinen Wert mehr darauf, ein kriegerischer Fürst zu sein. Er war eben nicht mehr der Jugendliche, der 1552 seinen Vater bestürmt hatte, an der Seite seines Vaters in Deutschland kämpfen zu dürfen, und der 1555 gerne eine Armee angeführt hätte. War es das Gemetzel von St. Quentin oder die erschreckend hohen Kriegskosten an sich, die seine Begeisterung für den Krieg so dämpften? Später sollte er, als der Krieg an allen Fronten tobte, sich oft in Randnoten über die Kriegskosten beklagen, niemals jedoch über die menschlichen Leiden. Nun sprechen Politiker selten über das Leid, das ihre Politik verursacht. Und wie wenig Worte Philipp auch dazu fand, sie zeigten doch, daß der Krieg schwer auf seiner Seele lastete, nicht weil er das Urteil der Menschen fürchtete, sondern das Urteil Gottes.

Mit dem Sieg von St. Quentin war der Krieg keineswegs zu Ende. Mitten im Winter, als Philipp seine Armee zum großen Teil aufgelöst und in die Winterquartiere geschickt hatte, ging Guise zum Gegenangriff über. Zuerst nahm er im Handstreich das englische Calais, dann stieß er nach Luxemburg vor und isolierte auf diese Weise die Franche-Comté. Erst im Juli 1558 konnte Philipp einen Sieg verzeichnen, als Graf Egmont mit Hilfe einer englischen Flotte die Franzosen bei Gravelines schlug.

Im Herbst 1558 hatten weder Philipp noch Heinrich einen entscheidenden Fortschritt erzielen können. Und da beide dem Bankrott immer näherrückten, begannen sie die Friedensfühler auszustrecken. Am 21. September 1558 war Karl V. in Yuste gestorben, und Philipp war nun frei, eigene Entscheidungen treffen zu können, ohne Rücksicht auf den Stolz seines Vaters nehmen zu müssen. Für seine grundsätzliche Friedensbereitschaft sprach auch der Umstand, daß ihn mit Heinrich II. von Frankreich die Furcht vor dem Calvinismus verband, der sich mit unheimlicher Schnelligkeit in allen französischsprachigen Gebieten ausbreitete und bereits auch am französischen Hof Anhänger gefunden hatte. Sicher war dafür das Klima der allgemeinen Verunsicherung durch nicht enden wollende Kriege besonders günstig.

Als allerdings im November 1558 die Königin von England starb, wurden die ersten *pourparlers* zwischen den beiden Königen fürs erste gestoppt. Philipp sah sich plötzlich in einem tiefen Dilemma. Er hatte allen Grund anzunehmen, daß Elisabeth, die Tochter Heinrichs VIII. und

Anne Boleyns, einen protestantischen Kurs einschlagen würde. Aber die einzige Alternative zu Elisabeth war Maria Stuart, die Königin der Schotten und die Frau des Dauphins von Frankreich. Diese wurde denn auch am französischen Hof zur Königin von England ausgerufen, und es gab Gerüchte, daß die Franzosen ihretwegen eine Invasion Englands planten. So viel nun Philipp II. an einem Frieden mit Heinrich II. lag, so wenig gefiel ihm die Vorstellung, daß England demnächst zum Einfluß-bereich Heinrichs II. gehören würde. Daher unterstützte Philipp II. Elisabeth, mit dem festen Vorsatz, alles, was in seiner Macht stand, zu tun, damit England dem katholischen Glauben treu bleibe.[32]

Der erste Schritt dazu war, Elisabeth einen passenden katholischen Gatten auszusuchen. Der erste Kandidat, den Feria, Philipps Gesandter in London, vorschlug, war der Herzog von Savoyen. Die Engländer lehnten ihn jedoch ab, weil sie keine Lust hatten, ihm bei der Wiedererwerbung seines Herzogtums behilflich sein zu müssen. Mehr Bereitschaft zeigten sie dagegen für den zweiten Kandidaten: Erzherzog Ferdinand, Sohn des Kaisers.

In aller Diskretion wurde nun Philipp selber ein Bewerber um die Hand der Halbschwester seiner verstorbenen Frau. Denn Feria zeigte sich höchst besorgt um die wachsende Macht der Protestanten in England nach Maria Tudors Tod und schrieb Philipp, die einzige Möglichkeit, England für den Katholizismus zu retten, sei eine Verbindung Philipps mit Elisabeth. Die Bedingungen, die Philipp Elisabeth vorlegte, waren aber weit weniger großzügig als jene, die Karl einst für Philipps Heirat mit Maria Tudor proponiert hatte. Sollte ihrer Ehe ein Kind beschieden sein, so sollte es nur England erben und nicht die Niederlande. Da Elisabeth nur ausweichende Antworten gab, ließ Philipp seinen Vorschlag fallen, versicherte sie aber seiner Freundschaft; denn er wollte sich unbedingt die Allianz mit England gegen Frankreich bewahren, hing doch davon die Sicherheit der Niederlande ab.

Inzwischen gelang es Philipp, die Verhandlungen mit Heinrich II. wieder aufzunehmen, und zwar durch die Vermittlung seiner Cousine Christine von Dänemark, Herzogin von Lothringen, deren Sohn Herzog Karl mit Heinrichs Tochter Claude verlobt war, und durch den Konnetabeln Montmorency, den Philipp zu diesem Zweck aus der Haft entließ. Im Februar 1559 versammelten sich die Vertreter Philipps, Königin Elisabeths und Heinrichs II. in Câteau-Cambrésis. Den Vorsitz führte Christine von Dänemark.

Es ging vor allem um territoriale Streitfragen. Philipp forderte Heinrich auf, Savoyen-Piemont Emanuel Philibert zurückzugeben, Ca-lais Elisabeth und sich aus Korsika zurückzuziehen, das Genua zugesprochen werden sollte. Er wollte seinerseits Heinrich die Städte zurückgeben, die er in der Picardie besetzt hielt und Heinrich seine Zustimmung zu dessen Besetzung der Bistümer Metz, Toul und Verdun geben.

Heinrich II. stimmte der Rückgabe Savoyen-Piemonts zu, wollte aber die Grafschaft Saluzzo und fünf Festungen in Piemont in seinem Besitz behalten. Außerdem bestand er darauf, daß Emanuel Philibert seine Schwester Margarete von Frankreich heiratete. Emanuel Philibert erklärte sich einverstanden, unterzeichnete aber heimlich einen Vertrag mit Philipp, in dem er sich verpflichtete, die von den Franzosen besetzten Gebiete zurückzuerobern. Heinrich II. stimmte auch zum Rückzug seiner Soldaten von Korsika zu, dafür überließ ihm Philipp II. St. Quentin und andere besetzte Städte in Nordfrankreich.

Weit schwieriger erwies sich die Angelegenheit Calais. Philipp war viel an einer Annäherung mit Frankreich gelegen, aber er wollte sich auf keinen Fall England dadurch zum Feind machen. Calais war ihm daher ein willkommener Hebel. Denn Heinrich II. wollte einerseits Maria Stuart auf dem englischen Thron sehen, andererseits nicht Calais hergeben. Elisabeth wollte Calais zurückhaben, fürchtete sich aber vor Maria Stuarts Ansprüchen auf den englischen Thron. Philipp plädierte daher, wenn auch mit halbem Herzen, für die Rückgabe Calais' an England, zu Bedingungen, denen Elisabeth zustimmen konnte, ohne ihr Gesicht zu verlieren: Heinrich sollte Calais acht Jahre besetzt halten dürfen. Nach Ablauf dieser Frist mußte er ihr entweder den Hafen übergeben oder einen Schadenersatz zahlen. Privat versicherte Philipp Elisabeth seiner Hilfe gegen Maria Stuart sowie bei einer eventuellen Invasion durch Frankreich. Dafür wurde von Elisabeths protestantischer Regierung ohne große Begeisterung die Allianz mit Spanien aufrechterhalten.[33]

Philipps Annäherung an Heinrich II. von Frankreich schien sich schon bald zu bewähren. Da nun ihre territorialen Streitigkeiten beigelegt waren, konnten sich die beiden Herrscher umso leichter zu einer Zusammenarbeit bei der Unterdrückung des Calvinismus einigen. Heinrich versprach auch, seine Allianz mit den Türken aufzulösen. Zur Bekräftigung des guten Einvernehmens verlobte sich Philipp mit Heinrichs Tochter, Elisabeth von Valois. Der Friedensvertrag wurde am 3. April 1559 in Câteau-Cambrésis unterzeichnet. Am Tag vorher hatte auch England mit Frankreich das Übereinkommen unterzeichnet.

Heinrich II. lebte nicht mehr lange genug, um zeigen zu können, wieviel ihm an der Zusammenarbeit mit Philipp II. gelegen war. Im Juli 1559 starb er an einer Wunde, die ihm in einem Turnier zugefügt worden war. Die Krone Frankreichs ging an den sechzehn Jahre alten Franz II.

Das einzige Königreich, das es mit Philipps Reich hätte aufnehmen können, verzettelte nun für lange Jahre seine Kräfte in innenpolitischen Zwisten und war außerstande, eine innen- oder außenpolitische Linie zu verfolgen. Der Friede von Câteau-Cambrésis war noch Ausdruck des Kräftegleichgewichts zwischen der französischen und spanischen Monarchie gewesen: Durch Heinrichs Tod eröffneten sich nun neue Möglichkeiten für die spanische Vorherrschaft in Europa.

II.

Philipp II:
Charakter, Familie, Interessen

Was für ein Mensch war Philipp II., dieser Herrscher, der die Geschichte Europas in der zweiten Hälfte des 16. Jahrhunderts bestimmte? Als er den Thron bestieg, sahen ihn die Zeitgenossen als gut gewachsenen, hübschen jungen Mann, etwas kleiner als der Durchschnitt und mit etwas zu dicken Lippen. Ein blonder Bart verdeckte das lange habsburgische Kinn, das aber ohnehin nicht so groß war wie das seines Vaters. Die Bürden der Königswürde forderten aber schon bald ihren Zoll: 1575, als er sich von Sanchez Coello malen ließ, begann sein Haar sich bereits grau zu verfärben, und seine letzten Porträts, die nach 1589 von Pantoja de la Cruz gemalt wurden, zeigen ihn mit weißem Haar, fahlen Wangen und eingesunkenen geröteten Augen.

Wenn er mit Menschen sprach, schien er aufmerksam zuzuhören, auch wenn er wenig sagte. Er selber sprach so langsam, als wiege er jedes Wort. Dabei fixierte er sein Gegenüber, und des öfteren zeigte sich auf seinen Lippen ein schmales Lächeln, wie es für Herrscher charakteristisch ist, die geübt sind, Geheimnisse zu bewahren.[1] Von Philipps Lächeln bis zu seinem Dolch, sagten Zeitgenossen, war die Distanz gering.

Seine Kleidung war adrett und modisch. Mit zunehmendem Alter trug er allerdings nur noch Schwarz, ohne jede Verzierung. Sein einziger Schmuck war das Goldene Vlies, das er an einem schwarzen Band um den Hals trug. An dem Porträt von Pantoja, das Philipp Anfang sechzig zeigt, fällt auf, wie würdig er sich hielt und wie sorgfältig er sich kleidete. Es paßt zu seinem Charakter, daß er sich auch als alter Mann Mühe gab, gut auszusehen.

Um seine Gesundheit war es in jungen Jahren relativ gut bestellt.[2] Die Gicht und andere Leiden, die seinen Vater geplagt hatten, blieben ihm vorerst erspart, vielleicht, weil er wenig aß und so wenig wie möglich reiste; denn die Ärzte hatten Karls V. häufige Reisen, die immer mit vielem Essen verbunden waren, für seine schlechte Gesundheit verantwortlich gemacht. Vorsichtig, wie er war, vermied Philipp auch Fisch und Obst zu essen, weil man damals glaubte, diese hätten einen negativen Einfluß auf das Gemütsleben. Dagegen aß er auch an Fasttagen Fleisch und hatte sich dafür eigens einen Dispens vom Papst erteilen lassen. Auch im Weintrinken war er mäßig und trank nur gewässerten Wein. Dennoch war er keineswegs ein Verächter einer guten Küche; so bat er einmal den Prinzen von Oranien, ihm seinen berühmten Küchenchef zu überlassen.

Der Medizinhistoriker C. D. O'Malley kommt nach der Beschäftigung mit Philipps Eheleben und aufgrund der Berichte über seine jugendlichen Affären zu dem Schluß, daß Philipp ein normales und gesundes Sexualleben geführt hat. Mit fünfzig zeugte er seinen Sohn Philipp (1578–1621), der sein Nachfolger werden sollte. Insgesamt hatte er acht Kinder, die die Geburt überlebten, vier von ihnen erreichten ein reiferes Alter.[3]

Sein einziger Sport war die Jagd, aber nach 1570 hören wir nur noch wenig von königlichen Jagdveranstaltungen. Mit zunehmendem Alter wurde er seßhafter und vermied ängstlich jede Aufregung, denn ganz konnte er der Gicht doch nicht entfliehen. 1563 erlitt er den ersten einer Reihe von Anfällen, die dann immer häufiger auftraten. Gegen Ende seines Lebens konnte er zeitweise nicht mehr seinen Namen schreiben, und das einstige saubere „yo el Rey" (Ich, der König), die Signatur der kastilischen Könige, war ein undeutliches Gekritzel.

In höherem Alter wurde er auch für andere Leiden immer anfälliger. In seiner Korrespondenz mit seinem Privatsekretär Mateo Vázquez (von 1572–1591) ist immer wieder von diversen Fieber- und Gichtanfällen und von Migräne die Rede.[4] Im Sommer 1587 wurde Philipp, der nun sechzig war, so krank, daß die Regierungsgeschäfte praktisch von seinen beiden Ministern Don Juan de Idiáquez und Don Cristóbal de Moura erledigt wurden. Von dieser Zeit an ging es, obwohl er sich auch immer wieder bis zu einem gewissen Grad erholte und manchmal sogar Ausbrüche von Energie hatte, mit seiner Gesundheit ständig bergab.

Nichtsdestoweniger erfüllte er bis zum Schluß seine Pflichten als Regierungschef. Aus der Durchsicht seiner Papiere geht allerdings hervor, daß er in den neunziger Jahren weit weniger Randnoten gemacht hat als in den Jahren davor. 1595 berichtete der venezianische Botschafter an Philipps Hof, die königlichen Ärzte hätten verlautbart, Philipp sei so „ausgedörrt und schwach, daß nicht anzunehmen sei, daß ein menschliches Wesen in einem solchen Stadium noch länger leben könne".[5] O'Malley vermutet, daß Philipp in seinen letzten Jahren an Arteriosklerose und Nierenentzündung gelitten hat.[6] Trotzdem lebte er bis 1598. Vielleicht war es der starke Wunsch, für seine Lieblingstochter Isabella Clara Eugenia einen würdigen Gatten zu finden und seinen einzigen überlebenden Sohn Philipp aufzuziehen, der ihn am Leben hielt. An seinem einundsiebzigsten Geburtstag fand er die Kraft, sich in seinem Bett aufzurichten, um den tanzenden Höflingen mit erhobenen Händen den Takt anzugeben.[7]

Viel schwieriger ist es, etwas Definitives über Philipps Charakter zu sagen. 1559 äußerte der venezianische Botschafter Mula die weisen Worte, es sei praktisch unmöglich, die Charaktere von Königen zu beschreiben, ohne ihre Handlungen aus der Distanz zu sehen.[8] Um etwas über Philipps Charakter sagen zu können, muß man genau untersuchen, wie er lebte und regierte, wie er auf Krisen reagierte, wie er sich beraten ließ, wie er Entscheidungen traf (und manchmal wieder umwarf), wie er Projekte entwarf, Verordnungen erließ und seine Handlungen vor sich und der Welt rechtfertigte. Auf diese Weise lernt man ihn begreifen, aber man ist noch weit entfernt davon, ihn zu erklären. Denn die Motivforschung bei Philipp ist deshalb so schwierig, weil es sich bei ihm um einen äußerst reservierten Menschen handelt, der keine Memoiren hinterlassen hat und wenig Persönliches gesagt oder geschrieben hat. Nur ein dünnes Bündel von Briefen an seine Töchter, die der belgische Historiker L.-P. Gachard entdeckt und als *Lettres de Philippe II à ses filles Isabelle et Cathérine*[9] herausgegeben hat, sind uns erhalten geblieben. Aber die zahllosen Memoranden, die er eigenhändig für seine Sekretäre und Minister schrieb, und die vielen Randbemerkungen und Postskripta auf Staatspapieren sind nur höchst selten privater Natur, und wenn, dann handelt es sich gewöhnlich um eine Klage über Gicht oder eine Beileidserklärung.

Auch was andere über ihn geschrieben haben, beantwortet nur selten unsere dringendsten Fragen, weil die Menschen des 16. Jahrhunderts sich für andere Fragen interessierten. Von allen zeitgenössischen Quellen sind jene Briefe für uns am informativsten, die Philipp nahestehende Personen an ihre Vertrauensleute geschrieben haben, also relativ ehrliche und offene Briefe, aber bis jetzt liegt uns nur eine begrenzte Anzahl solcher Briefe vor.[10] Am bekanntesten ist die Korrespondenz Granvelles an Margarete von Parma, Philipps Halbschwester, und an Don Juan de Idiáquez, den Granvelle 1579 in die Regierung von Madrid eingeführt hatte. Bedeutsam ist auch die Korrespondenz der beiden Brüder Don Luis de Requesens und Don Juan de Zúñiga, die Philipp als Pagen, Botschafter und Statthalter gedient haben. Und zu guter Letzt muß das *epistolario* des Herzogs von Alba erwähnt werden.

Wenn sie Philipps Charakter beschrieben, benutzten die Zeitgenossen gerne die Ausdrücke „Phlegma" und „Melancholie", was Kühle, Gelassenheit, Apathie, Selbstbeherrschung und Nachdenklichkeit impliziert. Sicher ist, daß Philipp selten Gefühle zeigte, bekannt langsam im Fällen von Entscheidungen war, weil ihm die Resultate schwere Sorgen bereiteten, und daß er sich ausnahmslos gut beherrschen konnte. Es muß ihm außerordentlich viel daran gelegen sein, als beherrscht zu gelten. Als Vorbild diente ihm das Beispiel seiner Mutter, die ihn während seiner entscheidenden Jahre, nämlich von zweieinhalb bis vier, erzogen hatte, und die für einen Kastilianer typische stolze Haltung, die *sosiego* heißt.

Würde zu zeigen war seit seiner Kindheit sicher eins der wichtigsten Gebote gewesen, aber es gab auch Wärme und Herzlichkeit innerhalb des engsten Familienkreises. So erzählt Philipp einmal seinen Töchtern, wie er zur Begrüßung seiner Schwester, die er sechsundzwanzig Jahre nicht gesehen hatte, aus seiner Kutsche gesprungen war, um sie zu umarmen, bevor sie sich von ihrem Sitz erheben konnte. In der Tat liegt die Vermutung nahe, daß Philipp sich sehr nach Liebe sehnte und daß diese Sehnsucht nur selten erfüllt wurde. Seine Mutter verlor er mit zwölf und von seinem angebeteten Vater hatte er nur wenig als Kind und Jugendlicher. Die ihm nächsten blieben somit zwei Schwestern, seine erste Frau und sein kleiner Sohn, den er schon als Achtzehnjähriger bekam. Sein selten gestilltes Zärtlichkeitsbedürfnis erklärt auch die späteren Liebesaffären, auf die er sich nach dem Tod seiner ersten Frau, Maria von Portugal, einließ. Später schien er alle seine Gefühle auf Isabella, die älteste Tochter seiner dritten Frau, Elisabeth von Valois, projiziert zu haben. Nur widerstrebend hielt er Ausschau nach einem passenden Freier, so daß sie schon über dreißig war, als er kurz vor seinem Tod die Heirat mit seinem Lieblingsneffen, Albrecht von Österreich, in die Wege leitete. Die Hochzeit fand zwei Monate nach seinem Tod statt.

Was sein Zaudern beim Treffen von Entscheidungen angeht, so war man sich über den Grund nicht einig. Die Zeitgenossen beklagten sich über das Faktum, aber bemühten sich nicht, dafür eine Erklärung zu finden. Der Hauptmann der königlichen Garde sprach von seiner Haltung als „unheilbar",[11] als handle es sich um eine körperliche Krankheit. Kardinal Granvelle, der Philipp wiederholt drängte, gewisse Dinge zu erledigen, überliefert uns Philipps Zitat „Ich und die Zeit werden die Probleme, so gut wir können, lösen".[12] Dies muß Philipps Standardantwort gewesen sein, da sie auch in dem Buch „Reden und Taten", das 1628 von Porreño herausgegeben wurde, zitiert wird.[13]

Andere zeitgenössische Beobachter, die Philipp allerdings nicht so nahestanden, schrieben sein Zaudern seiner Klugheit zu. Der Hofsekretär und Historiker Cabrera de Córdoba, der zwar zugab, daß Philipp wichtige Papiere oft so lange bei sich liegen ließ, „bis sie vergilbten", verglich seine Klugheit mit der seines Namensvetters Philipp II. von Mazedonien.[14]

Für den Historiker und Arzt Dr. Gregorio Marañón stellt sich Philipps „Klugheit" allerdings eher als „Schüchternheit" und „Unentschlossenheit" dar.[15] Philipp war für ihn eine von Grund auf schwache und unsichere Persönlichkeit, die zeit ihres Lebens unter einem zu starken Vater litt, immer in ständiger Furcht, sich des bewunderten Vaters nicht wert zu erweisen und der furchtbaren Aufgabe nicht gewachsen zu sein. Unter diesen Voraussetzungen mußte Philipp seine ganze Selbstdisziplin und ihm zur Verfügung stehende Würde aufbieten, um nicht unterzugehen und auch noch Erfolge aufzuweisen. Andere Historiker des 20. Jahrhunderts halten jedoch Philipps Verhalten angesichts der Kommunikationsschwierigkeiten und der Komplexität der Ereignisse sehr wohl für Klugheit: Nichts zu tun war tatsächlich oft wirksamer, als irgend etwas zu tun.

Ich neige eher zu Marañóns Analyse der Persönlichkeit Philipps II. Ich frage mich bloß, wie sich Philipps psychologisch begründete Unentschlossenheit, die sich sonderbar gut mit einem wachen Blick für die Realitäten des 16. Jahrhunderts vertrug, wie sich diese Eigenschaft in einer anderen Epoche geäußert haben würde.

Eine Analyse von Philipps Notizen und Briefen ergibt, daß er über ein ausgezeichnetes Gedächtnis verfügte und über alles und jeden sehr gut informiert war. Beschäftigte ihn ein Problem, so ließ er sich alle dieses Problem betreffenden Unterlagen vorlegen, drehte und wendete jedes Argument und ermunterte seine Ratgeber zur offenen Diskussion, damit ihm möglichst viele verschiedene Standpunkte zu Gehör kämen. Daß er dann noch immer zögerte, lag vielleicht gerade an der Fülle der Argumente. Seinem vertrauten Freund Don Luis de Requesens gegenüber äußerte er einmal, daß die vielen verschiedenen Argumente über die in den Niederlanden einzuschlagende Politik ihn vollständig verwirrt hätten.[16]

Philipps ausweichende Art, seine pessimistische Nachdenklichkeit und häufige Unentschlossenheit mögen aber außer den psychologischen Gründen auch physiologische gehabt haben. Schon zu Beginn seiner Regierungstätigkeit saß er so viele Stunden mit geröteten Augen über den Staatspapieren, daß seine Minister und Sekretäre sich wegen seiner Gesundheit Sorgen machten. Seinem persönlichen Sekretär Mateo Vázquez vertraute er mehr als einmal an, die Papierstöße auf seinem Tisch belasteten ihn so, als müßte er sie auf seinem Rücken schleppen.[17] Mit zunehmendem Alter beeinflußten die Gichtanfälle, verschiedene Krankheiten und schließlich der Altersprozeß selbst zweifellos sein

Denken und seine Fähigkeit, Entscheidungen zu treffen. Wahrscheinlich trat auch eine gewisse Schwächung seiner geistigen Beweglichkeit ein: Der Härte seiner Politik in den neunziger Jahren entsprach die zunehmende Verkalkung seiner Arterien.

Aufgrund welcher Überlegungen Philipp schließlich zu einer Entscheidung kam, können wir heute nicht mehr nachvollziehen. Seine Randnoten auf den ihm vorgelegten Depeschen, Berichten und Meinungsäußerungen sowie auf den Memoranden, die er seinen Sekretären schickte, sind nicht viel mehr als Gedankenfetzen. Sehr selten stoßen wir auf einen systematischen Gedankenablauf. An einem gewissen Punkt der Überlegungen angelangt, pflegte er sich mit zwei oder drei vertrauten Ministern und Sekretären zurückzuziehen, um den endgültigen Erlaß vorzubereiten.

Leider hat uns keiner dieser Männer, außer dem Staatssekretär Antonio Pérez, Memoiren hinterlassen, in denen sie uns etwas über ihre Zusammenarbeit mit Philipp erzählen. Pérez aber schrieb seine Aufzeichnungen zu dem Zweck, Philipp in Mißkredit zu bringen, indem er ihm Heuchelei, sexuelle Promiskuität und sogar Mord vorwirft. Dies war sein Beitrag zur Debatte über die Moral Philipps II., die bereits zu seinen Lebzeiten einsetzte und noch immer andauert.

Mit seinen ersten Veröffentlichungen[18] gesellte sich Antonio Pérez 1591–1593 zu einer immer größer werdenden Gruppe von Männern, die den „Katholischen König" als Antichrist selbst verdammten. Die meisten von ihnen waren Protestanten, die dem König religiöse Verfolgungen und den Märtyrertod von vielen wahrhaft Gläubigen zur Last legten und seine Landsleute für das Massaker zahlloser unschuldiger Christen in Europa und der Indianer in der Neuen Welt verantwortlich machten.[19] Außerdem wurde er in den Schriften von Pérez, der *Apologia* von Wilhelm von Oranien, die 1580 erschien,[20] und in anderen Schriften des Inzests angeklagt, weil er seine Nichte Anna von Österreich geheiratet hatte, des Mordes an Elisabeth von Valois (damit er Anna heiraten konnte), des Mordes an Don Carlos und der Anstiftung zur Vergiftung Kaiser Maximilians II., weil beide sich den Protestanten gegenüber zu milde verhalten und die Unabhängigkeit der Niederlande gefördert hätten; außerdem wurden ihm sexuelle Ausschweifungen und die Zeugung mehrerer Bastarde zur Last gelegt, die er entweder nicht zur Kenntnis genommen, ins Kloster gesteckt oder mit fremden Vätern versehen hätte, indem er seine Höflinge dazu zwang, seine Geliebten zu heiraten. Vor allem aber klagte man ihn der Tyrannei an, der böswilligen Verachtung der Freiheiten und Privilegien seiner Untertanen, die er doch geschworen hatte zu beschützen.

Jene Zeitgenossen, die Philipp positiv gegenüberstanden, samt und sonders Katholiken, pflegten die schwereren Anschuldigungen wie Mord und sexuelle Promiskuität weit von sich zu weisen und für die geringeren rationelle Erklärungen zu finden. Aus katholischer Sicht waren die protestantischen „Märtyrer" Ketzer, Verräter und Rebellen. Die „tyrannisierten" Untertanen waren ungebärdige Kinder, die eine strenge Hand brauchten. Den Indianern bot er durch seine Gesetze väterlichen Schutz, und seine Heirat mit Anna war mit päpstlichem Dispens geschlossen worden. Zugleich erhoben die Verteidiger Philipps schwere Vorwürfe gegen seine Widersacher: Wilhelm der Schweiger wurde wegen Rebellion, Doppelzüngigkeit, Häresie und Bigamie verurteilt, Pérez wegen Verleumdung, Unterschlagung, Homosexualität, Verrat und Mord.

Mit der Verdammung beziehungsweise Verherrlichung Philipps II. ist es bis zum heutigen Tage unvermindert heftig weitergegangen, nur die Argumente haben sich etwas verfeinert. Mangels Beweisen hat man die meisten persönlichen Beschuldigungen fallengelassen. Dagegen bestehen Anklagepunkte wie Religionsverfolgung, Willkür und die Anwendung illegitimer, fragwürdiger und oft gewalttätiger Mittel zur Durchsetzung an sich vernünftiger Ziele weiter. Nun war im 16. Jahrhundert die religiöse Verfolgung an sich allgemein üblich, um die Gemeinschaft der „rechtmäßig" Gläubigen vor Irrtümern zu bewahren: Katholiken und Protestanten hielten es gleicherweise für ihre Pflicht, Ketzer auszurotten. Die Protestanten waren allerdings in der Erfüllung ihrer Pflicht weniger gründlich als die Katholiken, was zum Teil an ihren kleineren Gemeinden lag. Was die Willkür der Regierung angeht, so nahm im 16. Jahrhundert die Zahl derer zu, die eine sogenannte „absolute Monarchie" befürworteten, da sie allein in der Lage zu sein schien, eine gerechte und harmonische Gesellschaftsordnung in einer Welt der Gewalt und der Unordnung zu garantieren. Die Heftigkeit, mit der Philipp II. angegriffen wurde, stand weniger mit dem Mitgefühl, das man für die von Philipp Verfolgten empfand, in ursächlichem Zusammenhang als mit dem Fanatismus, der den Kampf zwischen Katholiken und Protestanten bestimmte sowie die Auseinandersetzung zwischen den Verteidigern der alten dezentralisierten Gesellschaftsordnung und den Vertretern der absoluten Monarchie. Wie wir zunehmend feststellen müssen, sind Intoleranz und Gewaltanwendung zur Durchsetzung politischer Ziele nicht auf das 16. Jahrhundert beschränkt geblieben.

Die zeitgenössische Diskussion über Philipp II. hatte immer einen moralischen wie auch einen politischen Aspekt, und beide Aspekte finden sich auch in Philipps eigenen politischen Testamenten wieder. Hier hat er seine Ansichten über sein königliches Amt und über die

Pflichten eines christlichen Fürsten klar definiert. Daraus geht hervor, daß die Religion vordringlich sein Denken bestimmte, so daß auch seine politischen Maximen eher nach moralischen Imperativen klingen als nach praktischen Regierungsanweisungen. Aus den Testamenten aber geht auch klar hervor, daß Philipp II. dazu bereit war, zur Durchsetzung seiner moralischen Imperative beinahe jedes Mittel zu benutzen. In der Praxis hießen ihn seine Skrupel allerdings oft den langsameren Weg des Gesetzes gehen.

Das gründlichste von Philipps politischen Testamenten ist das von 1597, das er knapp ein Jahr vor seinem Tod für seinen Sohn, den zukünftigen Philipp III., geschrieben hatte.[21] Vorher hatte er schon andere für den Prinzen und für seinen eigenen Halbbruder, Don Juan d'Austria, verfaßt. Auch in den Instruktionen für seine Vizekönige und Statthalter finden sich ähnliche moralische Anordnungen.

Wie sein Vater betonte Philipp immer wieder die Wichtigkeit der göttlichen Gnade, um gerecht und gut regieren zu können. „Um ein guter Fürst zu sein", ermahnte er seinen Sohn, „mußt du zuerst ein guter Christ sein, denn nur durch Tugend läßt sich regieren. Bete, daß Gott dir hilft, der dir auf deine Schultern die Last der Regierung über sein christliches Volk gelegt hat. König zu sein . . . ist nichts anderes als eine Art Sklaverei mit Krone."[22] Daß diese Worte mehr als nur die müde Trauer eines alten Herrschers ausdrückten, zeigen seine Instruktionen für den Herzog von Alcalá, die er vierzig Jahre früher geschrieben hat und in denen es heißt: „Das Volk ist nicht für den Fürsten da, sondern eher der Fürst für das Volk."[23]

Die Hauptaufgabe des Fürsten bestand für Philipp im Schutz der römisch-katholischen Religion, der Justiz und des Friedens.[24] Von Anfang bis Ende seiner Regierung bestimmten diese Imperative sein Denken, und er wurde nicht müde, in seinen Instruktionen und Briefen immer wieder darauf hinzuweisen, daß zur Erreichung dieser Ziele die Staatsfinanzen in Ordnung zu sein hätten.

Von allen Imperativen setzte Philipp die Verteidigung der Religion an die oberste Stelle. „Wenn die Umstände dich zwingen, unsere geheiligte Religion mit Waffengewalt zu verteidigen, dann wird dich Gott, selbst wenn du alle deine Reiche dabei verlierst, in seiner Herrlichkeit empfangen, und das ist das einzige Ziel, für das es wert ist zu kämpfen."[25] Denn Philipp zweifelte nicht daran, daß Gott eines Tages über seine Seele zu Gericht sitzen würde, und er war entschlossen, nicht die geringste Abweichung vom rechten Glauben bei all denen, für deren geistiges Wohl er sich verantwortlich fühlte, zu erlauben.

Die religiöse Spaltung war für Philipp aber nicht nur eine Beleidigung

Gottes und seiner Kirche, sie war auch eine Gefahr für den Staat. Sein Vater hatte von dem Moment an, da er Luther 1521 zum ersten Mal gegenübertrat, bis zu der demütigenden Vereinbarung von Augsburg 1555 einen immer aussichtsloseren Kampf gegen die Ketzerei in Deutschland geführt. 1536 mußte Karls Verbündeter, der Herzog von Savoyen, Genua den protestantischen Rebellen überlassen, und 1560 wurde Königin Maria von Schottland von ihren rebellischen Untertanen dazu gezwungen, den protestantischen Glauben in Schottland zuzulassen. Für Philipp war es daher selbstverständlich, daß Ketzer nicht nur wegen ihres Glaubens zu verfolgen seien, sondern auch als „Stifter von Auflehnung, Umsturz, Aufruhr und Unruhe im Staat ... Somit schuldig der Rebellion, können sie keine Gnade erwarten."[26] Vorbeugung, warnte Karl V., war leichter als Heilung: Beim ersten Verdacht mußte das Ketzertum vernichtet und damit die Rebellion abgewendet werden. Wenn man das Übel nicht gleich bekämpfte, dann konnte es überhaupt zu spät sein. Nimmt man Philipps Verhältnis[27] zu Wilhelm von Oranien, den er 1580 bannte, dann hatte er seine Lektion schlecht gelernt. Denn hier vertraute er einem Mann, dem er allen Grund hatte zu mißtrauen, und versäumte daher den rechten Zeitpunkt, um der Ketzerei in den Niederlanden Einhalt zu gebieten.

Seine radikalen Ansichten über die Ausrottung der Ketzerei wurden aber durch die Wirklichkeit relativiert. Vielleicht wäre er in den Niederlanden schneller aktiv geworden, wenn ihn nicht seine Kriege gegen die Türken daran gehindert hätten. Noch machte er sich wirklich Illusionen über seine Macht, die religiöse Situation in Europa zu ändern, auch wenn die militanten Katholiken ihn immer mehr bedrängten. In der richtigen Einschätzung seiner Mittel widersetzte er sich größtenteils ihren Forderungen, mehr als nur nominelle Hilfe zu leisten, es sei denn, ihre Ziele deckten sich mit seinen. Auch war er kaum bereit, weiteren protestantischen Machtzuwachs auf Kosten der römisch-katholischen Kirche zu akzeptieren, besonders wenn damit die Sicherheit seines eigenen Herrschaftsbereiches bedroht war. Und er nahm mit Ingrimm wahr, daß militante Protestanten, in erster Linie Calvinisten, manchmal katholischen Herrschern das Recht streitig machten, die alte Religion zu schützen.

Was die Justiz anging, so war für Philipp aus alter kastilischer Tradition der König der *justiciero*,[28] der sich so für das Recht einzusetzen hatte, daß „die Bösen ihn als Schrecken und die Guten ihn als Segen betrachten würden",[29] weil er Arm und Reich gleich gerecht behandelte. Die vollkommene Gerechtigkeit bedeutete, daß sich Krone und Volk gleichermaßen dem Gesetz zu unterwerfen hatten. Daß Philipp diese

Vollkommenheit anstrebte, veranschaulicht die bekannte Anekdote, nach der Philipp in einem schwierigen Rechtsstreit zwischen Krone und Untertan seinem juristischen Berater Dr. Martin de Velasco die Anweisung gab: „Doktor, merke dir ... in Zweifelsfällen muß das Verdikt immer zu meinen Ungunsten ausfallen."[30]

Seinem Halbbruder Don Juan schrieb Philipp, er solle nie ein Urteil im Ärger fällen und sich besondere Mühe bei Fällen geben, die Freund oder Feind beträfen. Er solle sich daran erinnern, schrieb er, daß nicht Don Juan, sondern Gott und der König die beleidigten Parteien seien. Handle es sich um einen Streit mit einem Feind, so solle er immer bedenken, daß einem Feind vergeben Gott gefallen hieße.[31]

Natürlich wurden nur relativ wenig Rechtsfälle in Philipps Reich vor dem König persönlich ausgetragen. Da er sich aber vor Gott für alle rechtlichen Entscheidungen, die während seiner Regierung gefällt wurden, verantwortlich fühlte, kümmerte er sich sorgfältig um die Ernennung neuer Männer zu hohen juristischen Posten. Sein Vater hatte ihn einst gescholten, weil er während seiner ersten Regentschaft Ernennungen durchgeführt hatte, ohne die Qualifikationen genügend geprüft zu haben.[32]

Im allgemeinen aber griff Philipp nicht in die tägliche Routine seines Rechtsystems ein. Er war auch bekanntlich kein Experte auf dem Gebiet der verschiedenen Rechtsprechungen in seinen Ländern.[33] Fest steht, daß er nichts zur Abschaffung der im 16. Jahrhundert legalen gerichtlichen Folter tat, daß er aber andererseits überempfindlich reagierte, wenn in seiner Gegenwart Blut vergossen wurde, und aus diesem Grund und aus Überzeugung die extreme Folter zur Erpressung von Geständnissen ablehnte. So warnte er seinen Sohn vor einem gewissen unmenschlichen Typ, der sich nur mit Strafen zufriedengibt, bei denen Blut fließt, und der sich dauernd damit beschäftigt, neue Strafmethoden zu erfinden. „Entferne solche Richter von ihren Posten: Sie eignen sich mehr dazu, unter wilden Tieren zu leben, als einem König zu dienen und katholische Untertanen zu regieren."[34]

Über die Todesstrafe schrieb Philipp: „Sprich ein Todesurteil immer nur mit äußerstem Widerwillen aus, und nur, wenn Gesetz und Ordnung es erfordern."[35] Schlimmer noch als Folter und Hinrichtung war wahrscheinlich die Verurteilung zu den Galeeren, was meistens einem langsamen Tod durch Erschöpfung und Kälte gleichkam. Als Philipp den Thron bestieg, ermahnte er seine Vizekönige, daß man die Galeerenstrafe nur für gewisse Verbrechen aussprechen dürfe, und daß es ein „schweres Gewissensproblem" darstelle, wenn man einen Menschen länger, als sein Schuldspruch fordere, an die Ruder zwänge.[36] Da aber immer Mangel an

Ruderern herrschte, ordnete Philipp an, daß seine eigenen Untertanen nur in seinen Galeeren dienten, wo die Vizekönige sich darum zu kümmern hatten, daß sie nach Abbüßung ihrer Strafe freigelassen wurden. Als man während der Türkenkriege immer mehr Ruderer benötigte, sah sich Philipp gezwungen, die Liste der Verbrechen, für die ein Mensch zu den Galeeren geschickt werden durfte, zu erweitern. Die Galeerenstrafe, die meistens arme Leute betraf, war und blieb unter Philipps Untertanen eine höchst unpopuläre Strafe, und Philipp zögerte daher nicht nur aus Gewissensgründen, sondern auch weil er sich zu Recht vor Aufruhr fürchtete, die Sache zu weit zu treiben.

Philipps Ansichten über Recht und Gerechtigkeit stehen teilweise in krassem Widerspruch zu dem Verhalten seiner Beamten und Soldaten; aber Diskrepanzen zwischen Theorie und Praxis sind in der Geschichte nichts Seltenes. Philipp hatte wie die meisten Menschen eine große Begabung, Widersprüche zu übersehen, unerfreuliche Tatsachen nicht zu beachten und nicht beabsichtigte Folgen seiner Handlungen der Notwendigkeit oder dem Willen Gottes zuzuschreiben.

Zwar gab Philipp zu, daß die Strenge des Gesetzes durch Barmherzigkeit zu mildern sei, aber da er wie die meisten Europäer seiner Zeit die menschliche Natur für sündig hielt, war er der Meinung, daß mit der Milde äußerst sparsam umzugehen sei, „damit die Menschen sich nicht, der königlichen Vergebung sicher, der Sünde überlassen. Daher soll die öffentliche Bestrafung dem Volk als Warnung dienen."[37]

Dem Krieg, der so viel von Philipps Zeit in Anspruch nahm, ist in seinen politischen Testamenten und den Instruktionen für seine Statthalter wenig Platz eingeräumt. Krieg war für Philipp kein Selbstzweck, er war ein Mittel zur Verteidigung und Förderung der katholischen Religion, seiner ererbten Rechte und der Sicherheit seiner Untertanen.

Der Krieg zur Verteidigung der Religion war aus Tradition her der Kreuzzug gegen die Ungläubigen, und es war Philipps Verhängnis, daß er den blutigsten und kostspieligsten Kampf seiner Regierung gegen die Ketzerei in seinen eigenen Niederlanden führen mußte. Der politische und religiöse Aufstand der Niederlande gegen Philipp, bei dem von seiten der Rebellen des öfteren Guerillataktik angewendet wurde, brachte Philipp in ein ihm selbst verhaßtes Dilemma: Entweder unterdrückte er den Aufstand mit brutaler Gewalt, wobei auch Unschuldige nicht verschont werden würden, oder er versuchte, die passive Mehrheit durch eine gute und gerechte Regierung für sich zu gewinnen, was aber ein wirksames Vorgehen gegen die Aufrührer ausschloß. Eine gute Definition der Lage gab Herzog Alba, Philipps Befehlshaber in den Niederlanden von 1567–1572, wenn er sagte, er hätte den Aufstand niederschlagen können, wenn er das Land verwüstet und die Bevölkerung in einige von spanischen Soldaten besetzte Städte zusammengetrieben hätte. Aber solche Methoden waren vielleicht für ein gerade erobertes Land akzeptabel,[38] für des Königs eigene Untertanen waren sie undenkbar. So schrieb denn auch Carbrera de Córdoba, als Kommentar zu Philipps Mißerfolg in den Niederlanden: „Die Liebe, die der König für seine Untertanen hatte, erwies sich für beide Seiten als tödlich.“[39]

Gegen die „ungläubigen“ Türken und Nordafrikaner unternahm Philipp mehrere Feldzüge zu Land und zu Wasser, und diese Aktionen waren für sein Gewissen wesentlich leichtere Kost als die niederländischen Blutbäder. Gerade aber nach zwei entscheidenden Siegen der Türken – ihrer Wiedereroberung von Tunis 1574 und ihrer Einnahme von Marokko 1576 – mußte er 1578 von sich aus die kriegerischen Handlungen durch einen Waffenstillstand beenden, um sich wieder den Niederlanden zuzuwenden. Schließlich fühlte er sich Gott gegenüber vordringlich für den Glauben seiner eigenen Untertanen verantwortlich und erst an zweiter Stelle für das teuflische Betragen der anderen.

Ebenso kompromißlos wie in Glaubensdingen war Philipp zumindest verbal, wenn er sich in seinen persönlichen Rechten, die er für gottgegeben hielt, geschmälert fühlte. So sandte er 1580 zur Geltendmachung seiner Ansprüche auf die Krone Portugals dem Herzog Bragança (dessen Frau ebenfalls die Krone beanspruchte) einen Drohbrief mit dem Inhalt, wenn Bragança nicht auf der Stelle verzichtete, dann sei er entschlossen, Krieg zu führen, auch wenn das den Untergang Portugals zur Folge haben und die „ganze Christenheit“ hineingezogen würde.[40]

Wenn es seiner Überzeugung entsprach und zum Schutz seiner Königreiche, war Philipp auch durchaus bereit, mit allen Rechtsnormen zu brechen. 1578 sanktionierte er den Mord an Juan de Escobedo, seinem Sekretär, der im Verdacht stand, Don Juan d'Austria gegen Philipp aufgewiegelt zu haben. So gab er auch seine Zustimmung zu mehreren Verschwörungen, die gegen Elisabeth von England gerichtet waren, weil er ihr ihre Einmischung in den Niederlanden übelnahm.

Das bekannteste Komplott war das Ridolfi-Komplott (1571), dessen Ziel die Entthronung und wenn nötig auch Ermordung Königin Elisabeths war. Ihr den Krieg zu erklären konnte er nicht wagen, weil seine Kräfte anderwärts gebunden waren.[41] So erfolglos er im Fall Elisabeths war, so erfolgreich agierte er gegen Wilhelm von Oranien, nachdem er ihn zuerst für geächtet erklärt hatte, was damals üblich war, wenn ein Angeklagter nicht vor Gericht gebracht werden konnte. In Wilhelms Fall hielt sich Philipp also zuerst noch ganz an die damaligen Konventionen, allerdings verletzte er schon damit die Gesetze der

Ritterlichkeit, die es dem Vasallen erlaubten, sich gegen den Herrscher aufzulehnen, wenn er sich von ihm unrecht behandelt fühlte. Ebenso verletzte er die Gefühle von Wilhelms protestantischen Anhängern, die sich ja ebenso wie Philipp auf Gott beriefen. Auch gegen Antonio Pérez ging er ähnlich vor und schickte ihm seine Mörder nach, als er in den Untergrund gegangen war. Pérez konnte ihm allerdings entkommen.

Obwohl er selbst von der Richtigkeit dessen, was er tat, stets überzeugt war, log Philipp manchmal vor der Öffentlichkeit aus Furcht vor Aufruhr. So veranlaßte ihn die Empörung der Niederländer nach der Hinrichtung der Grafen Egmont und Hoorn, die zu schnell und, wie viele sagten, ungerecht abgeurteilt worden waren, den Grafen Montigny, den man aus den gleichen Gründen verurteilt hatte, im Schloß Simancas umbringen zu lassen, um dann die Öffentlichkeit zu informieren, daß er eines natürlichen Todes gestorben sei.[42] Hastige und fragwürdige Gerichtsverhandlungen, wie sie unter Alba in den Niederlanden gang und gäbe waren und natürlich von Regierungsseite nie zugegeben wurden, haben Philipps Ruf nicht gut getan. Dabei muß man bedenken, daß unter den Umständen, die nach 1566 in den Niederlanden herrschten, es schwer war, nicht die Gesetze des Krieges walten zu lassen.

Philipp scheint die Kraft gehabt zu haben, alle seine Taten vor sich selbst, seinen Ministern, seinen Verbündeten und jenen seiner Feinde, die Verständnis für seine Probleme hatten, zu rechtfertigen. Aber es überrascht uns nicht, daß er angesichts solcher Gewalttaten, die im Namen Gottes und des dynastischen Rechts begangen wurden, einmal geseufzt haben soll, er würde, wenn er dürfte, am liebsten ein kleiner Edelmann mit einem Jahreseinkommen von 6000 Dukaten sein. Denn diese Summe sei groß genug, um angenehm davon zu leben, aber zu klein, um ein hohes Amt zu bekleiden.[43]

Die Zeitgenossen haben sich höchst interessiert an Philipps Moral auf sexuellem Gebiet gezeigt. Obwohl viel und böswillig geschwätzt wurde, scheint es aber, wenn man sich auf die seriöseren Beweismittel stützt, daß Philipp zwischen achtzehn und vierzig ein normaler, gesunder junger Mann mit mehreren Liebesaffären gewesen ist.[44]

Als Philipp Maria von Portugal heiratete, versicherte er seinem Vater, daß er noch keusch sei. Es gab aber Gerüchte, nach denen er bereits verheiratet war. Doña Isabel de Osorio (die 1589 starb) behauptete, Philipps Frau zu sein.[45] Später beschuldigte Wilhelm von Oranien den König der Bigamie: „Wie Ruy Gómez bestätigen könnte, wenn er noch am Leben wäre." Was soll man also glauben? Wie auch immer, Philipp heiratete Maria und scheint nichts unternommen zu haben, um Doña Isabel zum Schweigen zu bringen. Offenbar hat er dann, nachdem er

Witwer geworden war, doch mit ihr eine Affäre gehabt und mehrere uneheliche Kinder von ihr bekommen. Anerkannt hat er jedoch keines. So kann nichts bewiesen werden.

1548 verließ Philipp Spanien, um sich in die Niederlande zu begeben, und er soll während seines Aufenthalts in Brüssel (1549/50) den Berichten der Botschafter zufolge sich großer Erfolge bei den Damen erfreut haben. Schon 1554 jedoch war er bereits wieder verheiratet; mit der elf Jahre älteren Maria Tudor. Alles spricht dafür, daß er ihr nicht die Treue gehalten hat, schon gar nicht, nachdem er im August 1555 von England wieder in die Niederlande gefahren war. Zwar kann man den Berichten des französischen Botschafters über Philipps Seitensprünge nur begrenzt Vertrauen schenken; denn sie waren sicher zu dem Zweck geschrieben, Unfrieden zu säen, aber Maria machte, als sie Philipp im März 1557 wiedersah, offensichtlich den Eindruck einer sitzengelassenen Frau. Und auch der Knittelvers, der damals die Runde machte, „Better the milkmaid in her russet gown /Than Queen Mary without her crown (Lieber ein Milchmädchen in seinem groben Kleid /Als Königin Mary ohne Krone und Geschmeid"), enthält sicher ein Quentchen Wahrheit, auch wenn Philipp seine Abenteuer wahrscheinlich eher bei den Damen des Adels suchte.

Maria starb 1558, und schon ein Jahr später heiratete Philipp durch einen Bevollmächtigten die dreizehnjährige Elisabeth von Valois. 1560 kam sie an den spanischen Hof, aber die Ehe durfte nach spanischer Sitte erst, als sie siebzehn war, also 1564, vollzogen werden. Vor 1564 soll Philipp mehrere Affären gehabt haben, jedenfalls beeilten sich die französischen Gesandten, das der Mutter Elisabeths, Katharina von Medici, mitzuteilen. Später ist davon kaum noch die Rede.

Die bekannteste aller dieser Affären war die mit Doña Eufrasia de Guzmán. Als sie schwanger wurde, soll Philipp sie eilends mit dem Höfling Don Antonio de Leyva, Fürst von Ascoli, verheiratet haben. Obwohl keiner der Beteiligten das Gerücht je bestätigt hat, wurde Don Antonios Sohn, Don Antonio Luis de Leyva, der 1588 in der Armada mitsegelte, allgemein als Philipps unehelicher Sohn betrachtet. Don Agustín González de Amezúa kommt allerdings nach eingehender Beschäftigung mit Doña Eufrasias späterer Korrespondenz zu dem Schluß, daß Don Antonio Luis nicht Philipps Sohn war, auch wenn anzunehmen ist, daß Philipp kurze Zeit mit Doña Eufrasia zusammen war.[46]

Eine weitere Affäre wird Philipp mit Doña Ana de Mendoza, Prinzessin von Eboli und Frau von Ruy Gómez de Silva, zugeschrieben. Der Autor dieser Geschichte, Antonio Pérez, gibt, um sich als Zeuge aufzuwerten, sogar zu verstehen, daß auch er nach ihrer Verwitwung 1573 eine Beziehung zu ihr unterhalten habe. Aber die moderne Geschichtsschreibung hat dafür keine Belege gefunden.[47]

Aufsehen erregte auch Philipps letzte Heirat mit seiner Nichte Anna von Österreich. Wilhelm von Oranien beschuldigte Philipp des Mordes an Elisabeth von Valois (sie starb 1568 an den Folgen einer vorzeitigen Geburt) und der inzestuösen Heirat mit Anna 1570. Die wahren Gründe für diese Heirat waren aber politischer Natur: Es gab zu jener Zeit nur zwei heiratsfähige Prinzessinnen, die für Philipp in Frage kamen: Anna, seine Nichte,[48] und Margarete von Valois, Elisabeths jüngere Schwester. Aus zwei Gründen schied aber Margarete aus dem Rennen: Erstens hatten die Valoistöchter den Ruf, relativ unfruchtbar zu sein, und zweitens hatte Margarete ihre Jungfräulichkeit angeblich an den jungen Heinrich von Guise verloren. Auf der anderen Seite besaßen Annas Eltern, Maximilian II. und Maria, sechs gesunde Söhne und drei Töchter, immerhin ein starkes Plus für einen König, der sich einen männlichen Erben wünscht.

Einigen Aufschluß über Philipps Sexualleben, beziehungsweise seine geheimen erotischen Sehnsüchte, gibt uns seine Gemäldesammlung, besonders die Bilder von Tizian, deren Themen er „poetisch" nannte und in seinem Schloß Pardo außerhalb von Madrid hängen hatte. Nachdem er 1551 Tizian kennengelernt hatte, bestellte Philipp mehrere Darstellungen der Venus und eine *Danae unter dem Goldregen* bei ihm, alles Meisterwerke der erotischen Malerei. Später gab Philipp auch frommere Themen in Auftrag, wie die *Grablegung Christi*, seit 1574 im Escorial, und das Porträt Philipps mit seinem Sohn Don Fernando (gest. 1578) im Arm.

Daß Philipp nach 1570 die Bilder von Hieronymus Bosch in seinen Zimmern im Escorial aufhängen ließ, bezeugt vielleicht am besten den Wandel, der sich in ihm vollzogen hatte: Die sexuellen Versuchungen waren dem Bewußtsein von Tod und Jenseits gewichen. Über die Herkunft der Motive bei Bosch sind sich die Kunsthistoriker bis heute nicht klar. Möglicherweise stammen sie aus uns unbekannten Quellen des niederländischen Volksglaubens. 1605 berichtete Pater José Sigüenza in seiner Geschichte seines Ordens und des Escorials, daß viele seiner Zeitgenossen in Boschs Werken einen Anflug von Ketzerei zu entdecken glaubten, während er selbst Bosch für strenggläubig hielt.[49] Die in sich widersprüchlichsten Gemälde Boschs in Philipps Besitz waren die Triptychen *Der Garten der Lüste* und *Der Heuwagen* und ein Tafelbild, das die *Sieben Todsünden* darstellte. Denn Bosch stellte nicht nur die Bestrafung der Sünder auf drastische und abschreckende Art dar, er malte auch die vorausgegangenen Sünden auf eine sehr realistische Weise. Im Vergleich zu den „poetischen" Akten, die sich Philipp 1550 von Tizian malen ließ, wirken Boschs Bilder wie eine Mahnung. Vielleicht wollte Philipp sich immer an die ewige Strafe erinnern lassen, die alle jene erwartet, welche sich den irdischen Vergnügungen hingegeben haben. Er muß sie genau und oft betrachtet haben; denn sie lebten in ihm. So schrieb er einmal, die als Teufel verkleideten Gestalten in einer portugiesischen Prozession hätten ihn an die furchtbaren Teufel auf Boschs Bildern erinnert.[50]

Philipps sexuelles Verhalten betreffend, kann eins mit Sicherheit gesagt werden: Keine der Frauen, mit denen er intimere Beziehungen unterhielt, hat Einfluß auf seine Regierung gehabt. Seine Diskretion in diesen Dingen läßt zudem vermuten, daß er, anders als die meisten europäischen Herrscher, viel Gefühl für das moralische Klima der Reformation und Gegenreformation bewies. Nie hat er eine Liebesaffäre oder ein illegitimes Kind öffentlich bestätigt, und er hat es immer verstanden, sein Sexualleben, so gut er konnte, eine Privatangelegenheit sein zu lassen.

Die königliche Familie

Die sympathischste Seite seines Charakters zeigte sich zweifellos im Kreis der Familie. Die königliche Familie bildete den Kern, um den sich der Hof mit seinen verschiedenen Hofhaltungen und den Organen der zentralen Verwaltung gruppierte.

Als Philipp 1555/56 Karl V. nachfolgte, umgab ihn eine kleine Schar von Spaniern aus der eigenen Hofhaltung. Dazu kam nun der kosmopolitisch ausgerichtete Hof seines Vaters. Am Hof seiner Frau, Maria von England, besaß Philipp einen weiteren Haushalt, der sich zu gleichen Teilen aus Engländern und Spaniern zusammensetzte. Nach Marias Tod kehrte Philipp mit seinen Höflingen nach Spanien zurück und überließ den Brüsseler Hof seiner illegitimen Halbschwester Margarete, der Herzogin von Parma, die er zur Statthalterin ernannte. (In der Hofsprache hieß sie *Madama* [de Parma].) Karls kaiserlicher Hof ging auf Ferdinand über, der 1556 Kaiser wurde.

In Spanien richtete Philipp an seinem Hof fünf Haushalte ein: einen für sich selbst, einen für seine neue Königin Elisabeth von Valois, einen für seinen Sohn Don Carlos, *el Príncipe*,[51] einen für seine Schwester Doña Juana (*La Princesa* als Witwe Johanns von Portugal, Prinz von Brasilien) und einen für seinen illegitimen Halbbruder, Don Juan d'Austria (Señor Don Juan, wie man ihn in Spanien nannte). Sein eigener Haushalt erhielt

250.000 Dukaten, die anderen in absteigender Rangordnung weniger. Der unterste war der von Don Juan mit 15.000.[52] Von dem ihnen zugewiesenen Geld mußten die Haushalte ihre Ausgaben, die Gehälter, Dotationen und karitative Abgaben bestreiten.

Die Ausgaben der königlichen Haushalte blieben während der ganzen Regierung trotz steigender Preise und der sich verändernden königlichen Familie die gleichen – auch als es 1580 keine Königin mehr gab und sowohl Prinzessin Juana als auch Don Juan d'Austria tot waren. Zurück blieb der immer strengere König, mit seinen beiden Töchtern Isabella und Katharina Michaela, seinem Erben Prinz Philipp, der Kaiserin Maria und ihrer Tochter, der Erzherzogin Margarete; diese war 1582 nach Spanien gekommen.

Das Leben am Hof war von der strengen Etikette bestimmt, die jedem Mitglied vom König abwärts seinen bestimmten Rang und Titel zuwies. So kam es, daß der König, wenn niemand von fürstlichem Rang zugegen war, bei einem Staatsessen in würdevoller Einsamkeit speiste. Philipp ging aber dem feierlichen Zeremoniell, sooft er nur konnte, aus dem Weg und zog es vor, allein oder manchmal mit seiner Familie zu essen. Weil er einen starken Hang zur Einfachheit hatte, befahl er Alba 1579, Vorschläge auszuarbeiten, wie man statt des aufwendigen burgundischen Lebensstils wieder den einfacheren und würdevolleren Stil des alten kastilischen Hofes einführen und wie man den ausufernden Anredefloskeln des kastilischen Adels ein Ende bereiten könne.[53] Er selber, ordnete er an, wolle ganz einfach als „Señor" und nicht mehr als „heilige katholische königliche Majestät" angeredet werden.

Daß er auch verbot, Don Juan d'Austria mit „Eure Durchlaucht" anzureden, eine Anrede, die damals bei königlichen Kindern, regierenden Herzögen und manchen Königen gebräuchlich war, hat den Verdacht aufkommen lassen, er sei eifersüchtig auf seinen Halbbruder gewesen und habe ihm ein gewisses Mißtrauen entgegengebracht. Aber der Respekt und die Freundlichkeit, die Don Juan von Philipp erwiesen wurden, widersprechen dieser Behauptung. Erst kurz vor Don Juans Tod, Jahre nachdem Don Juan sich bei Philipp darüber beklagt hatte, nicht als „Durchlaucht" angeredet zu werden, begann Philipp Zweifel an Don Juans Loyalität zu hegen. Zwei Fakten aus der kastilischen Geschichte mögen den König in seiner irrigen Ansicht bestärkt haben: Im 13. Jahrhundert hatte Sancho el Bravo die Söhne seines ältesten Bruders durch einen Staatsstreich von der Thronfolge ausgeschlossen, 1369 war König Peter der Grausame von seinem Halbbruder, dem Bastard Heinrich von Trastámara, ermordet worden.

Über die Existenz seines Halbbruders Don Juan[54] war Philipp von seinem Vater informiert worden. Dieser war 1547 in Regensburg geboren und von einem Vertrauten des Kaisers, Don Luis de Quijada, in Spanien erzogen worden. Karl V. bat Philipp, seinen Halbbruder zu fördern und ihm einen Platz in der Kirche zu verschaffen. Aber als Philipp dann den zwölfjährigen Don Juan, der damals noch Geronimo hieß, kennenlernte, fand Philipp, daß er zu lebhaft für ein kirchliches Amt sei und sich besser für ein Hofamt eigne. So vertraute Philipp ihm, als er einundzwanzig war, das Kommando über die spanischen Galeeren an und setzte ihn von nun an auf immer höhere und wichtigere Posten der Monarchie, bis er ihn schließlich 1576 zum Generalstatthalter der Niederlande ernannte. Sogar Don Juans ehrgeizige Pläne, Königin Maria von Schottland zu befreien, fanden beim König Gehör, allerdings sollte er zuerst seine Aufgabe, Ordnung in den Niederlanden zu schaffen, erfüllt haben. Philipp stellte an Don Juan offenbar dieselben Anforderungen wie an sich selbst, nämlich vordringlich der Monarchie zu dienen.

Unbewußt mag Philipp freilich schon ein wenig eifersüchtig auf diesen Halbbruder gewesen sein, der wesentlich besser aussah als er selbst und jeden an Karl V. erinnerte. Die Frauen vergötterten ihn, und auch viele Männer waren seine glühenden Anhänger. Philipp dagegen konnte seine Sicherheit auf das Bewußtsein gründen, daß er Karls einziger legitimer Sohn und König von Spanien war.

Die glücklichsten Tage seines Lebens dürfte Philipp während der Ehe mit Elisabeth von Valois verlebt haben. Nachdem er im Sommer 1559 zunächst durch einen Bevollmächtigten mit ihr verheiratet worden war, traf er sie persönlich im Januar 1560 in Guadalajara, wo sie im Palast des Herzogs von Infantado getraut wurden. Am 15. August 1566 gebar sie ihm eine Tochter, Isabella Clara Eugenia, und im Oktober 1567 eine zweite Tochter, Katharina Michaela.

Über Elisabeths ersten Frühling in Spanien hat eine ihrer Hofdamen, Mme de Clermont, ein Tagebuch geführt, das uns sehr anschaulich das Hofleben schildert.[55] Die junge Königin pflegte sich sehr kostbar in Seide und Samt zu kleiden, das Haar nach spanischer Mode zu frisieren und sich mit Perlenketten und Juwelen zu schmücken. In der Begleitung von Don Carlos und Don Juan sowie Philipps und der Prinzessin Juana besuchte sie des öfteren die Stierkämpfe. Am schönsten aber müssen die Tage in Aranjuez gewesen sein, wo die Königin mit Philipp und der übrigen königlichen Familie nachmittags unter Pappeln zu speisen pflegte. Sie empfing aber auch ausländische Gesandte und nahm höfische Funktionen wahr. Wenn sie an Migräne litt, blieb sie im Bett und ließ sich von Prinzessin Juana trösten.

1568 starb Elisabeth, nachdem sie nach einer nur fünfmonatigen

Schwangerschaft ein Mädchen zur Welt gebracht hatte, das unmittelbar nach der Geburt verschied. Dies war für Philipp ein schwerer Schlag. Seine ganze Zuneigung übertrug er auf die beiden Töchter Elisabeths, so daß die Briefe, die er ihnen 1581/82 schrieb, uns am meisten über den Menschen Philipp mitteilen.[56]

Es sind die Briefe eines Mannes, der seine Familie liebt. Er macht sich Sorge um ihre Erziehung und bittet sie, daß sie auch ja die Sprache seines neuen Königreichs Portugal erlernen mögen. Er bedauert, daß die Früchte, die sie ihm geschickt hatten, verdorben angekommen seien. Wie gerne, schreibt er, wäre er jetzt mit ihnen in Aranjuez, wo die Rosen blühen und die Nachtigallen singen. Dann erzählt er den beiden Mädchen etwas über die Hofdamen, die einst ihre Ammen waren, und über die Spaßmacher, die ihn auf seinen Reisen begleiteten. Ja, er vergißt nicht, die Kirchen und Schlösser zu beschreiben, die er gerade besichtigt hat, und ihnen einen kurzen Abriß seiner Regierungsgeschäfte zu geben, indem er das Kommen und Gehen der Höflinge schildert, festliche Anlässe erwähnt sowie seine Teilnahme an religiösen Festen und *Autodafés*. Selbst die Schiffe auf dem Tajo werden nicht vergessen.

Im Juli desselben Jahres, in dem Elisabeth starb, mußte Philipp noch einen weiteren schweren Verlust hinnehmen, den Tod seines Sohnes Don Carlos, nachdem sich schon Jahre vorher herauskristallisiert hatte, daß der Prinz geistig behindert und wahrscheinlich unfähig war, die Regierung zu übernehmen. Der Verlust des Sohnes war wohl die tragischste Episode in Philipps Leben, und sie sollte in die Geschichte als Mythos eingehen.[57] Schon 1556 waren Karl V. Zweifel über die geistige Stabilität seines Enkels gekommen, so daß im Jahr darauf Ruy Gómez de Silva Philipp im Auftrag des Kaisers mitteilte, Don Carlos sollte als möglicher Regent der Niederlande ausscheiden und sich dort auch nicht mehr blicken lassen. Auch den Plan, ihn mit Elisabeth von Valois zu verheiraten, änderte der Kaiser dahingehend ab, daß er Philipp selbst mit der jungen Prinzessin verheiratete, um dem Frieden zwischen den Häusern Valois und Habsburg eine feste Grundlage zu geben.

Philipp selbst gab die Hoffnung nicht auf, daß sich der Zustand des Infanten wieder bessern würde. Obwohl man ihm immer wieder berichtete, der Prinz sei krankhaft grausam zu Tieren und belästige junge Frauen in den Straßen von Madrid, schickte er ihn in der Begleitung Don Juans und Alexander Farneses, des Sohnes von Margarete von Parma, der an Philipps Hof aufgewachsen war, an die Universität von Alcalá, in der Hoffnung, das Universitätsleben würde ihm guttun. Aber der junge Prinz fiel, offensichtlich bei der Verfolgung der Tochter des Portiers, die Treppen hinunter und zog sich schwere Kopfverletzungen zu. Während

Philipps eigene Ärzte, unter anderen Andreas Vesalius, den Prinzen behandelten, brachte der lokale Klerus die Reliquien des lang verstorbenen Franziskanermönches Diego an sein Bett. Als Don Carlos nach einigen Wochen genas, schien Philipp offenbar der Meinung zu sein, daß es sich dabei zumindest um ein teilweises Wunder gehandelt habe, denn 1558 ließ er Pater Diego heiligsprechen.

Der wiedergenesene Prinz benahm sich jedoch immer skandalöser. Trotzdem gab Philipp die Hoffnung nicht auf, daß sein Sohn seine perverse Veranlagung überwinden werde können, und übergab ihm den Vorsitz über die Sitzungen des Staatsrats. Don Carlos aber mißbrauchte die Räte zu seinen Zwecken. Ihn interessierten nur zwei Dinge: seine Heirat, am liebsten mit Anna von Österreich, und seine Regentschaft in den Niederlanden. Nach 1564 war hier merklich die Spannung gewachsen, nachdem die niederländischen Magnaten sich Philipps Anordnungen, die sich auf religiöse Verfolgungen bezogen, widersetzt und einige Delegierte, darunter den Grafen Egmont, Baron Montigny und den Marquis von Bergen, nach Madrid geschickt hatten, um dem König ihre Gründe zu erklären. Don Carlos bestand darauf, sie zu treffen, und ließ sich für ihre Sache einnehmen, die er aber kaum verstanden haben dürfte. Für ihn war die Statthalterschaft in den Niederlanden eine Chance, dem Hof und seinem Vater zu entkommen.

Als Alba 1567 den Befehl erhielt, als Oberbefehlshaber von Philipps Armee in die Niederlande zu gehen, ging Don Carlos voller Wut mit einem Dolch auf ihn los und konnte nur mit Gewalt davon zurückgehalten werden, Alba zu erstechen. Daraufhin schrieb er heimlich den kastilischen Granden, er brauche ihre Hilfe in einer gewissen Sache. Dieses Schreiben wurde von Ruy Gómez Philipp hinterbracht. Als Don Carlos seinem Sekretär Martín de Gaztelu anvertraute, er wolle in die Fußstapfen seines Großvaters, des Kaisers, steigen, und sich über seinen schwerfälligen Vater lustig machte, deckte Gaztelu ebenfalls dem König alles auf. In seiner Not begann Don Carlos seine Juwelen zu verkaufen und bat Don Juan mit ihm nach Italien oder in die Niederlande zu flüchten. Auch Don Juan ging zu Philipp und berichtete ihm von Don Carlos' Fluchtplänen.

Dies überzeugte Philipp endlich, daß sein Sohn in Gewahrsam gehörte. Da er selber gerade eine Reise in die Niederlande plante und beabsichtigte, Spanien durch einen Regenten regieren zu lassen, konnte er unmöglich Don Carlos frei herumlaufen lassen. In der Nacht des 18. Januar 1568 betrat Philipp mit Degen und Helm in der Begleitung Ruy Gómez', Ferias, Don Antonios, Quijadas und einiger Wachsoldaten das Zimmer des Prinzen und stellte ihn unter Arrest. Der überrumpelte

Prinz versuchte zu scherzen: „Halten wir hier einen Staatsrat ab?" Dann aber, beim Anblick seines ernsten Vaters, rief er: „Ich bin nicht verrückt, ich bin verzweifelt! Will Eure Majestät mich töten?"

Philipp befahl dem Prinzen, sich zu fassen, und verließ den Raum. Bald darauf befragte er den Staatsrat um seine Meinung und erklärte dem Papst, dem Kaiser, der Kaiserin Maria und anderen Herrschern schriftlich seine Gründe für den Arrest des Sohnes: „Es gab kein anderes Mittel, um den Verpflichtungen nachzukommen, die ich Gott gegenüber und meinen Königreichen und Ländern gegenüber eingegangen bin."[58]

Am wichtigsten war ihm die Reaktion des Papstes. Er schrieb ihm, Seine Heiligkeit könne sich vorstellen, daß er nur unter Schmerzen so habe handeln können, „da es doch sein einziger und erstgeborener Sohn sei".[59] Seinem Gesandten Don Juan de Zúñiga befahl er, dem Papst offen zu schildern, wie sich Don Carlos am spanischen Hof verhalten habe, aber er solle auch betonen, daß Don Carlos ein strenggläubiger Katholik sei. Denn in Rom kursierten Gerüchte, welche aus hugenottischen Quellen stammen sollten, Philipp habe Don Carlos wegen Ketzerei verhaften lassen.[60] Don Carlos' Zustand besserte sich nicht. Hungerstreiks, die von Völlereien unterbrochen wurden, unterminierten seine ohnehin zerbrechliche Gesundheit. Schließlich erkrankte er an Tertianfieber, eine Art Malaria, an dem er schon früher gelitten hatte, und starb am 24. Juli 1568, einige wenige Tage nach seinem dreiundzwanzigsten Geburtstag, versehen mit den Sterbesakramenten der Kirche. C. D. O'Malley kommt aufgrund der überlieferten Symptome, „Angstzustände und geistige Verwirrung, Verdauungsstörungen, Erbrechen und Durchfall", zu dem Schluß, daß Don Carlos an einer Darminfektion, möglicherweise Ruhr, gestorben ist.[61]

Die so nah beieinander liegenden Todesdaten von Don Carlos (Juli) und Elisabeth von Valois (Oktober) gaben Philipps Feinden Anlaß, das Gerücht in Umlauf zu setzen, die beiden seien ein Liebespaar gewesen und von Philipp aus diesem Grund beseitigt worden. Tatsächlich ist Elisabeth immer freundlich zu Don Carlos gewesen, aber nicht mehr. Und Don Carlos hatte, wenn er nicht gerade einem Liebesabenteuer in Madrid nachjagte, nur Anna von Österreich im Kopf, die nie gesehene Braut seiner Träume. Mit der unglücklichen Liebesgeschichte zwischen Thronfolger und Stiefmutter verband sich die idealisierende Vorstellung von Don Carlos als dem Vorkämpfer für die politische und religiöse Freiheit in den Niederlanden, von dem Kampf des Sohnes gegen den tyrannischen Vater und die Inquisition. Aus diesem Stoff arbeitete Schiller sein großes Drama *Don Carlos,* das später von Verdi vertont werden sollte.

Die moderne Geschichtswissenschaft hat Philipp von dem Mord an Don Carlos reingewaschen. Das Argument von R. B. Merriman allerdings, Philipp habe sich ausrechnen können, daß Don Carlos in der Verhaftung nicht lange leben würde, läßt die Möglichkeit offen, daß Philipp sehr wohl den Mord befohlen hat. Eins scheint jedoch außer Frage zu stehen: Philipp konnte mit der Loyalität seiner Spanier rechnen, wenn sie die Wahl zwischen einer stabilen Regierung und den Hirngespinsten eines jungen Prinzen zu treffen hatten. Das hatten sie schon bewiesen, als sie die Inhaftierung ihrer wahnsinnigen Königin Johanna gutgeheißen und so lange toleriert hatten. Selbst der Aufstand der *comuneros* hatte 1520 daran nichts ändern können. Die Episode mit Don Carlos zeigt nach heutigem Stand der Forschung Philipp als liebevollen und nachsichtigen Vater, der lange zuwartete, bis er die Erfordernisse seines Amtes über seine Gefühle als Vater stellte.

Nicht in das Drama um Don Carlos involviert war Philipps Schwester Juana, die bis zu ihrem Tod 1573 eine nicht unwichtige Rolle am spanischen Hof spielte. Im Frühling 1554 war sie aus Portugal nach Madrid gekommen, nachdem sie im Januar ihren Mann Prinz Johann verloren und kurz darauf einen Sohn, Dom Sebastian, zur Welt gebracht hatte. In Spanien übernahm sie die Regentschaft für ihren Bruder, der auf Karls Befehl nach England aufbrach, um sich mit Maria Tudor zu vermählen. Sie bewährte sich dabei so sehr, daß Philipp, als er 1568 eine Reise in die Niederlande plante, ihr als der Erfahreneren wiederum die Regentschaft lieber als der jungen Königin, die zudem Französin und schwanger war, anvertrauen wollte.

Nach dem Tod Elisabeths und Don Carlos' stand Philipp ohne Frau und männlichen Erben da. Seine beiden Töchter, Isabella und Katharina Michaela, waren erst zwei beziehungsweise ein Jahr alt.[62] Am spanischen Hof lebten aber außer Don Juan noch Philipps zwei Neffen, die Erzherzöge Rudolf und Ernst, Söhne Maximilians II., die, obwohl es Maximilian nicht ganz recht war, aus religiösen Gründen am spanischen Hof erzogen wurden.

Für den einundvierzigjährigen Philipp stellte sich nun eine neue Ehe als politische Notwendigkeit dar. Aus schon dargelegten Gründen wählte er seine Nichte Anna von Österreich. Als sie 1570 in Spanien eintraf, brachte sie ihre zwei anderen Brüder, die Erzherzöge Albrecht und Wenzel, mit, da Rudolf und Ernst im folgenden Jahr nach Wien zurückkehren sollten.

Wenzel starb 1578, aber Albrecht stand Philipp bald so nahe wie ein Sohn. Da er die geistliche Karriere anstrebte, trat er in die Kirche ein und wurde von Philipp, obwohl er nie die Weihen empfangen hatte, 1583 zum

Kardinal gemacht. Philipp hätte ihn gern auf dem Kardinalsstuhl von Toledo gesehen, aber Kardinal Quiroga sollte länger leben als erwartet. Inzwischen stellte sich heraus, daß die Monarchie und Dynastie es erforderten, daß Albrecht politische Funktionen übernahm. So spielte er eine wichtige politische Rolle in den letzten zwanzig Jahren von Philipps Regierung, heiratete 1598 die Infantin Isabella und führte mit ihr zusammen die Statthalterschaft in den Niederlanden.

Philipps letzte Königin, Anna von Österreich, schenkte ihm vier Söhne, Fernando (1571–1578), Carlos (1573–1575), Diego (1575–1583), Philipp (1578–1621) und die Tochter Maria (1580–1584). Nach Cabrera de Córdoba war Anna die Frau, die Philipp am meisten liebte.[63] Als im Oktober 1580 Philipp und Anna beide an *catarro* (Grippe) erkrankten, wurde nur der König wieder gesund: Anna, die nach der Geburt ihrer Tochter noch geschwächt war, erlag der Krankheit.

Nach Annas Tod verließ ihre Mutter, die Kaiserinwitwe Maria, den kaiserlichen Hof und kam nach Madrid, um ihrem verwitweten Bruder bei der Erziehung der königlichen Kinder beizustehen. Mit ihr kam ihre Tochter, die Erzherzogin Margarete. Viele hielten sie für die zukünftige fünfte Frau von Philipp, aber 1585 trat sie in ein Karmeliterinnenkloster in Madrid ein, und Philipp sollte keine neue Ehe eingehen.

Von Philipps Töchtern heiratete die jüngere, Katharina Michaela, 1585 in Zaragoza den Herzog Karl Emanuel von Savoyen. Die Heirat, welche zur Festigung des Bündnisses zwischen dem Haus Savoyen und dem Haus Habsburg diente, war der letzte große Dienst, den Kardinal Granvelle (früher Bischof von Arras) Philipp leistete. Katharina starb 1597.

Isabella Clara Eugenia blieb an der Seite ihres Vaters. Denn seine Pläne, sie mit Rudolf II. zu verheiraten, scheiterten an dem gegenseitigen Mißtrauen der beiden Herrscher. Sie aber hing so an ihrem Vater, daß sie am liebsten bei ihm im Arbeitszimmer saß, um ihm stumm die Urkunden zur Unterschrift über den Tisch zu reichen. Erst 1598 wurde sie kurz vor Philipps Tod im Alter von dreiunddreißig Jahren mit ihrem Cousin Albrecht verlobt.

Philipp übergab den „Erzherzögen", wie das Paar allgemein hieß, die Herrschaft in den Niederlanden (das heißt in jenen Provinzen, die nicht im Aufstand verlorengegangen waren), jedoch mit der Bedingung, daß, sollten sie keine Kinder bekommen, die Herrschaft nach ihrem Tod auf seinen Sohn Philipp und seine Nachkommenschaft übergehen sollte. Letzteres geschah, als Albrecht 1621 starb und Philipp IV. die Herrschaft über die „spanischen" Niederlande übernahm. Die Herrschaft der Erzherzöge war insofern nicht uneingeschränkt gewesen, als Philipp II.

bestimmt hatte, daß Spanien für die Verteidigung des Landes die Verantwortung trug.

Isabella hatte die meiste Zeit ihres Lebens im Schatten bedeutender Männer verbracht: bis 1598 im Schatten ihres Vaters, bis 1621 an der Seite Albrechts und bis 1628 neben dem brillanten Oberbefehlshaber der flandrischen Armee Ambrogio Spinola. So wissen wir wenig über ihre eigenen Talente und ihren Charakter. Als sie aber nach Albrechts Tod als Philipps Regentin bis zu ihrem Tod 1633 in den Niederlanden herrschte, erwarb sie sich viele Sympathien im Land selbst, während sie in Madrid durch ihre unabhängige Vorgangsweise manchmal Ärgernis erregte.[64]

Philipps Thronfolger, Prinz Philipp, wuchs zu einem gelehrigen, freundlichen jungen Mann heran, der sich in seinem Leben wahrscheinlich nie mehr als nur läßliche Sünden zuschulden kommen ließ. Zu seinem Erzieher hatte Philipp 1585 Don Juan de Zúñiga, den Sohn seines eigenen Erziehers, ernannt. Aber da Zúñiga schon im nächsten Jahr starb, blieb Philipp unter der Obhut der Frauen bis Ende 1589, als der König ihm eine eigene Hofhaltung einrichtete.[65] Philipp II. selbst überwachte seine Ausbildung und übertrug ihm ab den neunziger Jahren zunehmende Verantwortlichkeit in der Regierung. Zahlreiche Regierungspapiere aus Philipps letztem Jahr tragen die Unterschrift *yo el príncipe*. Der König muß sehr wohl bemerkt haben, daß sein Sohn kein harter Arbeiter war; denn er vertraute seinem engen Berater Don Cristóbal de Moura seine Sorge an, der junge Philipp würde sich wohl leicht von anderen beherrschen lassen.[66]

Kunst und Wissenschaft[67]

Auch wenn Philipp nichts anderes geleistet hätte, wäre er allein durch den Bau seiner klösterlichen Residenz Escorial in die Geschichte eingegangen.[68] Denn dieses Bauwerk war eine überzeugende Antwort der katholischen Gegenreformationsbewegung auf die Herausforderung der an der Klassik orientierten rationellen Hochrenaissance. Philipp konzipierte den Escorial als Kloster und königliche Residenz, wo ohne Unterlaß Messen und Gebete für die Seelen seiner Eltern, seiner Familie, ihn selbst und seine Nachkommen gelesen werden sollten. Die sterblichen Überreste sollten in dem Mausoleum unter dem Hauptaltar bestattet werden. Zum Dank für den Sieg bei St. Quentin widmete er den Escorial dem hl. Laurentius, an dessen Namenstag 1557 die Franzosen geschlagen worden waren.

Mit großem Interesse verfolgte Philipp die Bauarbeiten, ließ sich nicht davon abhalten, des öfteren die Baustelle zu besichtigen, und besprach mit den Architekten, besonders mit Juan de Herrera, die Pläne. Zentraler Punkt des Gebäudes sollte die königliche Kapelle sein. Ihre Kuppel dominiert denn auch das riesige rechteckige Bauwerk mit seinen acht kleinen und drei großen Höfen. Die königlichen Gemächer befinden sich neben dem Allerheiligsten der Kapelle, so daß Philipp vom Fenster seines Schlafzimmers der am Hochaltar gelesenen Messe folgen konnte. Während seiner Aufenthalte im Escorial lebte Philipp in einigen wenigen kleinen Räumen. Hier arbeitete, betete, aß und schlief er. Daneben befand sich ein strenger Thronsaal, wo er auf einem einfachen Stuhl sitzend wichtige Besucher empfing.

Mit Hilfe seines Sekretärs Gracián richtete Philipp eine international berühmt gewordene Bibliothek ein, für die er Handschriften und Bücher aus ganz Europa kommen ließ. Gracián, der die Neuerwerbungen katalogisieren mußte, hebt Philipps Interesse an der Bibliothek hervor, nicht nur als Sammler, sondern auch als Leser. Meistens handelte es sich um theologische Bücher, die Gracián ihm bringen mußte.[69] Er las aber auch geschichtliche Werke, und hier vor allem Tacitus. Erstaunlicherweise las er die meisten Bücher während seiner Reisen in der Sänfte.

Zur Verschönerung der Wände und Decken des Escorials beschäftigte Philipp verschiedene Maler und Skulpteure, hauptsächlich Italiener, die die Kapelle mit religiösen Motiven, die Bibliothek mit der Geschichte des menschlichen Wissens und einen der Gänge mit Erinnerungsbildern an die großen Siege ausstatteten: St. Quentin (1557), Gravelines (1558) und Terceira (1582/83).

In seinen Privatgemächern bevorzugte Philipp die Bilder des flämischen Malers Hieronymus Bosch. Sowohl im Escorial als auch in seinem Schloß Pardo und im Alcázar in Madrid hingen aber auch Porträts seiner Eltern und Verwandten, die zum größten Teil von Tizian und Antonius Mor gemalt worden waren. Offenbar hatte er eine Vorliebe für die italienischen und flämischen Meister, gab allerdings auch El Greco einige Aufträge. Dessen erstes Bild für Philipp war *Die Anbetung des Namens Jesu* (auch bekannt als *Der Traum Philipps II.*) oder *Die Allegorie der Heiligen Liga*. Dieses Bild war dem Gedächtnis des inzwischen toten Don Juan, des Siegers von Lepanto, gewidmet und hatte Tizians *Gloria* zum Modell, das dieser für Karl V. gemalt hatte. Ein zweites von Philipp in Auftrag gegebenes Bild, *Das Märtyrertum des Heiligen Mauritius*, scheint dem König mißfallen zu haben. Jedenfalls erhielt El Greco keine weiteren Aufträge. Sein Einfluß aber auf die spanische Malerei jener Zeit war enorm.

Neben Büchern und Kunstwerken sammelte Philipp Landkarten und wissenschaftliche Instrumente. Im Schloßpark von Aranjuez gab es einen kleinen Zoo mit wilden Tieren und einen botanischen Garten mit exotischen Pflanzen aus der Neuen Welt und Afrika, für dessen Pflege der berühmte Botaniker Andrés Laguna zuständig war.

Für seine Kapelle nahm Philipp Musiker ersten Ranges in seine Dienste. Der bekannteste von ihnen war Tomás Luis de Victoria, der von vielen auf die gleiche Stufe mit Palestrina gestellt wird.[70] Philipp hatte sich zum Ziel gesetzt, es an Glanz mit der burgundischen Kapelle seines Vaters und seiner Vorfahren aufnehmen zu können.

Solange sie sich in den Grenzen der Strenggläubigkeit hielt, förderte Philipp die Wissenschaft und verteilte Geldgeschenke an die Universitäten seiner Länder. Für die Universitäten von Salamanca, Valladolid, Coimbra, Louvain und Douai war seine Regierung der goldene Herbst ihres mittelalterlichen Glanzes. 1593 berief Philipp den Jesuiten und politischen Wissenschaftler Francisco Suárez auf den Lehrstuhl für Theologie an die Universität von Coimbra und ließ Justus Lipsius, dem berühmten Herausgeber von Tacitus und Seneca, eine Pension zukommen, damit er weiter seinen historischen Studien an der Universität von Louvain nachgehen konnte.

Besonderes Interesse zeigte Philipp II. in den Jahren 1568–1572 an der Publikation der *Poliglota Regia,* einer achtbändigen Bibel in Hebräisch, Aramäisch, Griechisch und Latein. Die lateinische Version war zudem zweifach: Sie bestand aus der Vulgata des hl. Hieronymus (auf Philipps besonderen Wunsch) und einer moderneren Übersetzung. Das Werk war reich mit Fußnoten und Glossarien ausgestattet, und für Philipp war der Erfolg dieser Arbeit der Höhepunkt einer während der Regierung seiner Urgroßeltern begonnenen Übersetzungsarbeit: Schon 1514–1522 war es Kardinal Cisneros gelungen, eine dreisprachige Bibel herauszubringen.

Auf Vorschlag des Antwerpener Druckers Christoph Plantin, der die Organisation übernommen hatte, leitete der spanische Bibelforscher Benito Arias Montano[71] mit Unterstützung der theologischen Fakultäten von Louvain und Paris die Publikation. Zu Philipps Überraschung aber wurde das so sorgfältig vorbereitete Werk dann doch von den konservativen spanischen Theologen und der päpstlichen Kurie heftig kritisiert. Der Grund mochte die Mitgliedschaft Plantins, Arias Montanos und anderer Mitarbeiter bei einer geheimen, quasi ketzerischen Sekte sein, die sich die „Familie der Liebe" nannte. Offensichtlich wußte Philipp nichts davon. Er stellte sich so entschieden hinter Montano, daß dieser seine Kritiker in Spanien abwehren und sich die Zustimmung Roms für die Polyglotte verschaffen konnte. Wer sich jedoch damals mit Rom anlegte, mußte, wie immer der Ausgang der Kontroverse war, mit den größten

Schwierigkeiten rechnen: Die katholischen Gelehrten boykottierten die *Poliglota Regia*, und Plantin stand vor dem finanziellen Ruin.

Arias Montano diente Philipp weiter als Bibliothekar im Escorial, bis er 1590 in den Ruhestand ging. Ohne daß Philipp davon erfahren haben dürfte, leitete er hier (unter den Augen der Inquisition) eine kleine Zelle von Familienangehörigen der Hieronymus-Brüderschaft, die nach außen hin konform auftrat, um sich nicht in Gefahr zu bringen.

Auf Drängen seines Architekten Juan de Herrera gründete Philipp 1588 in Madrid eine Akademie der Wissenschaften zum Studium der Mathematik, Astronomie, Navigation und militärischer und ziviler Maschinenkunde und gab auf Veranlassung des Kosmographen Juan López de Velasco Instruktionen zur koordinierten Erforschung der Sonnenfinsternis von 1577 heraus. Anders als viele seiner Zeitgenossen zeigte Philipp dagegen kein Interesse für die Astrologie und ließ die vielen Petitionen der Cortes unerhört, in denen es um die Einrichtung von Lehrstühlen für Astrologie an den Universitäten ging, an denen Medizin unterrichtet wurde, damit die Ärzte lernten, „die Bewegungen der Planeten mit den kritischen Tagen der Krankheit in Zusammenhang zu bringen".[72]

Die Astrologie wäre wohl auch kaum in der Lage gewesen, die spanische Medizin, die noch ganz in der jüdischen und moslemischen Tradition befangen war und keinen Schritt von Galens Vorschriften abwich, zu modernisieren. Im übrigen Europa zeigte man jedenfalls wenig Ehrerbietung vor der spanischen klinischen Medizin: „Wer es nicht gesehen hat, kann es nicht glauben",[73] schrieb der toskanische Gesandte, und Andreas Vesalius[74], den Philipp als seinen Leibarzt von Brüssel mitgebracht hatte, fand es unmöglich, mit seinen spanischen Kollegen zusammenzuarbeiten, so daß er, nur um Spanien wieder verlassen zu können, eine Pilgerfahrt ins Heilige Land unternahm. Diese, das wußte er genau, konnte ihm Philipp kaum verweigern. Und nichts lag ihm ferner, als nach Spanien zurückzukehren, wo die Galenisten die Medizin beherrschten und auch die königlichen Leibärzte stellten.

Am Ende scheiterte Philipps Bereitschaft, die Wissenschaft zu fördern, an seiner Forderung, sie habe sich an die Regeln der Orthodoxie zu halten, also an Glaubensregeln, die durch den Thomismus bestimmt und von der Inquisition überwacht wurden. Da Philipp befürchtete, daß es außerhalb Spaniens weit lascher in Glaubensdingen zugehe, verbot er 1559 durch einen Erlaß den spanischen Studenten, an nichtspanischen Universitäten zu studieren. Ausgenommen von dem Verbot waren die Universitäten von Rom, Neapel und Bologna. Während er offiziell erklärte, daß seine Gründe wirtschaftlicher Natur seien, vertraute er seiner Schwester Juana an, er fürchte, daß die Studenten an der Ketzerei Gefallen finden und schlechte Sitten nach Spanien bringen könnten.[75]

Welche Wirkung dieses Verbot auf die intellektuelle Entwicklung in Spanien, namentlich auf dem Gebiet der Wissenschaft, ausübte, ist in der Gelehrtenwelt immer wieder heiß debattiert worden. Begonnen hat damit Marcelino Menéndez y Pelayo (1856–1912), ein engagierter Verteidiger der katholischen Tradition Spaniens.[76] Für die neuere Geschichtsschreibung dagegen ist das Verbot eher nur ein Symptom für die allgemeine Gegenreaktion auf die Freiheit des Denkens, die in der Renaissance geherrscht hatte. Es war ja kein Zufall, daß das Verbot zur Zeit der großen *Autodafés* in Valladolid und Sevilla, nämlich 1559, ausgesprochen wurde. Im allgemeinen waren die Universitäten während des 16. Jahrhunderts und einige Zeit später nicht gerade die Vorposten der modernen Wissenschaft, sondern standen der Erneuerung eher ablehnend gegenüber. Unter Philipp II. waren nach neuester Forschung die Studenten wesentlich mehr an Karrieren in der Regierung und in der Kirche interessiert als am spekulativen Denken, gleichgültig ob es um die Theologie oder um die Wissenschaft ging.[77]

Da Philipps Hauptinteresse der religiösen, historischen und wissenschaftlichen Literatur galt, tat er wenig zur Förderung der Dichtkunst, die sich mitten in ihrem goldenen Zeitalter, dem sogenannten *Siglo de Oro*, das grobgeschätzt von 1450–1680 andauerte, befand. Allein dadurch, daß Madrid Residenzstadt war, wurde es zu einem Zentrum der schönen Künste und Vergnügungen aller Art. Mitte der achtziger Jahre schrieben denn auch Lope de Vega und Cervantes bereits ihre ersten Werke für die Bühne. Das große Zeitalter des spanischen Theaters sollte jedoch erst in der vergnügungssüchtigen Ära Philipps III. anbrechen.

III.

Die katholische Monarchie Philipps II.

Madrid: Die neue Hauptstadt

1561 wurde die Hofhaltung Philipps II. von Toledo nach Madrid verlegt, und außer der kurzen Zeitspanne, da Philipp III. in Valladolid residierte, blieb Madrid, die *villa con corte,* die Hauptstadt Spaniens. Wieso wählte Philipp gerade Madrid, eine Stadt von damals 20.000 Einwohnern ohne historische Bedeutung? Manuel Fernández Alvarez verwirft die lange geltende These, es sei Philipps staatsmännischer Blick für die zentrale Lage gewesen, die ihn Madrid zur Hauptstadt hatte wählen lassen.[1] Philipp ließ sich nach seiner Rückkehr aus den Niederlanden zunächst in Toledo, der Hauptstadt Kastiliens, nieder, die ihm aus seinen Kindertagen wohl vertraut war. Valladolid, obwohl der eigentliche Sitz der spanischen Regierung, war Philipp verhaßt, seitdem in der Stadt ein Nest von Ketzern ausgehoben worden war. So weiß es jedenfalls Cabrera de Córdoba zu berichten.

Bald jedoch, nachdem er sich in Toledo niedergelassen hatte, erkrankte die junge Königin Elisabeth von Valois an Lungenentzündung. Da das feuchte Klima der Stadt am Tajo keine Besserung aufkommen ließ, beschloß man den Hof an einen gesünderen Platz zu verlegen. Mehrere Monate schwankte der König zwischen Madrid und Segovia, beides Städte, die den königlichen Wünschen entsprachen. Schließlich fiel die Wahl auf Madrid. Ausschlaggebend dürfte gewesen sein, daß die nahen Wälder für genügend Brennholz sorgten und die Stadt reich an unterirdischen Wasserreservoirs war.

Höflinge und Gesandte beklagten sich jedoch sofort über das rauhe Klima, die hohen Mieten und Löhne. Desungeachtet ließ der König alle Vorarbeiten treffen, um mit dem Hof nach Madrid zu übersiedeln, vor allem wurde die königliche Burg (alcázar), die auf der Stelle des heutigen Palacio Real stand,[2] gründlich renoviert. Erst nachdem er bereits in Madrid residierte, wählte er zirka vierzig Kilometer weiter im Nordwesten auf den Abhängen der Sierra de Guadarrama den Platz für den Escorial, den er zum Ruhme Gottes und seiner Familie erbauen wollte: ein Schloß, das zugleich Kloster und Mausoleum sein sollte.

Während die Regierung nun ihren festen Sitz in Madrid nahm, bereiste Philipp regelmäßig mit einigen wenigen Räten seine in der Nähe gelegenen Residenzen. Von Madrid, wo er den Winter zu verbringen pflegte, brach er zu Ostern zum Escorial auf, indem er die Route über Schloß Pardo in der Umgebung Madrids nahm. Von hier schlug er den Weg nach Toledo ein und begab sich dann nach Aranjuez, wo er den späten April und den Mai in seinen Rosengärten und Orangenhainen verbrachte. Im Juni fuhr er über Madrid zu seinem Schloß in Valsaín in den Bergen. In seinen Depeschen bezeichnete er seinen dortigen Aufenthalt „in den Wäldern von Segovia". Von hier hatte er es nicht weit zum Escorial, und sobald die königlichen Gemächer bewohnbar waren, ungefähr um 1570, verbrachte er dort die heißen Sommermonate und nicht mehr in Valsaín. Dorthin kam er nur noch im Herbst zum Jagen, bis er auch diesen Zeitvertreib aufgab und den Spätherbst öfters im Schloß Pardo verbrachte, bevor er wieder in die Hauptstadt aufbrach.

Daß Philipp sich fast ausschließlich in nächster Nähe zu seinem Regierungssitz aufhielt, ist bezeichnend für seine vorsichtige Natur. Im Gegensatz zu seinem Vater war er ein Mensch der festen Gewohnheiten, der stets auf sein und seiner Mitarbeiter Wohlbefinden und den Gesundheitszustand achtete. Als er es 1563 mit der Gicht zu tun bekam, konnte er sich befriedigt an die Worte Karls V. erinnern, der gesagt hatte, kein Klima sei besser für die Gichtkranken als das Madrider Klima.[3]

Das Erbe

Zwischen 1546, als er Philipp das Herzogtum Mailand übergab, und April 1556, als er ihm die Franche-Comté überschrieb, stattete Karl V. seinen Sohn mit einem Erbe aus, das genauso eindrucksvoll wie das war, das er einst empfangen hatte, auch wenn es ganz anders geartet war. Karls österreichisches Erbe war 1522 an Ferdinand gegangen, und dieser war 1558 Karl V. als Kaiser nachgefolgt. Das übrige Erbe, das unter seiner Regierung durch die Eroberung Mexikos und Perus beträchtlich gewachsen war, gab er an Philipp weiter. So herrschte Philipp II. in Europa über die Niederlande im Norden und Mailand und die katholische Monarchie im Süden. Jenseits der Meere aber erstreckten sich das kastilische Reich der Neuen Welt, die nordafrikanischen Festungen von Melilla, Oran und La Goleta und die Kanarischen Inseln.

Während Philipps Regierung konnten kastilische *conquistadores* die spanische Herrschaft in Chile festigen (1558) und, indem sie von Paraguay nach Süden vorstießen, 1580 Buenos Aires am Rio de la Plata gründen. Eine von Miguel de Legazpi in die Südsee unternommene Expedition hißte 1565 die kastilische Fahne über den Philippinen, die er denn auch nach Philipp II. benannte, 1580 gelang es Philipp, Portugal und dessen Besitzungen mit seiner Monarchie in dynastischer Union zu vereinen. In seinen Augen hatte er damit das römische und westgotische *Hispania* wieder hergestellt: Von nun an, stellt Cabrera de Córdoba fest, nannte Philipp sich König von Spanien.[4]

Nach 1580 lauteten Philipps sämtliche Titel: König von Kastilien und León, Aragonien, Portugal, Sizilien, Neapel, Sardinien, Navarra, Valencia, Majorca, Granada, Toledo, Sevilla, Córdoba, Jaén, Murcia, Gibraltar und Algeciras, der Algarve und Jerusalems, der indischen Inseln, Ost- und Westindiens und des ozeanischen Festlands; Erzherzog von Österreich, Herzog von Burgund, Lothringen, Brabant, Limburg, Luxemburg, Geldern, Athen und Mailand; Graf von Habsburg, Flandern, Tirol, Artois, Burgund, Hainault, Holland, Zeeland, Namur, Zutphen, Barcelona, Roussillon und Cerdagne; Fürst von Schwaben und des Heiligen Römischen Reiches; Herr auf Friesland, Mechelen, Overijssel, Groningen, den baskischen Provinzen und Molina de Aragonien, Herr in Afrika und Asien.

Bekanntlich beanspruchte Philipp auch die Titel der von seinem Vater an die jüngere Linie des Hauses vergebenen österreichischen Besitzungen und den Namen *de Austria* für die Kinder der spanischen Linie. Der Name Habsburg, mit dem wir heute die Dynastie bezeichnen, um sie vom österreichischen Staat zu trennen, steht an der Spitze von Philipps zahlreichen Grafentiteln. Nicht alle Titel bezogen sich auf noch bestehende Königreiche, Herzogtümer, Grafschaften und Herrschaften, manche bestanden nur noch als Provinzen größerer Herrschaftsbereiche. Manche Titel wie „König von Jerusalem" und „Herzog von Athen" waren lediglich von historischer Bedeutung und implizierten keinerlei Besitzrechte oder dynastische Ansprüche.

Philipp war außerdem Großmeister des burgundischen Ordens vom Goldenen Vlies, des kastilischen Ordens von Alcántara, Calatrava und Santiago und machte sich während seiner Regierung zum Großmeister des Montesa-Ordens in Aragonien und des portugiesischen Christus-Ordens.

Nach 1580 herrschte Philipp über 16,000.000 europäische Untertanen, was der Untertanenzahl des französischen Königs gleichkam.[5] Von diesen lebten ungefähr 9,000.000 auf der Iberischen Halbinsel: 6,500.000 waren Kastilianer, 300.000 Aragonier, 400.000 Katalanen, 600.000 Valencianer, 150.000 Navarreser und ungefähr 1,000.000 Portugiesen. In Burgund lebten ungefähr 3,000.000 Menschen, davon zirka 200.000 in den siebzehn Provinzen der Niederlande. In Italien herrschte Philipp über zirka 2,500.000 Neapolitaner, 1,000.000 Sizilianer, 1,000.000 Mailänder und 100.000 Sardinier.

Unmöglich dagegen ist es, die Einwohnerschaft der Neuen Welt und der Philippinen zu schätzen. Wahrscheinlich bestand die spanische Bevölkerung der Neuen Welt um 1570 aus ungefähr 120.000 Menschen. Dazu kamen geschätzte 230.000 *mestizos* und Schwarze. Die indianische Bevölkerung Mexikos wird zur Zeit von Cortés' Eroberung 1519 auf 25,000.000 geschätzt, um 1568 hat sich diese Zahl durch Seuchen auf 3,000.000 reduziert. Spätere Seuchen ließen die Zahlen wiederum drastisch sinken, so daß um 1595 nur 1,375.000 Indianer am Leben waren.[6] Alles in allem war dies eine erschreckende Bilanz der spanischen Herrschaft in Mexiko.

Organisatorisch folgte Philipps Regierung dem Beispiel der aragonischen Monarchie des späten Mittelalters. Jedes Land besaß seine unabhängigen Institutionen und Bräuche und war nur durch die Person des Herrschers mit den anderen Ländern verbunden. Da Philipp nur jeweils in einem seiner Länder residieren konnte, ernannte er für alle anderen Stellvertreter. Er begann seine Regierung in den Niederlanden, kehrte aber schon 1559 nach Kastilien zurück, wo er den Rest seines Lebens verbrachte, von drei kurzen Besuchen in Aragonien (1563, 1585, 1592), zwei in Katalonien (1564, 1585), einem in Valencia (1568) und einem siebenundzwanzig Monate währenden Aufenthalt in Portugal (1580–1583) abgesehen. Während dieser Abwesenheiten von Kastilien ernannte er keine Stellvertreter, sondern regierte das Land in eigener Person, da er sich ja nie sehr weit wegbewegte. Die übrigen Länder wurden von seinen Statthaltern regiert, die in den Königreichen Aragonien, Valencia, Navarra, Neapel, Sizilien, Sardinien, Mexiko und Peru Vizekönige hießen, und in Katalonien, Mailand und den Niederlanden Generalstatthalter, auf den Kanarischen Inseln, den Philippinen, den Antillen, Chile, Rio de la Plata und den afrikanischen Festungen Statthalter. In den Niederlanden ernannte Philipp zusätzlich zu dem Generalstatthalter einen Statthalter[7] für jede der siebzehn Provinzen. Diese Statthalter unterstanden ebenso wie der Statthalter der Franche-Comté dem Generalstatthalter der Niederlande.

Kastilien

Kastilien, wo Philipp seine Lehrjahre für die spätere Regierungstätigkeit absolvierte, war ein karges, dünn besiedeltes Bergland, das allerdings zu Beginn des 16. Jahrhunderts an Wohlstand und Bevölkerung zunahm und in der Folge seinen Herrscher mit Geld und Menschen versorgen konnte. In der Mitte des 16. Jahrhunderts setzte jedoch bereits eine Stagnation dieser Entwicklung ein, eine Folge der Politik ihrer Herrscher, die, anstatt im Inland zu investieren, im Ausland Kriege geführt hatten.

Wie überall auf der Iberischen Halbinsel dominierten auch in Kastilien die Kirche und der Adel, die das fruchtbare Land in ihren Besitz gebracht hatten und die Gerichtsbarkeit fast über die gesamte Landbevölkerung ausübten. Jeder zehnte Spanier nahm für sich in Anspruch, ein *hidalgo* aristokratischen Geblüts zu sein, und war daher von der direkten Besteuerung befreit. Besonders viele *hidalgos* gab es in den nördlichen Provinzen. Da sie meistens arm waren, wurden viele von ihnen Soldaten und dienten als Private in der Infanterie. Und als die Regierung immer mehr Personal benötigte, verschafften sich viele Angehörige des kastilischen niederen Adels an den Universitäten einen juristischen Grad und suchten sich einen Posten in den Amtsstuben.

Die Spitze der kastilischen Gesellschaft wurde vom Hochadel gebildet, dem nie mehr als zweihundert Familienchefs mit hohem Adelsprädikat angehören durften. Aus diesen ragten ihrerseits die zirka dreißig – diese Bezeichnung ging auf ein königliches Patent zurück – Granden durch ihren Reichtum und ihr Ansehen heraus. Der König nannte sie huldvoll seine Cousins. Einige von ihnen, wie die Herzöge von Medina Sidonia, Infantado, Béjar, Frías und Alba, waren höchstwahrscheinlich reicher als alle anderen, nicht regierenden adeligen Herren in Europa. Medina Sidonia verfügte zum Beispiel über ein Einkommen von 200.000 Dukaten jährlich und konnte mit seinen Bauern eine 10.000 Mann starke Armee aufstellen.[8]

Ohne die Mitarbeit des Adels und der Kirche hätte die Krone weder in Kastilien noch in einem anderen Land effektiv regieren können. Denn im 16. Jahrhundert übte der Herrscher seine Macht auf den Untertanen nicht direkt aus, sondern durch einen immer breiteren Fächer von Sekundärmächten.

Der wirksamste Weg zur Machtausübung führte über die Kirche, und daher war das Verhältnis zur Kirche auch von einer so existentiellen Bedeutung für die alten europäischen Monarchien. In Spanien hatten sich daher Ferdinand und Isabella vom Papst im Namen der Kirchenreform das Recht zusprechen lassen, die Bischöfe zu ernennen und die Inquisition zu überwachen. Denn da die Ergebenheit dem Herrscher gegenüber auf eine kleine politische Minderheit beschränkt blieb und Patriotismus eine unberechenbare Größe war, die zudem durch ihre lokale Begrenzung für die Monarchie im Großen schlecht zu mobilisieren war, mußten sich die Monarchen weitgehend auf die Geistlichkeit verlassen können, wenn es darum ging, den Untertanen Gefühle von Treue und Gehorsam einzupflanzen.

Die lokale Rechtsprechung und Wahrung des Friedens oblag den traditionellen Autoritäten. Philipp akzeptierte zwar einerseits ihre Unabhängigkeit, andererseits tat er alles, um sie bei ihrer Arbeit überwachen zu können. So nahm er bei den königlichen Städteverwaltungen das Recht wahr, die *corregidores* zu ernennen, die seine Interessen zu vertreten hatten. Bei diesen Beamten handelte es sich meistens um Juristen, nur wenn es sich um eine befestigte Stadt handelte, war der *corregidor* ein Soldat, dem ein Jurist zur Seite stand. Auf den Grundherrschaften lag die Wahrung der königlichen Interessen bei den Grundherren selbst, aber der König war vorsichtig genug, sich auch Informationen von den *corregidores* der benachbarten Städte und von den Beamten der Inquisition zu besorgen. Kam es zu Zerwürfnissen zwischen Feudalherren und König, die auch durch Philipps persönlichen Appell oder durch die Bemühungen der *corregidores* nicht beizulegen waren, dann setzte Philipp die großen königlichen Gerichte ein, die Kanzleien von Valladolid und Granada und die *audiencias* von Sevilla und Galicia (Galicien). Der höhere Adel allerdings bestand meist darauf, daß seine Angelegenheiten bei Hof entschieden wurden.

Da auch vom Geistlichen Recht gesprochen werden konnte, nutzte der König sein Nominierungsrecht und besetzte die wichtigen Stellen nur mit Männern seines Vertrauens. Erwiesen sie sich dennoch als widerspenstig, fand er Mittel und Wege, um sie zu entfernen oder kaltzustellen.

Bei der Sicherung der Grenzen war Philipp weitgehend auf die jeweiligen Granden angewiesen, die von ihm zu Generalkapitänen ernannt wurden. Das waren: Graf los Vélez in Murcia, Graf Mondéjar in Granada, Herzog Medina Sidonia in Westandalusien, Graf Cerralbo in Galicia und der Konnetabel von Kastilien an der kantabrischen Küste. Des öfteren beauftragte Philipp seine militärischen *corregidores,* zu überprüfen, was die Granden auf militärischem Gebiet geleistet hatten. Und das führte naturgemäß zu Spannungen zwischen den Berufsoffizieren und den ihr militärisches Amt meist nur als Amateure betreibenden Granden.

Die kopflastige kastilische Gesellschaft war in ihren mittleren Schichten eher unproduktiv. Denn die kastilische Mittelklasse war lieber in der Lokalpolitik, Verwaltung und Rechtsprechung tätig und legte ihr Geld in Land, Regierungsanleihen und Krediten an, als daß sie sich auf das riskante Geschäft eingelassen hätte, ein Handels- oder Industrieunternehmen aufzubauen.

Die untere Schicht der Kastilianer bestand wie überall in Spanien aus armen Bauern und Landarbeitern. Das Durchschnittseinkommen pro Kopf lag bei elf Dukaten. Einige besaßen einen Fleck Erde, andere pachteten Land von den Feudalherren, viele, besonders in Andalusien, arbeiteten als Landarbeiter auf den riesigen feudalherrschaftlichen Besitzungen.

Auch die *Mesta,* die mittelalterliche Schafhirtenzunft, existierte noch, aber sie hatte nicht mehr so viel Einfluß wie in früheren Zeiten. Immerhin konnte wegen der Schafherden in manchen Gebieten, besonders in der Extremadura (Estremadura), das Land nicht bebaut werden.

Das harte Leben der untersten Schicht, der Habenichtse, wie Sancho Panza sie nannte, lebt in den farbenfrohen und boshaften Possen der *pícaros* weiter, die uns Cervantes und Alemán in ihren *novelas* überliefert haben.

Kastiliens Neue Welt

Auf viele, die ihrem Vaterland und Europa den Rücken zudrehen wollten, übte die Neue Welt einen unwiderstehlichen Zauber aus. „Hier kann man in einem Monat mehr als drüben in einem Jahr verdienen", schrieb ein Auswanderer seinem Bruder in Spanien. „Gott hat uns hier mehr gegeben als drüben", schrieb ein anderer aus der Neuen Welt, „und wir sind hier besser dran."[9]

Die wunderbare Geschichte von den Silberminen in Potosí, die 1545 entdeckt worden waren, machte in ganz Europa die Runde und lockte die Menschen auf der Suche nach ähnlichen Eldorados über den Ozean und die Bankleute nach Madrid, um Philipp II. Geld auf die Sicherheit seiner aus der Neuen Welt kommenden Schätze zu leihen.

Für Philipp waren die spanischen Kolonien tatsächlich wenig mehr als die Geldquellen für seine europäische Politik. Während der ersten fünf Jahre seiner Regierung erhielt Philipp ungefähr zwei Millionen Dukaten aus der Neuen Welt, nach 1580 konnte er mit dieser Summe sogar jährlich rechnen. Den Hauptposten machte das „Königliche Fünftel" aus den Erträgen der Minen aus, dazu kamen Zollabgaben und seit 1558 die *alcabala,* eine Art Verkaufssteuer, von der die Kolonisten bisher befreit gewesen waren. In Mexiko wurde sie 1570 eingeführt und in Peru trotz des heftigen Widerstands der Betroffenen 1591. Parallel dazu baute Philipp eine bessere Finanzverwaltung in der Neuen Welt auf.

Seine Einnahmen aus der Neuen Welt erlaubten es Philipp II., der sich theoretisch nie absolutistisch gab, in seinen europäischen Ländern absolutistisch zu regieren. Denn seine Einnahmen machten ihn weitgehend von den verschiedenen Ständevertretungen unabhängig und gaben ihm die Möglichkeit, auch unpopuläre politische Maßnahmen zu ergreifen, wenn es ihm nötig schien, indem er jene, die sich ihm widersetzten, kaltstellte oder einkaufte. Auch seine Kriege hätte er ohne die Schätze der Neuen Welt niemals in diesem Ausmaß führen können. Logischerweise war deshalb die Sicherung der Seewege zwischen Spanien und der Neuen Welt eines der Hauptprobleme der Regierung Philipps. Das war auch seinen Feinden klar.

Ein anderes Problem war die Regierung jener Länder, die Tausende von Meilen und durch einen Ozean von Madrid entfernt waren. Um mit der größten Schwierigkeit zu beginnen: Kaum ein Spanier von gutem Stand und angemessener Begabung hatte den Drang, in die Neue Welt zu gehen, wenn sich ihm genügend Posten in Philipps europäischen Ländern boten. Während Philipps Regierung hat daher kein spanischer Grande einen Posten in der Neuen Welt bekleidet.

Wer auch immer als Vizekönig, Gouverneur, Kapitän, Richter und Geistlicher in der Neuen Welt Dienst tat, kam in Konfrontation mit den spanischen Kolonisten, meist Söhne der *conquistadores,* die auf ihrem riesigen Landbesitz über die Indianer herrschten und genau wie die Feudalherren im Mutterland auf ihre Rechte pochten, trotz aller Versuche der Krone, diesen Zustand zu ändern. Streitereien zwischen den Beamten der Krone und den Kolonisten waren daher an der Tagesordnung, und Philipp stand unter dem ständigen Druck der verschiedenen Fraktionen, seine Beamten, kaum daß sie ihren Posten angetreten hatten, wieder abzuberufen. Und da auch Philipp selbst immer wieder Zweifel an der Richtigkeit seiner Kolonialpolitik kamen und er sich gleichermaßen Sorgen über die Rechte der Indianer und der Siedler machte, unterstützte er seine Beamten nicht immer mit der nötigen Entschiedenheit, was ihre Regierungstätigkeit nicht gerade erleichterte. Manchen jedoch kam sein langes Zögern auch zugute. So konnte der streitlustige und dynamische Don Francisco Álvarez de Toledo relativ lange und effektvoll als Vizekönig Peru regieren, bis Philipp ihn endlich von seinem Posten abberief.

Auch die Kirche konnte Philipp II. als Regierungsorgan benutzen, da ihm dank des päpstlichen *Patronato Real de Indias* (aus der Zeit Ferdinands und Isabellas) die Ämterbesetzung unterstand. 1571 wurde die Inquisition in der Neuen Welt eingeführt und ein Tribunal in Santo Domingo eingerichtet. Vielleicht mögen ihn dazu die Versuche einiger französischer Hugenotten bewogen haben, Florida zu kolonisieren, aber der eigentliche Grund war wohl seine Entschlossenheit, überall in seinen Reichen die Ketzerei schon im ersten Ansatz zu ersticken. Viel zu tun schien das Tribunal freilich nicht gehabt zu haben. Es wird nur von wenigen *conversos* und gelegentlichen protestantischen Schmugglern und Piraten berichtet.

Philipps Regierung in der Neuen Welt litt unter der weiten Entfernung zum Mutterland; dennoch sollte das Verwaltungssystem, für das Philipp II. durch seine Erlässe von 1570–1572 und seine *recopilación* der Gesetze (publiziert erst 1681) die Grundlagen geschaffen hatte, noch hundertfünfzig Jahre nach seinem Tod funktionieren.[10]

Wie Pierre Vilar eindrucksvoll darlegt, handelt es sich hier um ein imperialistisches und in seiner Mentalität und seinen Strukturen feudalistisches System:[11] Der kastilische Imperialismus ist immer auf Eroberung, Besetzung und Ausbeutung fremder Länder ausgewesen. Nach der Eroberung (Spanien selbst war von den Mauren zurückerobert worden) wurde stets als erster Schritt ein bürokratisches System eingerichtet, welches für die Durchführung von Gesetzen, für die Verteidigung des Landes und die Eintreibung von Steuern zu sorgen hatte. Die Durchführung dieser Aufgaben trug den Beamten der Krone wenig Sympathien bei den Landbesitzern und deren Untergebenen ein.

Dazu kam, daß nur wenige Einzelgänger unter den Spaniern und eigentlich nie die Regierung an einer besseren Nutzung der in der Neuen Welt erworbenen Schätze oder an der Förderung einer Industrie interessiert waren. Der Geist des Feudalismus war nun einmal kein Freund all jener kapitalistischen Bestrebungen, die sich bereits in England, den Niederlanden und in Italien auszubreiten begannen. So kann man sagen, daß das System Philipps II. den Reichtum ausbeutete, ohne für neuen Reichtum zu sorgen.

Dasselbe galt für die Philippinen, die von Mexiko aus kolonisiert wurden. 1565 landete der *conquistador* Miguel de Legazpi in Cebu und legte eine Basisstation an, einige Jahre später gründete er Manila und machte es zur Hauptstadt der Philippinen. Bei der im allgemeinen unblutigen Unterdrückung der Einwohner wurde abwechselnd mit Überredung und Gewalt gearbeitet. Die eigentlichen Gegner waren die Portugiesen, die ihr Monopol im westlichen Pazifik zu verteidigen versuchten, und die chinesischen Piraten.

Philipp ersetzte mit dem ihm eigenen Sinn für Gerechtigkeit das Regime der *conquistadores* durch die Regierung der *audiencia,* das war der oberste lokale Gerichtshof. Aber die Notwendigkeit, Ostindien gegen die Radschas und Piraten zu verteidigen, machte es erforderlich, daß die Gouverneure Soldaten waren. Daher schickte Philipp 1590 den Armada-Veteran Gómez Pérez Dasmariñas nach Manila mit dem Befehl, die *audiencia* aufzulösen. Dasmarinas wurde zwar von chinesischen Piraten ermordet, aber sein Sohn trat in seine Fußstapfen und gab der Statthalterschaft ihren militärischen Charakter. Die Folge war, daß sich die Regierung in Manila, wie übrigens auch andere Regierungen in Philipps Ländern, in einer ständigen Rivalität zwischen Soldaten und Juristen, königlichen Beamten und Geistlichen aufrieb.

Die Krone Aragoniens:
Aragonien, Valencia und Katalonien

Für Philipps Untertanen der Krone Aragoniens war es wesentlich schwieriger, an dem, was die Neue Welt an Vorteilen bot, zu partizipieren; sie brauchten sowohl für die Auswanderung als auch für alle Geschäfte eine besondere Lizenz. Dazu kam, daß sie wegen ihrer geographischen und wirtschaftlichen Lage relativ wenig Möglichkeiten hatten, die Schätze der Neuen Welt zu verwerten, und daß sie aus alter aragonischer Tradition mit wesentlich mehr Interesse nach Italien blickten, wo seit dem 13. Jahrhundert ihre Könige, Soldaten und Kaufleute ein reiches Betätigungsfeld gefunden hatten.

Aragonien mit der Hauptstadt Zaragoza war ein karges Land, das von einem besonders aufsässigen Adel beherrscht wurde. Die Cortes (die Versammlung der Abgeordneten aller Stände) pochten auf die berühmten „Freiheiten" Aragoniens, die, wie es der Zeit entsprach, hauptsächlich dem Adel zugute kamen (zum Beispiel hatte der Adel das Recht, seine Vasallen selber abzuurteilen und hinzurichten), und bestand darauf, daß die Beschwerden Vorrang vor der Bewilligung neuer Mittel hatten. Da das Königreich aber ohnehin nur wenig Mittel aufbringen konnte, kümmerte den König die Auflehnung des Adels herzlich wenig, bis 1591 ein Aufstand in Zaragoza ausbrach.

Das benachbarte Katalonien bereitete ihm weit mehr Sorgen; denn die Grenze nach Frankreich war schwer zu verteidigen, und die hugenottischen Hochburgen im französischen Languedoc waren gefährlich nah. Die katalanischen Cortes gebärdeten sich genauso störrisch wie die aragonischen. Geld war auch hier Mangelware, da das Land sich in einer tiefen und schon lange andauernden Depression befand. In Barcelona erinnerten nur noch die Fassaden an die Bedeutung, die diese Stadt im Mittelalter besessen hatte. Das Banditentum auf dem Lande war eines der Hauptprobleme, mit denen sich Philipps Generalgouverneure konfrontiert sahen. Ein anderes Problem war der Kampf gegen die Ketzerei, die mit wenig Berechtigung von den Gouverneuren mit Banditentum gleichgesetzt wurde. Den Banditen das Handwerk zu legen aber war nicht so einfach und nicht sehr populär, da viele aus angesehenen, aber verarmten Familien stammten.

Ganz anders sah das Leben im Königreich Valencia aus. Die Hauptstadt Valencia war eine relativ reiche Stadt, und der Adel Valencias konnte es als einziger in Aragonien mit dem kastilischen an Reichtum aufnehmen. Gefährdet war dieser Wohlstand allerdings ständig durch die große Minderheit der *moriscos*, die mit ihren fast 150.000 Angehörigen nahezu ein Viertel der Bevölkerung stellten. In manchen Regionen, besonders in den Bergen über der valencianischen *vega*, waren die *moriscos* sogar in der Mehrheit. Die meisten von ihnen bewirtschafteten Adelsland, und daher nahm der Adel sie in Schutz vor den Feindseligkeiten der „altchristlichen" Bevölkerung, die nicht ganz zu Unrecht annahm, daß die *moriscos* mit den nordafrikanischen Korsaren zusammenarbeiteten, wenn sie die valencianische Küste überfielen, und daß sie in geheimer Verbindung mit den Türken standen, von denen sie hofften, befreit zu werden.

Italien

Von seinen Besitzungen in Italien hatte Philipp nur das Herzogtum Mailand besichtigt, und das war noch während der Regierung seines Vaters gewesen: auf der Reise in die Niederlande 1548 und auf seiner Rückreise 1551. Später war zwar immer wieder die Rede von einer Italienreise, aber es war nie dazu gekommen.

Unter Philipps Ländern war Mailand das einzige, das keine Abgeordnetenversammlung für das ganze Herzogtum besaß, sondern nur lokale Körperschaften, die allerdings oft zusammenarbeiteten, um die Macht von Philipps Gouverneuren zu beschränken. Die mächtigste Mailänder Institution war der Senat, ein oberster Gerichtshof, den Ludwig XII. nach dem Modell des *parlements* von Paris während seiner Besetzung des Herzogtums eingerichtet hatte. Die zwölf Senatsmitglieder wurden vom Herrscher auf Lebenszeit ernannt, neun von ihnen, einschließlich des Präsidenten, mußten geborene Mailänder sein. Alle Regierungserlässe und alle Ernennungen mußten vom Senat ratifiziert werden, und Philipp pflegte seine Gouverneure zu ermahnen, ihre Aktionen stets mit dem Senat abzusprechen.

Aber sehr oft wurde während Philipps Regierung die legale Macht des Senats, die Autorität des Königs in Schranken zu halten, von der geistigen Macht des Erzbischofs Carlo Borromeo überspielt; denn für diesen selbstbewußten Kirchenfürsten hatte die Kirche eine unbeschränkte Autorität in allen gesellschaftlichen Angelegenheiten. Eine

Randbemerkung Philipps auf einem Brief Borromeos, in dem dieser erklärt, er arbeite für das Volk, lautet lakonisch: „Vielleicht mehr, als er sollte."[12] Don Luis de Requesens, 1571–1573 Generalgouverneur, drückte seine Meinung in krasseren Worten aus: Borromeo stelle für Philipp in Mailand eine größere Gefahr dar, „als eine Armee von hunderttausend Franzosen vor den Toren".[13]

Für die Präsenz der katholischen Monarchie in Spanien und für die Verbindung mit den Niederlanden und Österreich war Mailand ein wichtiger Stützpunkt. Von den Mailänder Arsenalen bezog man sowohl die Ausrüstung für Philipps Soldaten, die weiter nach Norden zogen, als auch für die Mannschaften der Mittelmeerschiffe. Außerdem bot die Lombardei den Spaniern willkommene Möglichkeiten zur Rekrutierung. Philipp war daher nicht bereit, sich auch nur im geringsten in seiner Macht beschränken zu lassen, und wies seine Gouverneure an, sich nicht auf Borromeos Pläne, die auf die Errichtung einer erzbischöflichen Theokratie zielten, einzulassen.

Im Königreich Neapel war der spanische König durch einen Vizekönig vertreten, der in der Stadt Neapel hofhielt. Im Hafen lag eine starke Flotte von Galeeren, die von Neapel unterhalten und von einem Spanier kommandiert wurde. Die Loyalität Neapels zur spanischen Krone bot Philipp und seinen Ministern aber stets Anlaß zur Sorge. Das Königreich war nach dem Tod der Königin Johanna II. von Anjou 1435 von Alfons dem Großmütigen von Aragonien erobert worden, der behauptete, die Königin habe ihm ihr Königreich testamentarisch vermacht. Tatsächlich hatte sie dies auch getan, sich aber dann anders besonnen. Nach seinem Tod vermachte Alfons seine Eroberung Neapel seinem unehelichen Sohn Ferrante I., während die übrigen Besitzungen der Krone Aragoniens an seinen Bruder Juan II. fielen. Ferrantes Herrschaft war äußerst brutal und stürzte das Land in bürgerkriegsähnliche Zustände, da sich die Anhänger der Krone Aragoniens mit den Anhängern der Prätendenten von Anjou aufs heftigste bekämpften. Als Ferrante 1494 starb, besetzte Karl VIII., der die Ansprüche Anjous übernommen hatte, das Königreich. Ferrantes Söhne wandten sich daraufhin hilfesuchend an ihren Cousin Ferdinand den Katholischen (Nachfolger Juans II. in Aragonien), und dessen Armeen vertrieben denn auch die Franzosen 1504 aus Neapel. Ferdinand gelang es in der Folge, seine neapolitanischen Vettern zur Seite zu drängen und damit die habsburgische Herrschaft in Neapel zu etablieren. Karl V. setzte sein Werk fort und konnte durch starke Vizekönige die Macht in Neapel weiter ausbauen. 1535 wurde ihm von den Neapolitanern, als er nach seiner Eroberung von Tunis in Neapel einzog, ein triumphaler Empfang bereitet. Von seinem Plan jedoch, 1547 in Neapel die Inquisition nach spanischem Modell einzuführen, mußte er, nachdem es zu Unruhen gekommen war, Abstand nehmen.

Trotzdem hielt die aufrührerische Stimmung in den adeligen und bürgerlichen Schichten Neapels weiter an, und auch der Parteienzwist zwischen der aragonischen und der Anjou-Partei schwelte weiter. Die Überbewertung der Lokalpolitik hatte allerdings den Vorteil, daß sich die Parteien untereinander befehdeten und nicht so sehr die Politik der Krone, und diese zeigte sich denn auch von ihrer großzügigsten Seite. Das neapolitanische *parlamento*[14] trat während Philipps Regierung fast jedes zweite Jahr zusammen, aber tat nicht viel mehr, als die *donativo* zu genehmigen, die die Regierung gefordert hatte; tatsächlich blieb dem neapolitanischen Parlament auch keine andere Möglichkeit: Für ein erobertes Land war es ausgeschlossen, die Bewilligung neuer Mittel von der Beseitigung gewisser Übelstände durch den Monarchen abhängig zu machen. Die einzige erfolgversprechende Taktik, den Vizekönig zur Beantwortung ihrer Petitionen zu bringen, war die Drohung, eine Delegation nach Madrid zu entsenden, um dem italienischen Rat die Klage vorzutragen und so das Ohr des Königs zu erreichen.

Madrids Hauptsorge aber war es, Neapel gegen die Türken zu verteidigen. Und hier konnten die Spanier mit der Unterstützung der Neapolitaner rechnen. Der Vizekönig beschränkte sich darauf, die Steuern einzutreiben, neapolitanische Rekruten auszuheben und die Justiz zu überwachen. Hierbei standen ihm neapolitanische Anwälte zur Seite, die darauf achteten, daß das Hoheitsrecht des Königs respektiert wurde. Im übrigen konnte er die neapolitanische Innenpolitik ihren eigenen Gesetzen folgen lassen. Auf dem Land dominierten die adeligen Großgrundbesitzer und die Banditen. Aus der Notwendigkeit, die Küste gegen die Korsaren zu verteidigen, leiteten die Barone das Recht ab, eigene Miliztruppen zu unterhalten, zur Unterstützung der spanischen Garnisonen und deutschen Söldner.

Als in den sechziger Jahren die Spannungen in den Niederlanden stiegen und in die offene Rebellion eskalierten, fürchteten Philipp und seine Minister, ähnliches könnte sich in Neapel und Mailand ereignen; denn beide Provinzen gehörten noch nicht lange zur Monarchie, und man konnte sich ihrer Loyalität nicht sicher sein. Wie befürchtet, brachen im Mai 1585 die ersten Unruhen aus, als plötzlich der Brotpreis steil angehoben wurde.[15] Dem damaligen Vizekönig, Herzog Osuna, gelang es, die Aufständischen durch eine geheuchelte Gesprächsbereitschaft so lange hinzuhalten, bis die königlichen Galeeren im Juli in den Hafen einliefen. Nun begann er mit der systematischen Verfolgung der Abtrünnigen und ihrer Sympathisanten. Achthundertzwanzig Personen wurden vor Gericht gestellt und einunddreißig gefoltert und exekutiert, einundsiebzig auf die Galeeren geschickt und dreihundert ins Exil. Während dieser Zeit verließen zirka zwölftausend Personen panikartig die Stadt.

Das Resultat des Aufstands und seiner gewaltsamen Niederschlagung war die Sensibilisierung der Neapolitaner in Hinsicht auf das „spanische" Vizekönigtum, hatten doch die spanischen Beamten in der Tat die Einheimischen nach und nach aus ihren Ämtern verdrängt oder mundtot gemacht. Das einst so gleichmütig akzeptierte Regime wurde immer unpopulärer. Der größte Unterschied zwischen den Regierungen Neapels und Siziliens[16] lag in der höheren Effektivität des sizilianischen *parlamento*. Seine Widerspenstigkeit angesichts der spanischen Forderungen gab während der Regierung Philipps und seines Vaters Anlaß zu dem Bonmot: „In Sizilien knabbern die Spanier, in Neapel essen sie und in Mailand schlingen sie." Wie die Neapolitaner waren auch die Sizilianer auf die Hilfe der Spanier gegen die Türken angewiesen. Darüber hinaus aber besaß Sizilien auch alte Bindungen an das Haus Aragonien. Sie gingen auf die Sizilianische Vesper von 1282 zurück, als die Aragonier nicht als Eroberer, sondern als Befreier gekommen waren, um den Sizilianern in ihrem Aufstand gegen die oppressive Regierung von Karl von Anjou beizustehen. Das *parlamento* wählte anstelle Karls dann Pedro III. von Aragonien zum sizilianischen König. Und daher wurden die Sizilianer anders als die Neapolitaner immer als zuverlässige Untertanen der Monarchie betrachtet.

Um die uralten sizilianischen Fehden juristisch in den Griff zu bekommen, führte Philipp eine Reform des Hohen Gerichts von Sizilien durch, in dem die sich befehdenden Barone altererbte Sitze einnahmen. Er ging nun aber nicht direkt gegen diese Sitze vor, sondern schlug dem sizilianischen *parlamento* lediglich vor, spanische Juristen mit der Rechtsprechung zu betrauen. Nachdem dieser Vorschlag auf heftigen Widerstand gestoßen war, setzte Philipp sein Reformwerk in der Weise fort, daß er mehrere zusätzliche Sitze im Hohen Gericht für professionelle Juristen schuf. Die Barone behielten ihre Sitze zwar bei, waren aber aller rechtlichen Macht beraubt. Da auch die neuen Posten von Philipp absichtlich mit Einheimischen besetzt worden waren, dachte das *parlamento,* es habe einen Sieg über den König errungen. Erst viel später sollten sie feststellen, daß die neuen Mitglieder des Gerichtshofes, auch wenn es sich um geborene Sizilianer handelte, Männer der Krone waren. Aber da das Ideal der königlichen Justiz die Gleichheit aller vor dem Gesetz war, wurde Philipps Reform bald allgemein akzeptiert, und die Klagen der ausmanövrierten Barone verloren allmählich an Gewicht.

Abgesehen davon, daß Philipp des Glaubens war, auch die italienischen Besitzungen habe ihm Gott zur Regierung und Verteidigung anvertraut, bildeten sie das vordere Bollwerk eines Verteidigungssystems, dessen Zentrum der König in Spanien war. Der Feind war das Osmanische Reich, dessen Expansion an der nordafrikanischen Küste unübersehbar war. Während Neapel, Sizilien, Malta und das alliierte Tunis den weiteren türkischen Vormarsch abblockten, war die isolierte Lage Algiers für Spanien eine große Versuchung: Die Eroberung Algiers, das von Frankreich ebenso abgeschnitten war wie von Konstantinopel, würde die spanische Herrschaft im westlichen Mittelmeerraum harmonisch abrunden. Und Frankreich würde ohne Aussicht auf türkische Hilfe keinen Finger zu seiner Verteidigung rühren.

Die Sizilianer waren sich ihrer entscheidenden Rolle bei der Verteidigung des christlichen Mittelmeerraums wohl bewußt und verhielten sich, wenn sie im *parlamento* genügend auf ihre Privilegien gepocht hatten, erstaunlich großzügig bei der Bewilligung ihres Verteidigungsbeitrags. Meistens kam Sizilien für den Unterhalt einer Flotte von zwölf bis zwanzig Galeeren auf, was, wie sich einer der Vizekönige ausdrückte, für ein so armes Königreich eine gewaltige Belastung darstellte.[17]

Zwischen Mailand, der nördlichen Bastion der katholischen Monarchie in Italien, und Neapel lagen mehrere selbständige italienische Staaten. Davon waren Savoyen, Parma und Genua feste Alliierte der Spanier, das erste aus Dankbarkeit, das zweite aus dynastischen Gründen und das dritte wegen Geld. Das Papsttum war ein spezieller Fall, ohne mächtige Verbündete konnte es jedoch für die Monarchie keine wirkliche Gefahr werden, wie Albas Sieg über die Armee Pauls IV. 1557 bewies. Mit Sorgen erfüllte Philipp II. die Toskana, durch die Karl VIII. 1494 nach Neapel marschiert war. Aus den verschiedensten Gründen war die Haltung der Bewohner von Pisa, Florenz und Siena profranzösisch. Mit französischer Hilfe war einst gegen das Regime der Medici gekämpft worden. Dieses wiederum konnte nur mit Unterstützung der katholischen Monarchie bestehen. Daher heiratete Cosimo I. (reg. von 1537–1574) Eleonora von Toledo, eine Cousine Albas, und erhielt 1557 Siena von Philipp, der sich Cosimo dadurch als Verbündeten erhalten wollte. Aber sozusagen als Bürgschaft und um Cosimo gegen die Abtrünnigen in seinem eigenen Bereich schützen zu können, behielt sich Philipp II. eine Reihe sienesischer Festungen entlang der toskanischen Küste ein. Sie dienten außerdem auch als Hafen für seine Galeeren auf dem Weg von Neapel nach Genua. Diese Festungen mitsamt dem umgebenden Land waren die sogenannten Präsidien: Orbetello, Porto Ercole, Porto San Stefano, Talamone sowie Ansedonia auf dem Festland und Porto

Longone auf Elba. Außer Elba unterstanden sie alle Neapel. Auf Elba teilten sich Cosimo und die Appianis die Herrschaft. Die Appianis erhielten zusätzlich von Philipp Piombino als Lehen, allerdings mit der Auflage, daß dort eine ständige spanische Garnison stationiert wurde.

Sardinien nahm innerhalb der katholischen Monarchie und Italiens einen Sonderplatz ein. Vom militärischen Gesichtspunkt hatte der Besitz Sardiniens nur den einen Vorteil, daß es nicht ein potentieller Gegner besaß. Ansonsten war die Insel ein ständiges Opfer der Korsaren, vor deren Raubüberfällen man die Küsten schützen mußte. Auf der nur von ungefähr 100.000 Einwohnern besiedelten Insel herrschte die historische Kombination von Kirche und Adel. Philipps Stellvertreter war ein Vizekönig, der es mit einer Abgeordnetenversammlung nach katalanischem Modell zu tun hatte. Die Probleme waren in kleinerem Maßstab dieselben wie in Sizilien. In Madrid war für die Verwaltung Sardiniens weniger der italienische als der aragonische Rat zuständig. Gleich zu Beginn von Philipps Regierung wurde seine Eingabe, daß die Cortes alle drei Jahre zusammentreten sollten, abgelehnt.[18] Denn für Philipp war die alte Regelung, nach der die Cortes alle zehn Jahre zusammenkamen, um die *donativo* für die nächste Dekade zu bewilligen, vorteilhafter.

Zusammenfassend läßt sich sagen, daß Philipp II. seine ererbte Machtstellung in Italien dazu benutzte, um der Halbinsel nach 1559 einen jahrzehntelangen Frieden zu schenken. Das war laut Cabrera de Córdoba keine Kleinigkeit, da „neunhundert Jahre lang immer einer oder der andere diese lieblichste Provinz Europas verwüstet hat".

Spanien und Italien

Eine katholische Monarchie, die sich auf Spanien und Italien stützen konnte, verfügte im Europa des 16. Jahrhunderts über eine starke Position. Die Bewohner beider Halbinseln sprachen romanische Sprachen und konnten einander verstehen. Auch ihr Aussehen unterschied sich kaum voneinander – für Nordeuropäer waren ihre Soldaten die „Schwarzbärte" – ebensowenig wie ihr Klima, ihr Lebensstil und ihre Küche. In beiden Ländern wurde mit Olivenöl gekocht, mit Knoblauch gewürzt und zum Essen Wein getrunken. Es waren alle Voraussetzungen gegeben, daß sich die Bevölkerungen beider Halbinseln angesichts der Herausforderungen der damaligen Zeit hervorragend ergänzten: In der Verteidigung gegen die osmanische Bedrohung, in der Wiederbelebung der von der Reformation schwer beschädigten Kirche und in der Nutzung der Möglichkeiten, welche die Entdeckung der Neuen Welt bot.

Die Antwort der italienisch-spanischen Monarchie auf diese Herausforderungen entsprach den sozialen Gegebenheiten ihrer Völker. Die kriegerische Auseinandersetzung mit den Türken und die Revitalisierung der Kirche fielen als Aufgaben an die beiden dominierenden Stände der damaligen Gesellschaft: Adel und Klerus. Diese beiden im wesentlichen unproduktiven Stände bekamen nun plötzlich in den Augen des gemeinen Volkes, die diesen „Drohnen" Gehorsam, Steuern und den Zehnten schuldig waren, wieder eine Daseinsberechtigung.

Im allgemeinen aber lähmten Adel und Klerus dadurch, daß ihr Hauptinteresse dem Krieg und der Gegenreformation galt, alle Initiativen zu einer besseren wirtschaftlichen Produktivität. Die gewerbliche Produktion stand zum Beispiel in keinem Verhältnis zu den steigenden Bevölkerungszahlen und den Verbesserungen, die in der Waffenherstellung erreicht wurden. Aber die breite Masse innerhalb der katholischen Monarchie zog es vor, die Verachtung des Adels und des Klerus für produktive Arbeit zu imitieren, so daß jene wenigen, die versuchten, neue Produktionstechniken zu entwickeln, mit dem Tempo Norditaliens (besonders Mailands) und Nordwesteuropas nicht Schritt halten konnten. Braudel und andere nannten dies den „Verrat der Bourgeoisie" der katholischen Monarchie, aber dieser Terminus impliziert schon Wertbegriffe der modernen industriellen Gesellschaft. Man kann allerdings sicher annehmen, daß in der katholischen Monarchie kein Mangel an Kritikern herrschte, die bestimmte Wertvorstellungen und Vorgangsweisen unter Beschuß nahmen.[19] Schließlich war leicht zu erkennen, daß die Monarchie bei ihrem Bedarf an Fertigwaren in eine immer größere Abhängigkeit von Mailand und Nordeuropa geriet und ganz auf die Niederlande angewiesen war, wenn es darum ging, auf dem Seewege Nahrungsmittel von der Nordsee und Ostsee nach Spanien und Süditalien zu transportieren.

Der Schiffsbau der Monarchie war allein auf kriegerische Zwecke und Piraterie ausgerichtet, so daß die Werften kaum Handelsschiffe und statt dessen Kriegsgaleeren herstellten. Diese Galeeren zu befehligen gefiel dann den großen Herren viel besser, als sich um bessere Erträge auf ihren Gütern zu kümmern.

Dabei war die Natur im Süden des Landes längst nicht mehr so freigebig mit ihren Schätzen wie einst. Die Böden waren ausgelaugt und die wertvolleren Wälder geschlägert. Wegen des Mangels an eigenen landwirtschaftlichen Produkten mußten die Waren von weither eingeführt werden: Die Kosten stiegen, und der Lebensstandard sank.

Die dritte Herausforderung, mit der sich die Monarchie und ihre Völker konfrontiert sahen, war die Nutzung der Möglichkeiten, die sich durch die Entdeckung der Neuen Welt boten. Merkwürdigerweise wurde diese Herausforderung nicht verstanden. Die vitaleren Elemente der spanischen und der süditalienischen Bevölkerung fühlten sich mehr durch die türkische Gefahr und die Belange der Kirche angesprochen, so daß die Gewinne auf dem neuen Markt hauptsächlich von den Genueser Bankmännern gemacht wurden. Das Gold und Silber aus der Neuen Welt wanderte nach Nordeuropa als Bezahlung für Munition und Nahrungsmittel oder in den Orient als Gegenwert für Gewürze und Luxusgüter. Manchmal wurde es auch dazu benutzt, eine Kirche oder einen Palast zu verschönern.

Die Gesellschaft der katholischen Monarchie war in ihren Strukturen noch feudal und argrarwirtschaftlich. Obwohl die Regierung Philipps II. in der finanziellen und militärischen Organisation einige Geschicklichkeit bewies, waren ihre Leitmotive immer noch die mittelalterlichen Ideale von Gerechtigkeit, Religion und Kreuzrittertum. Und diese Ideale vertrugen sich nicht recht mit der systematischen Entwicklung und Verwertung der Kräfte der Natur und des Menschen, um damit Wohlstand und Macht zu schaffen und zu mehren, gleichgültig ob die Initiative von der Regierung, einer Gesellschaftsgruppe oder schlicht vom einzelnen ausging. In der Retrospektive erblicken wir also ein mächtiges Gebäude, in dem alle dynamischen Elemente mittels traditioneller Strukturnormen gewaltsam gebändigt erscheinen.

Die Niederlande und die Franche-Comté

Nur die reichen und dicht bevölkerten Niederlande begannen sich dieser Strukturen bereits zu entledigen. Das ging nicht ohne soziale Spannungen und Unruhen. Mit ihrer florierenden Landwirtschaft, mit Fischfang, einer breit angelegten Textilindustrie und einem immer größeren Seehandel verstanden es die niederländischen Kaufleute und Unternehmer, sich einen ständig wachsenden Anteil am europäischen und sogar am Weltmarkt zu sichern.[20] Auf ihren Schiffen wurden Getreide und Holz aus dem Ostseeraum und Fische von der Nordsee nach Sevilla, Neapel, Palermo und Lissabon transportiert, um beladen mit Gewürzen von den westindischen Inseln, Weinen, Salz, Zitrusfrüchten und kastilischer Wolle zurückzukehren. So entwickelten sich die aufstrebenden Niederlande zu so etwas wie einem Energiespender für die stagnierende katholische Monarchie, und trotz aufkommender Eifersucht klammerte sich der Süden wie ein Ertrinkender an seinen potenten nördlichen Partner.

Nach dem Tod Maria Tudors 1558 wurde freilich die strategische Lage der Niederlande problematisch, da nun England kein zuverlässiger Verbündeter mehr war und die Niederlande sowohl von Frankreich als auch von den deutschen Protestanten leicht zu erobern waren. Bei Philipps Beratern herrschte die Ansicht vor, daß die Niederlande als die äußere Bastion der Monarchie zu betrachten seien, die als erste die Aggressionen der nördlichen Feinde zu spüren bekommen würde; denn an Spanien und Italien würde man sich erst heranwagen, wenn die Niederlande in die Knie gezwungen worden seien.[21] Aus diesem Grund mußten die Niederlande gut befestigt und ausreichend mit Garnisonen versehen werden. Philipp war jedenfalls fest entschlossen, sie in seinem Besitz zu behalten.

Dabei war die Regierung der Niederlande mit unendlich vielen Problemen gekoppelt, die dadurch nicht leichter zu lösen waren, daß Philipps Berater über alles verschiedene Meinungen hatten. Von seinem Regime in Brüssel erwartete er, daß es die Finanzen gut verwaltete und genügend zur Verteidigung des Landes beitrage, außerdem eine zufriedenstellende Rechtspflege und die Verteidigung der katholischen Religion. Keine dieser Erwartungen war leicht zu erfüllen. Die Niederlande hatten so viel zu Karls Kriegskosten beigetragen, daß der allgemeine Wohlstand darunter – zumindest im Moment – bereits gelitten hatte. Sie konnten kaum die Kosten ihrer eigenen Verwaltung bestreiten, so daß Philipp zu Beginn seiner Regierung nur mit kastilischem Geld seine Regierung in den Niederlanden finanzieren konnte.

Das Hauptproblem der Niederlande war für Philipp die Tatsache, daß die Niederlande trotz der Bemühungen der burgundischen Herzöge und Karls V. nie zu einem Staat vereinigt werden konnten. Jede der siebzehn Provinzen war stolz auf ihre Unabhängigkeit, ihre eigene Ständevertretung und sah in Philipp nur den eigenen, nicht den gemeinsamen Herrscher. In Flandern und Holland war Philipp Graf, in Brabant Herzog etc., und keine der Provinzen war bereit, ihn als sie alle verbindende Herrscherpersönlichkeit anzuerkennen. Der sich so äußernde Provinzialismus wurde durch die Sprachenteilung noch verstärkt: In den nördlichen Provinzen sprach man Niederländisch, das sich wieder in viele Dialekte unterteilen ließ, wie zum Beispiel Flämisch, Holländisch und Friesisch; in den Gebieten südlich von Brüssel sprach man Wallonisch und Französisch.

Nur wenige Institutionen verkörperten die gesamten Niederlande: der Hohe Gerichtshof in Mechelen, die Generalstaaten, zu denen die Provinzen ihre Ständevertreter entsandten, und der Orden vom Goldenen Vlies. Dieser Orden war von Herzog Philipp dem Guten 1430 gegründet worden und nahm innerhalb der niederländischen Institutionen einen besonderen Platz ein. Die Ritter, die aus den höchsten Familien der Niederlande stammten, konnten bei den Sitzungen des Ordenskapitels mit dem Herrscher über alle Regierungsangelegenheiten reden, ohne damit Anstoß zu erregen. Um dieses Recht zu schützen, waren die Ritter nur dem Ordenskapitel gesetzlich verpflichtet und durften von keinem anderen Gericht verurteilt werden. Während nun Karl V. mit dem Kapitel immer gut ausgekommen war, fühlte sich Philipp in der so ungewohnt freien Atmosphäre des Kapitels nicht wohl. In zunehmendem Maß sah er in dem Orden nur mehr eine Ehre, die man Mitgliedern des Hochadels auch in anderen Teilen seines Reiches verleihen konnte. Mit der politischen Rolle des Ordens war es endgültig 1568 vorbei, als Philipp mehrere Mitglieder wegen Hochverrats vor ein Sondergericht stellte, mit dem Argument, sie hätten ihr Recht verwirkt, daß nur das Kapitel sie verhören dürfe. Sie wurden abgeurteilt und als Verräter hingerichtet.

Zu Philipps Verteidigung muß gesagt werden, daß der Orden im Lauf der Zeit ein Zentrum des Widerstands geworden war, und zwar des Widerstands gegen jede Politik, die den Magnaten nicht paßte. Bei den Sitzungen wurde meist die Linie festgelegt, an die sich jene Mitglieder zu halten hätten, die im Staatsrat der Niederlande, dem beratenden Organ des Generalstatthalters, ihren Sitz hatten. Neben dem Staatsrat gab es noch den Finanz- und den Justizrat. Mit diesen beiden Organen kam Philipp wesentlich leichter zurecht, weil ihre Mitglieder aus „neuen Männern", meist Juristen, bestanden, während im Staatsrat der Adel dominierte. Auch die Gouverneure der einzelnen Provinzen, die Statthalter, waren meist Mitglieder des Ordens vom Goldenen Vlies. Sie befehligten die Miliz, kontrollierten die königlichen Garnisonen und hatten allgemein die Interessen des Königs zu vertreten.

Wie überall war auch der niederländische Adel sehr mächtig und beherrschte das Land. Ohne ihre Mithilfe war die Regierung funktionsuntüchtig. Alter feudaler Sitte folgend, verheirateten sie jedoch ihre Sprößlinge häufig mit den Abkommen französischer und deutscher Adelsfamilien, so daß ihre Interessen in den meisten Fällen weit über die Grenzen der siebzehn Provinzen hinausreichten und sich mit denen Philipps nur noch selten deckten. Der mächtigste der niederländischen Magnaten, Wilhelm von Nassau, Prinz von Oranien, herrschte nicht nur über das souveräne Fürstentum Oranien, er besaß auch Besitzungen in Frankreich und im Reich, in den spanischen Niederlanden und in der Franche-Comté. Graf Hoorn und Baron Montigny waren mit den Montmorencys und damit mit dem Konnetabel von Frankreich verwandt. Granvelle zufolge aber gab es noch ein weiteres Problem: Die niederländischen Adeligen hatten durch ihr verschwenderisches Leben so viele Schulden gemacht, daß sie dadurch in eine immer gefährlichere Abhängigkeit von reichen Kaufleuten geraten waren, die sie auch politisch für ihre Zwecke ausnutzten.[22]

Denn die niederländischen Kaufleute und Unternehmer, besonders die in Flandern und Brabant, besaßen so viel politische Macht wie sonst in keinem Land der spanischen Krone, Mailand ausgenommen. Das lag daran, daß die niederländischen Städte sehr energisch ihre Rechte auf Selbstregierung gegenüber dem König zu verteidigen wußten und nur eine Monarchie akzeptierten, die ihnen den Weiterbestand der hierarchischen sozialen Ordnung garantierte, sich nicht in den Machtbereich der lokalen Behörden einmischte und sie nicht mit Steuerforderungen überlastete. Innerhalb jeder städtischen Oligarchie existierten natürlich große Spannungen. Da waren nicht nur die Spannungen zwischen den Familien – die gab es in allen Ländern der spanischen Krone. Es gab auch starke Spannungen zwischen den *rentiers,* die von Regierungsanleihen und Pachtzinsen lebten und sich für das Gesetzwesen und die Regierung engagierten, und den Unternehmern, deren Interesse Handel und Gewerbe galten und deren Denken zwangsläufig pragmatisch und weniger rechtstheoretisch war. Aber auch unter den Unternehmern gab es Spaltungen: Die einen wollten den freien Markt für den Handel, die anderen einen Gewerbeschutz; die einen wollten, wenn sie den alten Gilden angehörten, eine Art Produktionsbeschränkung und hohe Löhne, die anderen, die Taglöhner und Häusler anstellten, wollten unbeschränkte Produktion und niedrige Löhne. Die einen besaßen große Läden und wollten freie Preise, die anderen, die nur kleine Läden hatten, wollten von der Regierung festgesetzte Preise. Alle diese Gruppen übten nun Druck auf die Brüsseler Regierung aus, und diese mußte nun Mittel und Wege finden, um wenigstens die mächtigsten dieser Gruppen zufriedenzustellen. Sie erließ also protektionistische Gesetze zugunsten der niederländischen Manufakturen und des Schiffsbaus und handelte zugleich Handelsverträge mit England aus.

Es ist wohl unnötig zu sagen, daß die Lage der Armen in dieser unstabilen wirtschaftlichen Situation nicht angenehm war. Zwar machten sich auf dem Land die Schwankungen, denen die nichtagrarische Wirtschaft ausgesetzt war, nicht so kraß bemerkbar, das Gespenst des Hungers war dennoch stets gegenwärtig und verlor nichts von seinem Schrecken. Noch unsicherer und verzweifelter war die Situation der Arbeiter in den städtischen Gewerbebetrieben. Eingepfercht in die engen Grenzen des Ständesystems und hoffnungslos ohnmächtig vor dem *Establishment* von Kirche, Adel und Oligarchie fanden sie häufig nur

Trost in der Inbrunst der calvinistischen Predigten. Und natürlich waren sie stets bereit, ihrer Verzweiflung durch Aufruhr Luft zu machen. In der Geschichte Flanderns war dies nichts Neues: Die letzten dreihundert Jahre waren gekennzeichnet von den blutigen Aufständen des „einfachen Volkes". Nicht selten waren dabei chiliastische Obertöne zu hören.

Es ist anzunehmen, daß Philipp II. die wirtschaftlichen und ökonomischen Probleme der Niederlande nicht ganz erfaßt hat, zumindest schien er nicht den Ernst der Lage begriffen zu haben. Er war wohl der Ansicht, daß er mit den Niederländern genauso wie mit seinen Untertanen in den südlicheren und traditioneller strukturierten Ländern verfahren könne, und verlangte von ihnen mehr Einnahmen und mehr Gefügigkeit in Religionsangelegenheiten, als seine Beamten und Statthalter, ohne auf Widerstand zu stoßen, durchsetzen konnten.

Es war ein schwerwiegender Fehler, daß Philipp es während seiner Aufenthalte in den Niederlanden, als Erbe (1549/50 und 1555) und als Souverän (1555–1559) verabsäumt hatte, sich so viel wie möglich über seine niederländischen Untertanen zu informieren. Daran mag sein zurückhaltender Charakter schuld gewesen sein, aber auch seine mangelnden Sprachkenntnisse und seine Angewohnheit, sich auf nur wenige Ratgeber zu verlassen. Jedenfalls blieben die Niederländer ihm immer fremd und umgekehrt er ihnen, auch wenn er Karls Sohn für sie war und sie theoretisch entschlossen waren, sich ihm gegenüber als loyale Untertanen zu verhalten.

Als Fremder wurde Philipp auch in dem noch verbliebenen letzten Rest von Burgund, der Franche-Comté, angesehen. Dabei wollten die Bewohner der Franche-Comté wie die Niederländer nichts weniger, als vom König von Frankreich regiert zu werden und waren dem Haus Burgund, das Philipp repräsentierte, treu ergeben. Karl V. hatte denn auch viele treue Diener unter den *Franc-comtois* besessen, aber Philipp beschäftigte nur drei auf angeseheneren Posten: Antoine Perrenot de Granvelle, Bischof von Arras (nach 1561 Kardinal Granvelle), seinen Bruder, Thomas Perrenot de Chantonnay, nacheinander Gesandter Frankreichs und des Reiches (1563–1570), und Simon Renard, der Philipps Eheverbindung mit Maria Tudor und den Waffenstillstand von Vaucelles ausgehandelt hatte und ihm als Ratgeber in allen burgundischen Angelegenheiten diente. Alle waren schon im Dienst Karls V. gestanden. Die Perrenots und Renards besaßen Land und Beziehungen in der Grafschaft und waren vor dem Waffenstillstand Freunde gewesen. Erst als es zwischen Granvelle und dem Prinzen von Oranien, der in der Franche-Comté viel Land besaß, wegen des Einflusses auf die niederländische Regierung nach 1559 zu Reibereien kam, entzweiten sich auch die alten Freunde, da Renard Oraniens Bemühungen um die Statthalterschaft der Franche-Comté unterstützte.[23] Mit Hilfe ihrer Freunde sorgten Renard und Granvelle für ständige Unruhe in der Grafschaft, bis Philipp Renard 1564 nach Madrid holte (wo er 1573 in Ungnade starb). Granvelle fuhr als Philipps Gesandter 1566 nach Rom und kam 1579 nach Spanien, wo er zum wichtigsten Berater in allen Regierungsangelegenheiten der Franche-Comté aufrückte, Tatsächlich ging es auf ihn zurück, daß der König seine Macht über die traditionellen Institutionen der Grafschaft immer mehr ausdehnen konnte.

Denn die Grafschaft war für Philipp nicht nur ein ihm von Gott vermachter Besitz, sie war auch ein wertvolles Verbindungsstück der Militärstrecke Mailand–Niederlande. Und obwohl es Verträge zwischen Philipp und dem französischen König gab, die verhindern sollten, daß es zwischen den beiden Hälften Burgunds, zwischen dem französischen Herzogtum und der Franche-Comté, zu einem Krieg kommen sollte, hatte Philipp immer Angst vor einer französischen Invasion oder Infiltration, wenn nicht durch die französische Armee, dann durch französische Hugenotten mit Beistand von Schweizer Protestanten. Dies war der Grund, warum Philipp und Granvelle sich so intensiv durch Patronage, Einschüchterung und Bestechung um Einflußnahme auf Adel, Klerus und Magistraturen in der Franche-Comté bemühten.

1586 starb Kardinal Granvelle in Madrid, aber das von ihm für seine Heimat ersonnene und konstruierte System bestand weiter, obwohl die nächsten zwölf Jahre durch Unruhen infolge der Hugenottenkriege in Frankreich, in die sich ja auch Philipp einmischte, gekennzeichnet waren. 1598 wurde die Grafschaft ein Teil der Mitgift der Infantin Isabella, als sie sich mit Erzherzog Albrecht vermählte. Für die Franche-Comté begann die gütige Herrschaft der „Erzherzöge".

Philipp betrachtete die Franche-Comté ebenso wie seine anderen Länder immer als ein Teil des gesamten dynastischen Erbteils. Und zum Wohle des Ganzen mußten unter Umständen alte „Freiheiten" und erprobte Minister geopfert werden.

Die Beziehung Kastiliens zu den anderen Ländern der Monarchie

Die Wahl Kastiliens zu seiner Residenz (1559) sollte sich als äußerst folgenschwer für die Monarchie erweisen. Schließlich fiel Philipps Regierung in das Zeitalter des beginnenden Nationalismus. Philipp aber war in Kastilien geboren, in Kastilien aufgewachsen, sprach nur

Kastilisch fließend, lernte in Kastilien zu regieren: Kein Wunder, daß er nach der Erledigung seiner Angelegenheiten in den Niederlanden (1555–1559) so schnell wie möglich zurück nach Kastilien eilte. Sicherlich hoffte er auch, in Kastilien zu mehr Geld als in den Niederlanden zu kommen, immerhin stand der Staatsbankrott vor der Tür. Kastilien war in der Tat seine beste Einnahmensquelle, sein menschenreichstes Land, die Region, aus der die meisten Soldaten herauszupressen waren, und es war das Königreich, in dem ihm als Sohn des Landes am meisten Loyalität erwiesen wurde.

Obwohl nun seine Vorliebe für Kastilien durch die Wahl seiner Residenz für alle offenkundig wurde, bestand Philipp immer wieder darauf, daß er für alle seine Untertanen gleich empfände und jedem Land seines Reiches eine gute Regierung zu geben wünsche. Das meinte er sicherlich aufrichtig und bewies es auch zumindest auf der Halbinsel durch seine Reisen, die teilweise für seine Gesundheit eine Gefahr darstellten. So bestand er 1592 zum Beispiel auf einer Reise nach Tarazona, um dort an den Cortes von Aragonien teilzunehmen, obwohl seine Ärzte dagegen waren, und äußerte die Worte: „Wenn ich sterbe, so sterbe ich in der Ausübung des Amtes, das Gott mir gegeben hat, um Seinem Volk Frieden und Gerechtigkeit zu verschaffen, in Kastilien ebenso wie in Aragonien."[24]

Nichtkastilianer freilich waren der Ansicht, daß Philipp Kastilien und Kastilianer klar bevorzugte. In seinen Ausschüssen dominierten Kastilianer, und die hohen Posten der Monarchie schienen geradezu ein Monopol für den kastilischen Hochadel zu sein. Die Sekretäre, die seine Korrespondenz erledigten, die Befehlshaber seiner Armeen und Flotten sowie die Diplomaten, die ihn an ausländischen Höfen vertraten, waren in beherrschendem Maße Untertanen der Krone Kastiliens. Da ist es nicht verwunderlich, daß Vespasiano Gonzaga, ein italienischer Fürst, der das seltene Glück hatte, Vizekönig von Valencia zu sein, Philipps Sekretär Mateo Vázquez 1578 mitteilte, Philipp solle nicht vergessen, daß er nicht nur Spanier, sondern auch Italiener und Flamen regiere.[25] Wie die meisten Nichtspanier differenzierte Gonzaga nicht zwischen den Nationen der Iberischen Halbinsel. Die Aragonier, Valencianer, Katalanen, Portugiesen und sogar die Andalusier, die der Krone Kastiliens untertan waren, hingegen taten es und beklagten sich über die Vorherrschaft der Alt- und Neukastilianer in der Regierung.

Trotz dieser unleugbaren Prädominanz lassen sich doch nicht wenige einflußreiche Minister und Räte aufzählen, die nicht Kastilianer waren. Da sind vor allem zwei Portugiesen zu nennen: Ruy Gómez de Silva, der bis zu seinem Tod Philipps engster Berater war, und Don Cristóbal de

Moura, der Vertraute des alternden Königs, der 1585 in den Staatsrat aufgenommen wurde. Weiters muß man Don Juan de Idiáquez nennen, der seinen Hofdienst 1579 begann und wie viele von Philipps Ministern und Sekretären aus dem Baskenland stammte. Allerdings waren alle drei eben Genannten Bewohner der Iberischen Halbinsel, der einzige Nichtspanier, der eine bestimmende Rolle in der Politik der Monarchie spielte, war Kardinal Granvelle, der *Franc-comtois,* dem Philipp 1579 die Außenpolitik übertrug. (Nur die Beziehungen mit Portugal wurden direkt über Moura, seinen Botschafter in Lissabon, abgewickelt.) 1580 bekam Granvelle auch die Leitung der Verwaltung in Madrid übertragen, während Philipp in Portugal weilte. Aber trotz seiner burgundischen Abstammung hieß Granvelle während seiner Regierungstätigkeit in den Niederlanden immer der „spanische" Kardinal und blieb genauso unpopulär wie die Kastilianer.

Für diese Unpopularität gibt es mehrere Gründe. Sicher behandelten die Kastilianer alle anderen Untertanen, Feinde und Verbündeten Philipps II. in ihrem Stolz über die überseeischen Eroberungen und die militärischen Erfolge in Europa mit besonderer Verachtung. Dazu kam der Glaube, sie allein besäßen den alten unbefleckten katholischen Glauben. Als ein spanischer Beamter in Mailand in seinem Brief nach Madrid hervorhob, wie sehr die Italiener die spanische Nation und ihr Regime verabscheuten, schrieb der Empfänger auf die Rückseite des Briefes: „Die Italiener sind zwar keine Indianer, sollten aber als solche behandelt werden, damit sie verstehen, daß sie uns unterstellt sind und nicht wir ihnen."[26] Cabrera de Córdoba, der in den achtziger Jahren Sekretär der Brüsseler Regierung war, schrieb, daß Spanier als „Feinde der deutschen Völker" galten. Und mit der Kurzsichtigkeit jener, die sich im Recht glauben, fand er es unverständlich, daß spanische Soldaten, die die Niederlande verwüsteten, um die calvinistischen Aufständischen zu besiegen, daß diese Soldaten so gehaßt werden konnten von Menschen, deren Väterglauben sie doch nur verteidigen wollten.

Philipps nichtkastilische Untertanen aber fürchteten mit Recht, daß in allen Ländern der Monarchie Regierungen nach kastilischer Art errichtet werden sollten. Ein kastilisches Regime aber hieß für alle, die die Wirklichkeit Kastiliens nicht kannten: nachgiebige Cortes, ein abhängiger Adel und Klerus, eine unter der Leitung der Krone stehende, von keinem Gesetz behinderte Inquisition, eine lenkbare Rechtsprechung und Städte, die von königlichen *corregidores* regiert wurden – in anderen Worten: monarchischer Absolutismus, der von in Madrid ernannten Kastilianern ohne Rücksicht auf die lokalen Gegebenheiten durchgeführt wurde. *Non curamus vestros privilegios* (Wir respektieren eure Privilegien nicht), läßt Wilhelm der Schweiger in seiner *Apologia* den kastilischen Juristen Vargas in schlechtem Latein vorbringen.[27] Die Furcht der nichtkastilischen Untertanen Philipps vor dem verhaßten spanischen Regime und ihr Widerstand gegen die kastilischen Bevollmächtigten ziehen sich wie ein Leitmotiv durch Philipps ganze Regierung. Es äußerte sich auf die verschiedenste Weise und an gänzlich verschiedenen Orten: in Borromeos gegen die Regierung gerichteten Aktivitäten in Mailand, in den Feindseligkeiten gegen das „spanische" Vizekönigtum in Neapel, im Widerstand der Portugiesen gegen Philipps Thronansprüche, in den Unruhen nach der Ernennung eines kastilischen Vizekönigs in Aragonien und vor allem im Aufstand der Niederlande, wo die kastilischen Ideale und Formen als besonders fremd und verhaßt empfunden wurden.

IV.

Der Hof von Madrid
und die Regierung der Monarchie

Nachdem wir versucht haben, einen Überblick über das Erbe zu geben, das Philipp II. von seinem Vater Karl V. überantwortet bekommen hatte, nachdem wir die vordringlichsten Probleme aufgezeigt haben, mit denen Philipp während seiner Regierung konfrontiert war, und nachdem wir aus gewissen Reaktionen Schlüsse auf seinen Charakter gezogen haben, wollen wir jetzt versuchen, uns ein Bild von Philipp – dem Regenten – zu machen. Da es aber das Wesen der absoluten Monarchie ausmacht, daß Privatsphäre und Amt unlösbar miteinander verbunden sind, können und wollen auch wir den Privatmann nicht gänzlich vom König trennen. Es wird schwer sein, bei der Untersuchung eine gerade Linie einzuhalten, müssen wir doch Stück für Stück seiner Regierung zusammensetzen wie die Steine eines Mosaiks.

Die Grundlage des politischen Denkens bei Philipp II. war seine Überzeugung, daß die Vorrechte des Herrschers genauso unverletzbar seien wie die grundlegende Verfassung eines jeden seiner Völker. Während der Monarch für alle seine Untertanen von Gott zur Verantwortung gezogen werden konnte, war der Untertan nur für sich selbst verantwortlich. Seine Zielvorstellungen waren daher meistens rein egoistischer Art und bedurften der Zurechtweisung durch den Herrscher, dessen Pflicht es war, das Gemeinwohl zu fördern. So jedenfalls wurde die Rolle der Monarchie in der Heiligen Schrift und in der bisherigen Geschichte gesehen.[1]

Aber die theoretische Rechtfertigung der Monarchie ist eine Sache, die königliche Amtsführung in der Praxis ist eine andere. Fest steht, daß Philipp II. mit seltener Entschlossenheit seinen Weg ging und nicht bereit war, Widerspruch zu dulden. Dazu war er jedoch auf Hilfskräfte angewiesen, auf Mitarbeiter, die ihm unbedingt ergeben waren, sei es aus persönlicher Loyalität, aus Opportunismus oder aus beidem. Um Recht zu sprechen, Steuern einzutreiben und die Länder zu verwalten und zu verteidigen, brauchte er ein Heer von verläßlichen Richtern, Ministern, Leutnants, Sekretären, Finanzbeamten, Kirchenmännern, Soldaten und Seeleuten.

Zur Koordinierung aller dieser Aktivitäten war der Hof da, die königliche Regierung, die sich rund um die Krone zu einem immer mächtigeren Apparat entwickelte. Denn die gesellschaftlichen Belange waren im 16. Jahrhundert zunehmend komplizierter geworden. Die Gründe dafür waren vielfältig. Um nur die wichtigsten zu nennen: Expansion von Gewerbe und Handel, religiöse Differenzen und immer teurer werdende Kriege. Die Veränderungen auf allen Gebieten gingen plötzlich mit erstaunlicher Schnelligkeit vor sich, und Philipps Regime war zugegebenermaßen nicht besonders gut geeignet, mit den neuen Entwicklungen Schritt zu halten, da es ja aus der *curia regis* und den Hofämtern der mittelalterlichen Monarchie gewachsen war, die über eine lehnsherrschaftliche, feudale und agrarische Gesellschaft geherrscht hatte. Eine echte Antwort auf die veränderten Verhältnisse hätte eine Verschiebung der Werte erfordert. Nur wenn man bereit gewesen wäre, neue Werte zu akzeptieren, hätte man sich verständnisvoll dem „Neuen" nähern können, nämlich den Veränderungen der frühmodernen europäischen Gesellschaft. In meinen Augen lag hier der größte Mangel der Regierung Philipps II.

Unter Philipp wurden die verschiedenen Aufgaben des Staates, wie Rechtspflege und Verwaltung der königlichen Domänen, die Steuereintreibung und Unterhaltung des Heeres, auf mehrere Räte aufgeteilt, die der König und seine engsten Minister leiteten und koordinierten. Jeder Rat hatte seinen eigenen Kompetenzbereich und seine festgelegte Handlungsspanne, entweder funktional oder territorial oder beides. Die Räte wiederum bildeten für besondere Aufgaben häufig Ausschüsse, die sogenannten *juntas*, deren Mitglieder oft in mehreren Ausschüssen vertreten waren.[2] Da Philipps Länder ähnliche administrative Formen aufwiesen, glichen auch die Hofhaltungen der Vizekönige und Statthalter mehr oder weniger alle dem kastilischen Hof.

Die Minister des Königs

Wenn man den Hof Philipps II. beschreiben will, muß man sich zuerst über die Minister und ihre Handlungsweise ein Bild machen können. In den Instruktionen von 1597 an seinen Sohn schreibt Philipp II: „Der König kann nur gut durch gute Minister regieren. Wenn du dich von dem Rat deiner besten Minister abkehrst (Gott verhüte es!) und alles ohne sie regeln willst...dann benimmst du dich eher wie ein Gott unter Menschen denn als König: oder, und das ist wahrscheinlicher, wie ein tolldreister König. In diesem Fall aber wärest du der Krone nicht würdig, sondern im Gegenteil ein Feind des allgemeinen Wohls deiner Vasallen. Wenn es hingenommen werden muß, daß die weisesten Minister nach sorgfältiger und reiflicher Überlegung zu falschen Schlüssen kommen und Fehler machen, was kann man dann von einem König erwarten, der auch nur ein Mensch ist und Opfer seiner Leidenschaften und Fehler, wenn er sich nicht mit jemandem berät?"[3]

Philipp achtete stets darauf, gute Minister um sich zu haben. Für einen guten Minister fand er immer wieder dieselben Worte: klug, weise, gut informiert, erfahren, reif, gerecht, aufrecht und ehrenhaft. Und diese Eigenschaften sollten alle seine Beamten besitzen, ob es sich nun um Geistliche, Juristen, Verwaltungsbeamte oder Militärs handelte. Als er Don Juan d'Austria den Oberbefehl über die spanischen Galeeren übertrug, ermahnte er ihn, fromm, gerecht, sorgfältig in der Verwaltung und klug in der Schlacht zu sein, und betonte, er, der König, „würde mehr Befriedigung empfinden, wenn er durch Klugheit siege als durch Tollkühnheit und Waghalsigkeit".[4]

Es mag auffallen, daß Philipp die Qualitäten Entschlossenheit und Tapferkeit nicht erwähnte. Aber diese Eigenschaften wurden zu jener Zeit für Attribute vornehmer Abstammung gehalten und nicht für Eigenschaften, die man bewußt entwickeln konnte. Übrigens ließ Philipp seinen Kommandanten und Statthaltern im allgemeinen einen gewissen Spielraum für selbständige Entscheidungen, und zwar gewöhnlich mit dem Satz „oder was immer Euch einfällt".

Über nur wenige von Philipps Ministern, Sekretären, Gouverneuren und Befehlshabern liegen bis jetzt eingehende Studien vor. Und doch sind diese notwendig, bevor man Philipps Anteil an der Politik seiner Regierung mit einiger Sicherheit beurteilen kann. Eine große Anzahl der für Philipps Politik entscheidenden Urkunden liegt zwar gedruckt vor, aber das meiste Material befindet sich noch in öffentlichen und privaten Archiven, quer durch Europa und sogar in Südamerika. Die größte Sammlung von Urkunden der Regierung Philipps II. ist sicherlich das spanische *Archivo General de Simancas*. Allerdings warten hier noch zahlreiche Dokumente auf eine angemessene Katalogisierung. Faltet man diese oder jene Urkunde auseinander, dann kann es passieren, daß der Sand herausrieselt, mit dem man vor vierhundert Jahren die Tinte getrocknet hat.

Vor einigen Jahren ist von englischen Gelehrten festgestellt worden, daß sich in der Handschriftensammlung des Britischen Museums, der Genfer Bibliothèque Publique et Universitaire und zweier privater Bibliotheken in Madrid einige der wichtigsten Arbeitspapiere Philipps II., seiner Minister und seiner Sekretäre befinden.[5] Offensichtlich sind sie aus dem Palacio Real in Madrid entwendet worden und im 19. Jahrhundert in den Besitz des Grafen Altamira geraten. Als es zum Verkauf seines Besitzes kam, sind die Papiere leider von mehreren verschiedenen Sammlern erworben worden, die sie an die oben genannten Bibliotheken weiterverkauft haben dürften. Es ist nun sehr gut möglich, daß diese Dokumente, deren Datierungen sich durch die ganze Regierungszeit Philipps II. ziehen, den Monarchen und seine Minister in einem neuen Licht erscheinen lassen.

Aber abgesehen von den Staatspapieren liefern uns auch die zeitgenössischen Geschichtsschreiber, allen voran Luis de Córdoba, der in Philipps Regierung als Sekretär tätig war, wertvolle Informationen über die Staatspolitik und ihre Macher. Auch die Berichte der venezianischen Gesandten können, auch wenn sie schon wiederholt herangezogen worden sind, immer wieder neue Einsichten bringen.

Philipps Mitarbeiter kamen aus allen Schichten der Gesellschaft, aus dem hohen Adel und aus dem gemeinen Volk, aber natürlich richtete sich ihr Aufgabenbereich nach der Herkunft. Die höchsten Posten besetzte Philipp, wenn er konnte, mit Mitgliedern seiner Familie und der Dynastie. Sie hatten ihn zum Beispiel immer da zu vertreten, wo er nicht in persona sein konnte. Manche seiner Länder bestanden auf ihrem Privileg, zum Beispiel die Niederlande, Aragonien und nach 1580 Portugal, daß Philipp, wenn er nicht selber anwesend sein konnte, ein Mitglied seiner Dynastie oder einen der Ihren zu seinem Gouverneur (oder „Regenten", wenn es sich um ein Mitglied der Dynastie handelte) ernannte. Länder ohne ein solches Privileg erhielten gewöhnlich einen kastilischen Granden als Gouverneur. Philipp selbst war der Überzeugung – er äußerte sie anläßlich des Aufstands 1591 in Aragonien –, er sollte zu seiner Stellvertretung ernennen dürfen, wen immer er wolle. Da er aber bei seiner Thronbesteigung den Eid abgelegt hatte, die Privilegien seiner Länder zu schützen, konnte und wollte er sie nicht mutwillig abschaffen.

Aber die lokalen Privilegien waren es nicht allein, die Philipp in der Wahl seiner Berater und Mitarbeiter eingrenzten, auch die soziale Hierarchie war als Tradition zu beachten. So hatte er dem Anspruch des Hochadels Rechnung zu tragen, daß ihnen die Sitze in den königlichen Räten, die Gouverneursposten in den Provinzen und hohe militärische Stellungen von Geburt wegen zuständen. Außerdem mußte er die Männer, die bereits von seinem Vater in die Regierung geholt worden waren, weiter anstellen, wenn er nicht Verwirrung stiften wollte.

Philipp hatte also nur wenig Auswahl bei der Vergabe hoher Ämter. Aber da die Herren des Hochadels sich niemals der Mühe eines jahrelangen juristischen Studiums unterzogen hätten und für die praktische und notwendige Arbeit der Sekretäre, Beamten und Buchhalter nur Verachtung übrig hatten, mußte Philipp für diese Dienste auf den Kleinadel und das gemeine Volk zurückgreifen. Wahrscheinlich tat er das gar nicht so ungern, wußte er doch ganz genau, daß er diese Männer allein durch ihre Stellungen abhängig von sich machte. Der große Adel hingegen konnte sich immer auf seine ererbten Güter zurückziehen oder im Bedarfsfall seine Anhänger um sich scharen und die Krone in Bedrängnis bringen.

Nun bereitete es Philipp wenig Schwierigkeiten, in seiner großen Monarchie Ehrenposten für den Hochadel zu finden. Es war ihm daher möglich, in den inneren Kreis nur jene Adeligen aufzunehmen, die er schätzte und die in der Lage waren, ihn in der Außenpolitik und in militärischen Angelegenheiten zu beraten. In der Verwaltung sowie in der Rechtsprechung und in der Finanz dagegen wurde die Arbeit von Fachleuten getan, die meistens aus dem Kleinadel, aber nicht selten aus dem Volk stammten. Es kam auch häufig vor, daß Männer in wichtigen Regierungsstellen die Weihen empfingen und damit in den geistlichen Stand eintraten.

Naturgemäß kam es häufig am Hof zu Reibungen zwischen Mitgliedern des Hochadels und des niederen oder gemeinen Standes. So äußerte sich Herzog Alba dem venezianischen Botschafter gegenüber empört über die Unverschämtheit des Sekretärs Francisco de Eraso, der ihn im Vorzimmer des Königs hatte warten lassen.[6] Und der Herzog von Medinaceli stritt sich 1572 heftig mit dem Kardinal Espinosa, der durch seinen meteorhaften Aufstieg am Hof offensichtlich so arrogant geworden war, daß er auch bei Philipp kurz darauf in Ungnade fiel.[7]

Umgekehrt versteckten auch die Angehörigen der niedrigeren Ränge, besonders wenn sie der Regierung gut, lang und treu gedient hatten, nicht immer ihre Ressentiments dem Hochadel gegenüber, der ihrer Ansicht nach auch bei ungenügender Qualifikation häufig die besseren Posten erhielt.

So bemerkt Cabrera de Córdoba kritisch, die Türken hätten das bessere System, da sie die Beamten nach ihrem Wert und nicht nach ihrer Geburt aussuchten.[8] Philipp selbst scheint offenbar nicht geneigt gewesen zu sein, das vorherrschende System zu ändern, und mit Sicherheit nicht auf dem Gebiet, dem die meiste Kritik Córdobas galt, da nämlich, wo es um den militärischen Oberbefehl ging. An anderer, nicht so exponierter Stelle jedoch gelang es mehreren Nichtadeligen, durch ihre Talente zu einer mächtigen Position aufzusteigen: Sie wurden Philipps Privatsekretäre und wurden sogar von den Granden mit Achtung behandelt. Wie aber der Fall des Antonio Pérez zeigt, taten Sekretäre, die ihren Einfluß behalten wollten, gut daran, im Hintergrund zu bleiben und die Öffentlichkeit zu meiden.

Die notorische Langsamkeit des spanischen Hofes ging wohl auf Philipps eigene Langsamkeit zurück. „Das Grundübel an unserem Hof", schrieb Don Luis de Requesens an seinen Bruder, „ist, daß nichts zur rechten Zeit begonnen und beendet wird."[9] Nun muß man bedenken, daß zu jener Zeit an keinem europäischen Hof Erfahrungen gesammelt worden waren, wie man ein so großes Reich am besten regiere. Wo sich kaum noch eine Routine etablieren konnte, war naturgemäß viel Gelegenheit für Chaos und Unordnung. Die sich gerade entwickelnde Bürokratie trug das Ihre dazu bei, die Angelegenheiten zu verschleppen. Ein Sekretär des Königs beschrieb die Eingabe einer Petition folgendermaßen: „Der Mann, der die Petition verfaßt hat, überreicht sie Juan Ruiz; Juan Ruiz legt sie Seiner Majestät vor; der König gibt sie Juan Ruiz zurück, Juan Ruiz gibt sie an Gasol weiter, Gasol an Vilella; Vilella schreibt einen Bericht und gibt diesen Bericht Gasol, Gasol überreicht ihn einer Kommission, die Kommission tritt damit vor Seine Majestät; der König überträgt die Angelegenheit Juan Ruiz, Juan Ruiz reicht sie Gasol weiter, Gasol dem Vilella, Vilella zurück an Gasol. Gasol sucht die betroffenen Personen auf. Es braucht viel Zeit, um eine Petition zu schreiben, aber noch viel mehr Zeit, um die Antwort zu bekommen. Dies ist sicher: Der arme Antragsteller wartete zwei Monate auf die Erledigung einer winzigen Angelegenheit."[10]

Aber nicht nur mangelnde Routine und Entscheidungsfreudigkeit waren schuld an der Langsamkeit des spanischen Hofes. Als große Hindernisse erwiesen sich auch die weiten Entfernungen in Philipps Monarchie und die unzulänglichen Verbindungsmittel. „Der Raum", schreibt Fernand Braudel, „war Feind Nummer eins"[11] in der Regierung und im Handel. Ein schneller Kurier brauchte von Lissabon oder Sevilla nach Madrid vier Tage, von Brüssel schon zehn, von Mailand vierzehn. Die normale Post nach Rom kam nicht vor einem Monat an. Die Rekordreise über den Atlantik von Sanlúcar de Barrameda nach Cartagena (Kolumbien) dauerte siebenundzwanzig Tage. Die Rückreise war wesentlich länger: Die Nachricht, daß Francis Drake Santo Domingo am Neujahrstag 1586 erobert hatte, erreichte Philipp erst Ende März.

Kurzum, Philipps Regime, das sich auf Räte und *ad hoc juntas* stützte, war von Beginn an 1. durch Bürokratismus und Rivalitäten schwer behindert; 2. durch nicht zu bewältigende Entfernungsprobleme und 3. durch die Abhängigkeit von einem vorsichtigen und zaudernden Monarchen.

Es muß aber betont werden, daß die Vorsicht nicht nur ein Charakteristikum des Königs allein war. Der ganze Hof, ja die ganze Generation zeichnete sich durch vorsichtige Zurückhaltung aus. Denn Philipp und seine Generation sahen sich als Erben, als Erben eines Reiches, das von der Generation Karls V. durch Eroberungen und Erbschaften so schnell zusammengestückelt worden war, daß es bei Philipps Thronbesteigung schon wieder auseinanderzubrechen schien. Wie konnten die Erben sich anders sehen denn als Bewahrer? Zwangsläufig mußte ihr Denken konservativ sein und zwangsläufig waren sie ständig auf der Hut vor den Gefahren, die die Monarchie von innen und außen bedrohten.

An der Spitze aller Räte der Monarchie stand der Staatsrat, der den König in der Außenpolitik, in allen Angelegenheiten, die die Monarchie als Ganzes betraf (zum Beispiel die Strategie der Verteidigung), und in allen wichtigen Fragen beriet, die der König ihm vorlegte.

Die Mitglieder des Staatsrates stammten im allgemeinen aus dem Hochadel und hatten auf wichtigen Regierungsposten oder im Feld und in der Diplomatie ihre Erfahrungen gesammelt. Der Staatsrat, den Philipp von seinem Vater übernahm, setzte sich zu gleichen Teilen aus Italienern, Niederländern, Burgundern und Spaniern zusammen. Als Philipp jedoch nach Spanien zurückkehrte, nahm er nur die Spanier und den Portugiesen Ruy Gómez mit sich. Die übrigen blieben zwar weiter Staatsräte, aber da sie nicht mehr seiner Person dienten, verfügten sie auch nicht über den alten Einfluß, wenn es um politische Entscheidungen ging, die die Monarchie als Ganzes oder auch nur ihr Heimatland betrafen. Die Niederländer und Burgunder (Granvelle, Wilhelm von Oranien und Graf Egmont) blieben in Brüssel auf ihren Sitzen im niederländischen Staatsrat; der Herzog von Savoyen kehrte 1559 in sein Herzogtum zurück; und der Genueser Admiral Andrea Doria (gest. 1560) und sein Neffe und Nachfolger Gian Andrea Doria widmeten sich der Regierung Genuas und den Galeeren. Der jüngere Doria kam 1585, 1594 und 1596 nach Spanien, hat aber offensichtlich an keinen Staatsratssitzungen teilgenommen, sondern direkt mit Philipp und seinen Ministern verhandelt. Die Außenpolitik der Monarchie ist daher ab 1559 als eine spanische Außenpolitik anzusehen. Zwangsläufig kam es daher auch zu Spannungen zwischen den spanischen und habsburgischen dynastischen Interessen.

Philipp war als König zugleich Präsident des Staatsrates, nahm aber selten, oder nie, wie manche behaupten, an den Sitzungen teil. Cabrera de Córdoba berichtet, daß Philipp zu Beginn seiner Regierung bei einigen wichtigeren Sitzungen anwesend gewesen ist. Aber die Sitzungen, auf die

Cabrera sich bezieht, haben in Valsaín, in den Wäldern von Segovia, stattgefunden, und Philipp war nur von wenigen Vertrauten umgeben.

Bis zu seinem Tod 1566 bekleidete Gonzalo Pérez, Philipps Privatsekretär, den Posten eines Staats(rat)sekretärs. Nach seinem Tod teilte Philipp den Posten auf zwei Männer auf, auf Antonio Pérez, Gonzalos Sohn, und auf Gabriel de Zayas. Der erstere wurde Staatssekretär für Italien. Über ihn lief also die gesamte, mit den italienischen Staaten zusammenhängende Korrespondenz. Dazu gehörte auch die Korrespondenz mit dem Kirchenstaat und alles, was den Krieg mit dem Osmanischen Reich betraf. Der zweite wurde Staatssekretär für den Norden und erledigte die Korrespondenz mit den Staaten nördlich der Pyrenäen und der Alpen, aber auch mit Portugal und Marokko.

Was die Zeitgenossen am meisten am Staatsrat interessierte, war die offen ausgetragene Rivalität zwischen Ruy Gómez de Silva und dem Herzog Alba. Der venezianische Gesandte Michele Suriano nannte sie pathetisch die „Doppelsäulen, auf denen die große Staatsmaschine ruht...", oder „die Männer, von deren Urteil das Schicksal der halben Welt abhängt".[12]

Die Gründe für ihre Rivalität waren vielfältig: Hinter Alba standen alle jene, die schon Karl V. gedient hatten, wie er selbst und Don Juan Manrique de Lara; Ruy Gómez leitete die Gruppe, die sich um den jungen Philipp geschart hatte, dazu gehörte auch der Graf (ab 1567 Herzog) von Feria. Vereinfachend kann gesagt werden, daß Alba eine kastilische und imperialistische Politik vertrat, Ruy Gómez dagegen eine iberische und kosmopolitische. Ruy Gómez besaß Erfahrungen auf dem Gebiet der Diplomatie und der Finanzen, Alba in der Kriegführung.

Zu der Adelsclique, der Alba in Spanien vorstand, gehörten außer seiner eigenen Familie von Toledo die Familien Enríquez (Admiral von Kastilien), Enríquez de Guzmán (Graf Alba de Liste) und Pacheco (Marquis von Cerralbo). Zu seinen engen Verwandten auf hohen Staatsposten gehörten der Staatsrat Don Antonio de Toledo und Don García de Toledo, Marquis von Villafranca, der, bevor er Mitglied des Staatsrates wurde, Gouverneur von Katalonien, Oberbefehlshaber der mittelmeerischen Armada und Vizekönig von Sizilien gewesen war.

Ruy Gómez dagegen besaß keine solchen Verbindungen, als er nach Spanien kam, und war ganz von Philipps Gnaden abhängig. Dieser aber machte ihn zum Fürsten von Eboli in Neapel, zum Herzog von Pastrana in Kastilien und zum Granden von Spanien und arrangierte für ihn die Heirat mit Doña Ana de Mendoza, der Erbin des Herzogs von Francavilla, Don Diego Hurtado de Mendoza, eines einflußreichen Staatsratsmitgliedes. Damit war Gómez nun mit der mächtigen Familie

Mendoza verwandt, zu der Persönlichkeiten wie der Herzog von Infantado, der Marquis von Mondéjar und andere mehr gehörten. Und die Freunde der Familie waren nun auch seine Freunde: die Zúñigas (mit dem Herzog von Béjar und dem Grafen von Miranda), die Velascos (mit dem Konnetabel von Kastilien) und die Guzmáns (mit dem Herzog von Medina Sidonia und dem Grafen Olivares).

Somit waren Gómez und Alba die Repräsentanten von zwei Blöcken kastilischer Familien (daneben gab es selbstverständlich noch andere) und führten einen ununterbrochenen Kampf um Positionen und Beförderungen, beide mit beträchtlichem Erfolg. Zu ihren Anhängern gehörten auch Männer aus dem Kleinadel und dem gemeinen Volk (zum Beispiel war Antonio Pérez der Protegé von Ruy Gómez, Zayas der Schützling von Alba). Infolgedessen brodelte es am spanischen Hof von Intrigen, was in Gregorio Marañóns Buch *Antonio Pérez* anschaulich geschildert wird.

Die Zusammensetzung des Staatsrates änderte sich natürlich im Lauf der Regierung, da die älteren Räte nach und nach das Zeitliche segneten. Wir wollen zumindest ihre Namen notieren, auch wenn wir leider wenig über sie wissen: Don Luis de Quijada (gest. 1569), Don Juan Manrique de Lara (gest. 1570), der Herzog von Feria (gest. 1572), Kardinal Espinosa (gest. 1572), Ruy Gómez de Silva (gest. 1573), der zweite Graf von Chinchón (gest. 1575), der vierte Herzog von Medinaceli (gest. 1575), Don Luis de Requesens (gest. 1576), der ältere Don Antonio de Toledo (gest. zirka 1577), der dritte Herzog von Sessa, der dritte Marquis von los Vélez, Don García de Toledo und Don Juan d'Austria (alle gest. 1578), Herzog Alba (gest. 1582) und schließlich Kardinal Granvelle und Don Juan de Zúñiga (gest. 1586).

Wie Leopold von Ranke richtig sagt, stellte Kardinal Granvelle mit seiner imperialistischen Denkungsart (er kam 1579 nach Madrid, nachdem gerade zahlreiche Räte gestorben waren) das wichtigste Bindeglied zwischen Philipps „erstem" und „zweitem" Kabinett dar.[13] Von geringerer Bedeutung in diesem Zusammenhang war Don Juan de Zúñiga, der Philipp in Italien als Gesandter in Rom (1568–1583) und als Vizekönig in Neapel (1579–1583) diente, bevor er 1583 an den Hof kam. Hier wurde er der Oppositionsführer der spanischen Clique gegen den Burgunder Granvelle.

Das „erste" Kabinett stand im Zeichen eines ausgewogenen Machtkampfes zwischen Ruy Gómez und Alba. Nach dem Tod von Gómez (1573) wurde Antonio Pérez der Führer seiner Anhängerschaft. Als 1579 sowohl Alba als auch Pérez beim König in Ungnade fielen, übernahm Granvelle die Leitung der Verwaltung und wurde Philipps Berater in außenpolitischen Angelegenheiten. Seinen Widersachern (alle Spanier, die seine „burgundische" Außenpolitik und seine führende Rolle am Hof während Philipps Abwesenheit [1580–1583] nicht akzeptierten) fehlte die Führerpersönlichkeit, bis endlich Zúñiga aus Italien an den Madrider Hof kam. Zúñiga, der mit Granvelle zusammen in Rom gewesen war, stimmte mit ihm im wesentlichen in außenpolitischen Fragen überein. So sprachen sich beide für die Eroberung Englands aus. Allerdings hatte für Zúñiga der Mittelmeerraum Priorität, zum Beispiel die Eroberung Algiers, während Granvelle dafür eintrat, daß sich die Monarchie auf die Niederlande und den Atlantik konzentrierte und sich im Mittelmeerraum nur rein defensiv verhalte. Den Spaniern aber lag Zúñigas Ausbalancierung von habsburgischen und spanischen Interessen nun einmal mehr als die dynastische Politik des Burgunders Granvelle, so daß Zúñiga immer mehr das Zentrum der Opposition am Hof gegen Granvelle wurde.

Außerdem verfügte Zúñiga über die engeren Beziehungen zum König. Zúñigas Vater war Philipps Erzieher gewesen, und er selber wurde zum Erzieher von Prinz Philipp ernannt. Seit Zúñigas Auftritt am Madrider Hof ging es mit Granvelles Einfluß daher ständig zurück, bis er 1586 starb. Die Beobachter der Szene stellten fest, daß der König für die Bestattung des Kardinals wesentlich weniger Mittel aufwandte als für Zúñiga, der wenige Monate später starb.

Granvelles Bedeutung für das „zweite" Kabinett lag weniger in seinem persönlichen Einfluß auf Philipp als in seiner Freundschaft mit Don Juan de Idiáquez, den er aus Italien mitgebracht hatte. Die Väter beider Männer hatten schon Karl V. gedient. Idiáquez war nacheinander Gesandter in Genua (1571–1578) und in Venedig (1578/79) gewesen und sollte nach Frankreich versetzt werden, als Granvelle ihn überredete, mit ihm nach Spanien zu kommen. Granvelle wurde nach seiner Ankunft in Spanien zum Präsidenten des italienischen Rates ernannt. Sein Aufgabenbereich allerdings ging wesentlich darüber hinaus. Er versuchte nun sofort, die Ernennung Idiáquez' zum Staats(rat)sekretär für Italien durchzubringen (der Posten von Pérez, bevor er in Ungnade gefallen war), aber die Bürokratie wollte es, daß Gabriel de Zayas die Stelle bekam, der außerdem noch Staatssekretär für den Norden war. Zu seinem Assistenten für Italien aber wurde Idiáquez' Neffe, Don Francisco de Idiáquez, ernannt. Ihre gemeinsamen sieben Jahre in Madrid benutzte Granvelle dazu, Idiáquez in der burgundischen und imperialistischen Politik der Monarchie zu schulen.

Als um 1585 Don Juan de Idiáquez einen Sitz im Staatsrat übernahm, begann die Ära des „zweiten" Kabinetts von Philipp II., in dem Idiáquez die Rolle von Granvelles geistigem Erben spielte. Wie in allen Kabinetten Philipps gab es aber auch den Gegenspieler, die zweite starke Persönlichkeit, in Gestalt des Don Cristóbal de Moura. Er, der offenbar von niemandem protegiert wurde, vertrat eine Außenpolitik, die sich mehr auf moralische Gesichtspunkte als auf Erfahrungen stützte. Sein diplomatisches Geschick bewies er 1578–1581 in seinem portugiesischen Vaterland, als es ihm gelang, die portugiesische Krone für Philipp zu gewinnen. Dieser bewies denn auch seine Dankbarkeit, indem er die ihm von der Stadt Lissabon übergebenen Schlüssel an Moura weitergab. Von Philipps anderen Ministern erfreute sich nur Ruy Gómez eines ebenso großen Vertrauens des Königs wie Moura, dessen vielleicht größte Stärke es war, den König in Krisenzeiten moralisch aufzubauen.

Sowohl Moura als auch Idiáquez stammten aus dem mittleren Adel. Das bedeutete, daß sie beide nicht dazu prädestiniert zu sein schienen, die Führung eines Adelsclans zu übernehmen. Anstatt Widersacher zu werden, arbeiteten sie zusammen, und zwar nicht mit dem Staatsrat, wo sich immer noch die alten Fraktionen bekämpften, die Alba-Anhänger, die sich um den natürlichen Sohn des Herzogs, Don Hernando de Toledo (gest. 1592), scharten, und die Überlebenden aus der Partei des Antonio Pérez, wie der alte Kardinal Gaspar de Quiroga. Moura und Idiáquez zogen es daher vor, mit der *junta de noche* zusammenzuarbeiten, einem kleinen inoffiziellen Komitee, das des Nachts mit Mateo Vázquez, Philipps Privatsekretär (als Mateo 1591 starb, wurde Don Martin de Idiáquez sein Nachfolger), und Philipps Beichtvater zusammentrat. Auch Zúñiga gehörte zu der Runde, ebenso wie der dritte Graf Chinchón, der 1585 zum Staatsrat ernannt wurde. Bei diesen nächtlichen Sitzungen wurden die dringlichsten Probleme der Monarchie durchbesprochen und beschlossen, wie man sie am besten dem Monarchen präsentieren könnte.

Als Philipp II. im Sommer 1587 ernstlich erkrankte, konsolidierte Idiáquez seine Position und zugleich die des neuen Kabinetts, indem er sein Amt des Staatssekretärs für Italien seinem Vetter Don Martin de Idiáquez übertrug (Don Juan war inzwischen Rat geworden) und seinem Neffen Don Francisco praktisch den italienischen Rat, so daß Zayas nichts blieb als der Sekretärstitel. Zayas beklagte sich denn auch bei Vázquez über das Vorgehen des „Basken". Vázquez beruhigte ihn mit den Worten, „es käme dem königlichen Dienst zugute".[14]

So nahm das „zweite" Kabinett seine endgültige Form an. Idiáquez leitete die Außenpolitik, beriet Philipp in Angelegenheiten der Niederlande und überwachte alle Heeresangelegenheiten zu Lande und zu Wasser. Moura arbeitete auf diesen Gebieten mit ihm Hand in Hand, betreute zusätzlich die Finanzverwaltung und beriet Philipp in seiner Politik mit Portugal und in allen heiklen kastilischen Angelegenheiten. Dabei unterstützte ihn Chinchón, dessen eigentliche Kompetenz aber Aragonien und Italien war. Mateo Vázquez war der „Erzsekretär". Als ihn 1591 Martin de Idiáquez ablöste, verfügte er weit nicht über einen derartigen Einfluß beim König. Dieses „zweite" Kabinett konnte sich bis zu Philipps Tod 1598 halten. Dann wurde es aber von dem Günstling Philipps III., dem Herzog von Lerma, aufgelöst.

Die Opposition gegen das „zweite" Kabinett wurde von Don Hernando de Toledo, einem Veteran der Kriege Karls V., angeführt, der seine Erfahrungen in den Niederlanden, in Italien und auf der Iberischen Halbinsel gesammelt hatte. 1570–1579 hatte er als Generalgouverneur von Katalonien gedient und 1580 die Kavallerie im portugiesischen Feldzug geführt. 1585 übernahm er nicht nur einen Sitz im Staatsrat, er war auch im Kriegsrat vertreten. Immer wieder opponierte er gegen Mouras und Idiáquez' Leitung der Außen- und der Militärpolitik und machte sie für das Scheitern der Einnahme Englands 1588 verantwortlich. „Die Dinge müssen einen schlechten Lauf nehmen", vertraute er dem venezianischen Gesandten Contarini 1589 an, „wenn alle Entscheidungen von unerfahrenen Menschen gefällt werden." Er fügte hinzu, Moura habe sich nie woanders als auf der Iberischen Halbinsel aufgehalten und Idiáquez nie den Krieg erlebt.[15]

Nach der Niederlage der Armada gewannen Toledo und seine Anhänger im Staatsrat, Don Juan de Cardona, ein Veteran von Lepanto, und der Soldat Alonso de Vargas an Einfluß. Aber in der Mitte der neunziger Jahre hatten alle schon wieder die Szene verlassen. Im Kriegsrat saßen Idiáquez, Moura, Pedro de Velasco, Hauptmann der Königlichen Garde, der unter Alba als Soldat und 1580 als *corregidor* von Badajoz gedient hatte, und Don Juan de Acuña Vela. Dieser stammte aus einer Soldaten- und Diplomatenfamilie und hatte es zum Generalhauptmann der Artillerie gebracht. Daß Idiáquez und Moura auch im Kriegsrat vertreten waren – wo nur Moura einmal an einer Schlacht teilgenommen hatte –, unterstreicht einmal mehr ihre dominierende Stellung in Philipps letztem Kabinett.

Der Kriegsrat und die Armee

Der Kriegsrat fällte allerdings keine einsamen Entschlüsse, sondern war eng mit dem Staatsrat assoziiert. Unter dem Vorsitz des Königs gehörten ihm im allgemeinen Mitglieder des Staatsrates an, die über militärische

Erfahrungen verfügten, ehemalige Vizekönige und Statthalter und mehrere alte Offiziere, die als Experten der Kriegführung galten. Während der Staatsrat eine rein beratende Körperschaft war, bildete der Kriegsrat das Präsidium eines ständig wachsenden Verwaltungsapparates, dem sämtliche Armeen, Flotten und Festungen unterstellt waren. Von hier gingen nicht nur die Ordonnanzen für die lokalen Milizbehörden heraus, hier wurden auch die Urteile der Kriegsgerichte und die Pensionsanträge der Veteranen oder ihrer Witwen überprüft. Bis 1586 war für die gesamte Korrespondenz des Kriegsrates nur ein Sekretär zuständig: Juan Delgado. Nach seinem Tod ernannte Philipp im gleichen Jahr zwei Sekretäre für den Kriegsrat: Andrés de Prada für die Angelegenheiten des Landheeres, Andrés de Alva[16] für die Flotte.

Die Armeen des 16. Jahrhunderts waren Söldnerheere. Im allgemeinen besaß der Söldner keine andere Motivierung als Geld und Beute, bei einigen wenigen kam eine Art Patriotismus, bei einer größeren Anzahl kamen religiöse Überzeugungen hinzu. Von einer persönlichen Loyalität zum Herrscher waren höchstens die meist adeligen Offiziere beseelt.

Wenn der Sold nicht pünktlich ausgezahlt wurde, brach die Disziplin zusammen und der Söldner versuchte zu desertieren, wenn er die Möglichkeit dazu hatte (im eigenen Land war es nicht besonders schwer). Da es keine Uniformen und Nummern gab, tauchte man einfach in der Bevölkerung unter. Im Ausland dagegen war es weit schwerer, den Soldatenstand, der im allgemeinen bei der Bevölkerung nicht sehr geschätzt war, zu verheimlichen, und der Deserteur mußte immer damit rechnen, von einem aufgebrachten Mob gelyncht zu werden. Deshalb griffen unzufriedene Soldaten im Ausland lieber zum Mittel der Meuterei.[17] Sie wählten aus ihrer Mitte Offiziere, die als ihre Führer (*electos* auf spanisch, *elettos* auf italienisch) den Generälen und Regierungen ihre Soldforderungen zu überbringen hatten. Wurden diese Forderungen nicht befriedigt, dann plünderten sie Dörfer und Städte und gaben Ortschaften erst gegen Lösegeld wieder frei.

Meutereien waren im 16. Jahrhundert der Alptraum jedes Heerführers. Solange aber die Regierungen nicht in der Lage waren – und sie waren es erst im späten 17. Jahrhundert –, die entsprechenden Mittel bereitzustellen, um ihre Armeen regelmäßig zu bezahlen und auszustatten, war Meuterei an der Tagesordnung.

Bei der Rekrutierung wurde in ganz Europa mit Gewalt und allerlei dubiosen Überredungskünsten vorgegangen. Unter Philipp II. gab der Hof den Hauptleuten den Auftrag, Kompanien aufzustellen, und wies zugleich die Grundherren und Magistrate bestimmter Distrikte an, den Hauptleuten bei der Rekrutierung jede erdenkliche Hilfe zu leisten. Nun wurden aber die Rekrutierungsaufträge häufig an jene vergeben, die über die besten Verbindungen am Hof verfügten. Die daraus entstehenden Probleme schildert ein Brief des Herzogs von Medina Sidonia.[18] Der Herzog beschreibt die Truppenrekrutierung in Andalusien und legt dar, daß man dafür unbedingt ein Netz von lokalen Beziehungen brauche, verwandtschaftlicher und freundschaftlicher Art. Wenn der König keine Andalusier für diese Arbeit habe, dann sei es wohl besser, die Hauptleute aus Madrid warteten ab, bis der Herzog und seine Leute die erforderlichen Männer zusammengebracht und auf Schiffe verladen hätten, von denen sie nicht desertieren könnten.

Zu Ende des 16. Jahrhunderts hatten Philipp II. und sein Kriegsrat ein System entwickelt, nach dem die neuen Rekruten (*bisoños*) per Schiff zu einer ungefähr einjährigen Grundausbildung auf die Präsidien ins ruhige Italien verfrachtet wurden. Erst dann wurden sie auf den jeweiligen Kriegsschauplatz gebracht, während nachrückende Rekruten ihren Platz in den Garnisonen der Präsidien einnahmen. Noch weit schwieriger als die Rekrutierung für das Landheer war es, die Besatzung für die Schiffe der Armada zusammenzubringen. Der Matrosenberuf erforderte äußerste Gewandtheit, und wenn man sich zu diesem Beruf entschlossen hatte, dann war es wesentlich einträglicher, auf Kaufmannsschiffen Dienst zu tun als auf Kriegsschiffen. Von Anfang an klagten daher die Befehlshaber der „Unbesiegbaren Armada" über den Mangel an Matrosen und Steuermännern, und in den Straßen Lissabons wurde alles zum Seedienst erpreßt, was zwei Beine hatte. Die Schiffe mit dem spärlichsten Personal wurden in der Regel Offizieren anvertraut, die schon in der „indischen" Flotte gedient hatten und seefest waren.

Auch an Schiffe zu kommen war nicht einfach. Zu Beginn des 16. Jahrhunderts besaßen nur die englische Monarchie und die venezianische Republik regierungseigene Flotten. Manche Herrscher nannten höchstens eine oder zwei königliche Galeeren ihr eigen, den Rest mieteten sie von privaten Untertanen. Das „Leasing" von Schiffen an kriegführende Herrscher wurde zu einem gewinnträchtigen Geschäft, das zum Beispiel die Genueser Familie Doria und die spanischen Familien Bazán, Mendoza und Toledo reich gemacht hat.

Philipp II. benutzte Juan de Mendozas Tod und den Verlust von fünfundzwanzig seiner Galeeren in einem Sturm vor Málaga (1562) dazu, um das spanische Geschwader mit Staatsgeldern wieder aufzubauen und unter seine Kontrolle zu bringen. Zur selben Zeit stockte er die Armada der „indischen" Route (armada de la guarda de la carrera de las Indias) mit Krongeldern auf, so daß in den neunziger Jahren alle spanischen Galeeren und mehr als dreißig Galeonen im Atlantik der Krone gehörten.

Beim Aufbau der Armada mußte Philipp immer berücksichtigen, daß er im Mittelmeer Galeeren für den Kampf gegen die beweglichen Korsaren benötigte, für den Atlantik aber große Segelschiffe, hauptsächlich Galeonen. An einen Austausch der Schiffe war dabei nicht zu denken. Im Mittelmeer konnte es passieren, daß eine Galeone in die Flaute geriet und hilflos mit ansehen mußte, wie zwei Meilen weiter Korsaren ein Fischerdorf überfielen. Eine fünfzig Meter lange zerbrechliche Galeere dagegen war den hohen Wellen des Atlantiks nicht gewachsen. Im Atlantik waren Galeeren nur für Küstenoperationen, wie den Transport von Truppen und Vorräten, zu gebrauchen.

Bei der Seeschlacht im Atlantik bildete die Galeone mit zwanzig bis vierzig Kanonen und mehreren Dutzend kleineren Geschützen das Rückgrat von Philipps Armada. Die ersten Galeonen hatte man lediglich als Flaggschiffe für die „indische" Flotte gebaut, um Piraten abzuwehren, aber schon in den sechziger Jahren baute Pedro Menéndez de Avilés für die „indische" Armada ein Geschwader von zwölf Galeonen.

Als Philipp II. 1580 die Krone Portugals übernahm, fiel auch die portugiesische Armada, die aus einem Dutzend Galeonen bestand, in seinen Besitz. Das portugiesische Geschwader stellte zusammen mit der „indischen" Armada (1580–1584 wieder aufgebaut), der sogenannten *armada de Castilla,* den kriegstüchtigsten Teil der „Unbesiegbaren Armada" von 1588 dar.

Die Vorbereitung der Seeschlacht von 1588 inkludierte auch die Verbesserung der gesamten Armadaverwaltung, so daß die Krone in den neunziger Jahren im Atlantik zwei und zu Zeiten drei mächtige Armadas mit zwanzig bis mehr als hundert Schiffen liegen hatte, deren Operationsgebiet von Cádiz, Lissabon und La Coruña-El Ferrol über den Atlantik nach Westindien und Südamerika und im Norden bis Irland und den englischen Kanal reichte. Zugleich unterhielten aber Spanien, Neapel, Sizilien und Genua auch starke Galeerengeschwader im Mittelmeer. In den neunziger Jahren wurden diese allerdings in der Größe reduziert, da alle verfügbaren Mittel in die Atlantikflotten gesteckt wurden.

Die Ausgaben für Armee und Flotte bildeten sicher den größten Posten in Philipps Budget. Über die Gesamtkosten ist sich die Forschung noch nicht einig, aber auch Einzelposten, wie zum Beispiel die Kriegskosten der kastilischen *Hacienda,* welche die Hauptlast des Krieges trug, geben uns einigen Aufschluß. So wurde zum Beispiel 1572 die kastilische Schatzkammer um mehr als sechs Millionen Dukaten erleichtert, die Philipp dazu benötigte, um etwa hundert voll bemannte Galeeren ins Mittelmeer (sein Beitrag zur Heiligen Liga) und 60.000 Mann sowie fünfzig Schiffe mit 1200 Mann in die Niederlande zu entsenden.[19] In der

Budgetaufstellung für sein letztes Regierungsjahr wurden mehr als drei Millionen Dukaten für die Armee in Flandern veranschlagt, einhalb Millionen für die kastilische Garde und Grenzverteidigung, 500.000 für die mittelmeerischen Galeeren und 500.000 für die atlantische Armada. Zu diesem letzten Posten gibt es eine Randbemerkung mit dem Inhalt, die tatsächlichen Kosten würden wohl 1,7 Millionen übersteigen.[20]

Da seine Ausgaben sein Einkommen ständig überstiegen, sah sich auch Philipp zu ständigen Anleihen gezwungen, und die jährlichen Zinsenrückzahlungen müssen eigentlich als Teil der Kriegskosten gewertet werden. So ist es kaum überraschend, daß die Empfehlungen der Kriegs- und Staatsräte des öfteren mit der Klausel schlossen, zur Realisierung der Projekte sei ein Gutachten der Finanzbeamten über die zur Verfügung stehenden Mittel einzuholen. Auch der König selbst gab sich in dieser Hinsicht keinen Illusionen hin: „Ohne Geld kann nichts gemacht werden", schrieb er wiederholt an den Rand der Exposés und in seinen Briefen.[21]

Die Finanzen der Krone und die Cortes von Kastilien

Wie war es nun um die Einkünfte der Monarchie bestellt? Alle Länder waren Philipp II. Abgaben schuldig und zahlten ihm von den Landtagen bewilligte Steuern. Bei der Besteuerung akzeptierte Philipp das römische Sprichwort „quod omnes tangit ab omnibus approbetur" (Was alle angeht, muß von allen gutgeheißen werden). Im Zeitalter der allgemeinen Bewaffnung konnte Philipp wohl auch gar nicht anders handeln: Die Negierung dieses Privilegiums hätte unweigerlich Aufruhr und Rebellion hervorgerufen.

Die von den einzelnen Ländern aufgebrachten Steuern waren eigentlich dazu da, um die Bedürfnisse des jeweiligen Landes zu befriedigen, zumindest das, was die Einflußreichen der Cortes, parlamenti oder Landtage dafür hielten. Schon Karl V. aber hatte wie nun Philipp II. viele Wege gefunden, um diese Regel zu umgehen, zum Beispiel, indem man auf besondere Umstände und die Notwendigkeit, das Christentum und seine „Reputation" zu verteidigen, hinwies. Als der italienische Rat sich 1588 dagegen aussprach, in Sizilien Steuern für die Invasion in England einzutreiben, antwortete Philipp: „Außer in den dringendsten Fällen ist es nicht Sitte, die Belastungen eines Reiches auf ein anderes auszudehnen ... (aber) da Gott mir so viele Reiche anvertraut hat, da ich für alle die Verantwortung zu tragen habe und da mit der Verteidigung eines allen gedient ist, sollten mir auch alle helfen."[22]

An „dringenden Fällen" war kein Mangel, aber in der Realität sah es so aus, daß Philipp nur von Kastilien und den kastilischen überseeischen Besitzungen mehr als nur nominellen Beistand erhielt. Und auch dieser Beistand war nur schwer zu erreichen. So gab er auch als Grund für sein ständiges Verweilen in Kastilien wiederholt an, es seien Finanzprobleme, *lo de hacienda,* die ihn an Kastilien fesselten.[23]

Während Karl V. sich noch voll auf den finanziellen Beistand der Niederlande stützen konnte, der ebenso hoch wie der kastilische war, konnte Philipp von Beginn seiner Regierung an nur noch mit einem Teilbetrag rechnen. Karls Kriege gegen Frankreich, die so oft in den Niederlanden oder in ihrer unmittelbaren Nähe ausgetragen worden waren, hatten die Zahlungsbereitschaft der Niederländer erschöpft. Dazu kam der Aufstand, der die Niederlande schwer mitnahm. Die Rebellion, die ursprünglich von religiösen „Malkontenten" ausgegangen war, fand nach 1572 eine so unerwartet breite Unterstützung des Volkes, weil Herzog Alba, Philipps Generalgouverneur von 1567–1573, versuchte, höhere und permanente Steuern durchzusetzen und sie nicht mehr von den Generalstaaten eintreiben zu lassen. Wie richtig Philipp II. die Realität einschätzte, beweist seine Notiz auf einem Entwurf von 1592, wo es um die Eintreibung höherer Steuern in den Niederlanden ging: „Der Autor dieses Berichtes gehört zu denen, die annehmen, in den Niederlanden gäbe es viel Geld."[24]

Neapel, Sizilien und Mailand brachten gerade so viel auf, wie sie für sich selbst brauchten. Nur gelegentlich steuerten sie zur Verteidigung des Mittelmeerraumes mehr bei.

So lag die Hauptlast der Kosten, die Philipps Kriege verursachten, bei Kastilien. Aber da das Land wirtschaftlich stagnierte, litt die Bevölkerung beträchtlich unter den ständig wachsenden Steuererhöhungen. (Es muß hier darauf hingewiesen werden, daß die meisten Menschen im damaligen Europa mit weniger als dem Existenzminimum auskommen mußten und daß Überfluß höchst selten war.)

Als Philipp II. seine Regierung begann, war er bankrott. Er wußte, daß es eine absolute Notwendigkeit war, sein Einkommen zu vergrößern und eine Reform all jener Regierungsorgane durchzuführen, die sich mit der Eintreibung und Verteilung der Gelder beschäftigten. Die Einnahmen aus Kastilien lassen sich in drei Kategorien aufteilen: jene, die ihm aufgrund eigener Rechte zustanden, jene, die ihm die Kirche zugestand, und jene, für die er das Votum der Cortes benötigte.[25]

Die ersteren waren Einnahmen aus den königlichen Domänen, aus den Ländereien der kastilischen Militärorden – und dem Verkauf von Ritterschaften – und die üblichen Abgaben, die dem König zustanden:

Vieh- und Mineralsteuern, Zoll- und Salzsteuer und die Einnahmen aus dem Spielkartenmonopol.

Was die Zeitgenossen am meisten interessierte, war der Anteil der Krone an den Schätzen aus der Neuen Welt, das „Königliche Fünftel", das von den Mineralrechten abgeleitet worden war. Zu Beginn von Philipps Regierung schwankte sein Einkommen aus dem „Königlichen Fünftel" zwischen 400.000 und 900.000 Dukaten jährlich. Nach 1575 stieg es zu etwas mehr als 1,6 Millionen Dukaten jährlich an, um nach 1590 zwei Millionen zu erreichen. Damit verfügte seine Regierung nun über eine *largueza* (Überfluß an Mitteln), die Philipp eine Politik ermöglichte, welche er ohne diese Mittel nicht hätte durchsetzen können. Auch die durch den dreimaligen Staatsbankrott (1557, 1575, 1596) verschreckten Bankiers riskierten es nun wieder, ihm Geld zu leihen.

Der Grundbesitz der militärischen Orden brachte jährlich mehr als 300.000 Dukaten an Einnahmen, aber das meiste davon war bereits an Gläubiger verpfändet. Der Rest der königlichen Einnahmen der ersten Kategorie belief sich ungefähr auf dieselbe Summe.

Die Einnahmen, die Philipp von der Kirche bezog, bestanden aus dem „Königlichen Drittel" (einem Drittel von allen in Spanien erhobenen Zehnten), welches den spanischen Kronen 1494 von Alexander VI. Borgia für immer versprochen worden war, und aus den „Tres Gratiae", dem *subsidio* des Klerus, dem Verkauf der *cruzada* und dem *excusado*, die immer wieder erneuert werden mußten und daher für ständigen Zwist in den Beziehungen Philipps mit dem Papsttum sorgten. Wenn aber alle drei ausgezahlt wurden, brachten sie Philipp insgesamt ungefähr 1,2 Millionen Dukaten im Jahr. Da Philipps Einkommen aus dem „Königlichen Drittel" infolge der Inflation im Laufe seiner Regierung anstieg und der Betrag zudem mit dem *encabezamiento* zusammen errechnet wurde, kann keine genaue Zahl angegeben werden. Wahrscheinlich stieg der Betrag von jährlich 400.000 Dukaten bei seiner Thronbesteigung auf vielleicht das Doppelte bei seinem Tod.

Der *encabezamiento* ging auf die königliche Steuer bei Verkäufen und anderen geschäftlichen Transaktionen, die *alcabala*, die zwei bis zehn Prozent ausmachte, zurück. Die Vertreter der kastilischen Städte konnten 1525 Karl V. dazu bringen, statt der aus maurischen Zeiten stammenden *alcabala*, die sich schädlich auf den Handel auswirkte, den *encabezamiento*, eine Kopfsteuer, die ihm weit mehr einbringen würde, zu akzeptieren. Die Kopfsteuer wurde von den Städten erhoben und konnte nicht ohne Zustimmung der Cortes erhöht werden. Als Philipp II. die Regierung antrat, betrugen der *encabezamiento* zusammen mit dem „Königlichen Drittel" ungefähr 1,2 Millionen Dukaten jährlich.

Aber da während des 16. Jahrhunderts die Preise ständig stiegen, sank im gleichen Maß der tatsächliche Wert der Kopfsteuer, und die Krone sah sich in zunehmender Abhängigkeit von den Subsidien, die die Cortes ihr zu bewilligen pflegten. Diese dritte Kategorie an Einnahmen bestand aus einem „gewöhnlichen" Beitrag von 800.000 Dukaten, der im Zeitraum von drei Jahren zu zahlen war, und einem „außergewöhnlichen" Beitrag von 400.000 Dukaten, der sofort zu leisten war.

Kurz nach seiner Rückkehr nach Spanien gelang es daher Philipp, die Cortes dazu zu bringen, die Kopfsteuer zu erhöhen, indem er drohte, die alte *alcabala* wieder einzuführen. Zur Erhöhung seines Einkommens setzte er zur gleichen Zeit alte Zölle wieder ein, erfand neue, erhöhte die Salzsteuer und den Preis für Spielkarten und übernahm erneut die Kontrolle über die Zollhäuser, die seine Vorfahren, die Trastámaras, den Grundherren übertragen hatten. So nahm er 1562 dem Konnetabel von Kastilien und 1583 dem Herzog von Medina die Zölle wieder ab.

Zur gleichen Zeit begann er die Finanzverwaltung seiner Regierung zu reformieren. Zuerst erweiterte er die Befugnisse des *Consejo de Hacienda,* also der Finanzbehörde über die *Casa de Contratación* (Handelskammer) in Sevilla, die den Handel mit der Neuen Welt regulierte und die eingelangten Schätze und Güter in Empfang nahm. Dadurch konnten nun Philipps Beamten sofort nach Einlangen der Schiffe den königlichen Anteil in Beschlag nehmen und durch alle möglichen Kniffe die Kaufleute zu Abgaben zwingen. Außerdem wurde der *Consejo de Hacienda* mit der Überprüfung strittiger Steuerfälle beauftragt, wogegen die Cortes heftig protestierten, hatten doch bisher die Juristen des kastilischen Rates über dergleichen Fälle entschieden. Nun sollten die Steuereintreiber zugleich Richter in strittigen Steuerangelegenheiten sein, das erschien den Cortes mit Recht als unvereinbar. Um sie zu besänftigen, überließ Philipp die Prüfung von Steuerfällen einem Ausschuß von sechs Personen, von denen drei Juristen waren, die sowohl im kastilischen Rat wie auch im *Consejo de Hacienda* vertreten waren. Nach und nach aber ersetzte er diese Leute durch *contadores* (Buchhalter) der *Hacienda,* bis der Ausschuß aus acht Mitgliedern bestand, von denen fünf Finanzbeamte waren. Wie wichtig Philipp die *Hacienda* war, unterstreicht die Tatsache, daß er seine Vertrauten Ruy Gómez und Don Cristóbal de Moura zu *contadores* ernannte. Da die Durchführung der Reformen aber nicht in den Händen von Finanzexperten, sondern von Juristen lag, wurde aus dem *Consejo de Hacienda* nie eine wirklich effiziente Finanzverwaltung, was zumindest teilweise das finanzielle Fiasko der Regierung erklärt.[26]

Bei der Neuorganisierung seiner Finanzbehörden mußte Philipp einen ständigen Kampf gegen die Korruption führen, das charakteristische Übel einer Zeit, in der ein öffentliches Amt als Bereicherungsquelle angesehen wurde. Mit einem gewissen Quantum an Unterschlagung war Philipp jedoch gezwungen, sich abzufinden. Es wäre unmöglich gewesen, alle wichtigen Posten, die gewöhnlich schlecht bezahlt waren, mit kompetenten Leuten zu besetzen, wenn er ihnen nicht Gelegenheit gegeben hätte, ihre Taschen aufzufüllen.

Aber natürlich gab es Grenzen. Klagen über grobe Veruntreuung von öffentlichen Mitteln wurde sofort nachgegangen, und nach Beendigung jeder Dienstzeit eines Beamten wurde eine Rechnungsprüfung durchgeführt. Miguel de Cervantes war wohl kaum der einzige der spanischen Finanzbeamten, der wegen Unterschlagung ins Gefängnis gesteckt wurde, nämlich 1597 und nochmals 1602. 1584 wurde auch Juan Fernández de Espinosa, einer der beiden Generalschatzmeister, der die Bedingungen aushandelte, zu denen die Krone Geld entnehmen konnte, eingekerkert, und erst 1593 wurden seine Güter freigegeben, nachdem er dem König eine Summe von 614.000 Dukaten zugesagt hatte. Seinem Kollegen, dem Marquis von Auñón, gelang es, die Inhaftierung zu umgehen, obwohl seine Buchführung verdächtig oft von Rechnungsprüfern der Regierung überprüft wurde. Der Verwalter der *Casa de Contratación,* Francisco Duarte, wurde dagegen mehrmals wegen Korruption festgenommen, jedoch immer wieder schnell entlassen, weil man auf sein Organisationstalent nicht verzichten wollte. Wegen seiner Buchführung wurde von der Krone 1577 ein Prozeß gegen die Nachkommen Francisco de Lixaldes, des Zahlmeisters von Albas Armee in den Niederlanden, eröffnet, der erst 1614 mit der Verurteilung der Angeklagten zur Zahlung von 13.000 Dukaten an die königliche Kasse endete. [27] Auch eine der Hauptanklagen gegen Alexander Farnese lautete auf Veruntreuung von Regierungsgeldern, die er selber oder seine Hilfskräfte begangen haben sollten. Jedenfalls enthob ihn Philipp II. deshalb seines Amtes als Generalgouverneur der Niederlande.

Philipps Erhöhung der Zölle und anderer Abgaben sowie gewisse Reformen innerhalb der Finanzbehörden erregten sehr bald das Mißfallen der kastilischen Städte, und als er Ende 1566 ihre Vertreter zusammenkommen ließ, damit sie ihm die fälligen „gewöhnlichen" und „außergewöhnlichen" Subsidien bewilligten, waren die Städte bereit, den Kampf gegen die allzu autoritäre Macht der Krone aufzunehmen.[28] Sie wußten genau, daß Philipp dringend Geld für seinen Krieg im Mittelmeer gegen die Türken sowie für die Niederschlagung der Unruhen in den Niederlanden brauchte.

Die Zusammensetzung der Cortes von 1566 aber war nicht gerade sehr günstig für den Machtkampf der Städte gegen die Krone. 1520, zu Beginn der Regierung Karls V., hatten sich schon einmal die Städte gegen den König und seine Politik erhoben. In diesem Aufstand der *comuneros* hatte sich der Adel aus Furcht vor einer sozialen Revolution auf die Seite des Herrschers gestellt und die *comuneros* zusammengeschlagen. Dafür bestätigte Karl V. 1538 aufs neue das Adelsprivileg, keine direkten Steuern zu zahlen, worauf der Ritterstand auch nicht mehr in den Cortes vertreten war, sondern seine Angelegenheiten direkt mit dem König am Hof abwickelte. Da auch die Kirche theoretisch zu keinen Steuerzahlungen verpflichtet war und nur „freiwillig" Geld stiftete, gab es auch für den Klerus keinen Grund mehr, an den Cortes teilzunehmen. Das Ergebnis davon war, daß die kastilischen Cortes nur mehr eine Versammlung von sechsunddreißig *procuradores* (Abgeordnete) war, nämlich von jeweils zwei Delegierten von achtzehn privilegierten königlichen Städten. Ohne Hilfe des Adels oder der Kirche mußten diese nun Front gegen die Krone machen.

Zunächst wies Philipp die *corregidores* an, sicherzustellen, daß kein Delegierter durch irgendeinen Eid an seine Wählerschaft gebunden war. Dies aber war schon ein heikler Punkt, war es doch kein Geheimnis, welchen Druck die Krone auf die Delegierten ausüben konnte. Daher hatten die Städte bisher darauf bestanden, daß die Delegierten sich bei wichtigen Entscheidungen noch einmal mit den Magistraten in Verbindung setzten, bevor sie ihre Stimme abgaben.

Als nun die Cortes im Januar 1567 zusammentraten, ließ Kardinal Espinosa, Präsident des kastilischen Rates und damit *ex officio* Präsident der Cortes, die Delegierten schwören, daß sie über eine uneingeschränkte Entscheidungsgewalt verfügten. Mehr brauchten die Delegierten nicht, um zum Gegenschlag auszuholen und die alte Forderung aufzustellen: zuerst die Beschwerden, dann die Subsidien. Worauf nun seinerseits Espinosa den Delegierten die Notlage des Königs schilderte, der einen verzweifelten Verteidigungskampf gegen Ungläubige und Häretiker zu führen hätte und sicher die Forderungen der Delegierten mit mehr Wohlwollen erfüllen würde, *nachdem* ihm das Geld, das er so dringend benötige, bewilligt worden sei.

Am 18. März 1567 bewilligten die Delegierten Philipp die „außergewöhnliche" Summe von 400.000 Dukaten und ein „gewöhnliches" Subsidium von 800.000 Dukaten, zahlbar im Verlauf von drei Jahren.[29] Sie setzten aber ihre Tagung fort und legten im Juni dem König eine Resolution vor, in der sie forderten, daß der König in allen Steuerangelegenheiten in Zukunft ihre Zustimmung einzuholen habe. Philipp dachte jedoch nicht daran nachzugeben. In seiner Antwort wies er die Forderung der Cortes ab. Er konnte so handeln, weil die Gerichtshöfe, die mit königlichen Beamten besetzt waren, den Willen des Königs vertreten würden und weil er mit Recht auf die Loyalität der Delegierten zu seiner Person und auf ihre gewinnträchtige Mithilfe bei seinen Kriegen bauen konnte. So ging aus diesem Kampf der König eindeutig als Sieger hervor. Es war ihm gelungen, aus den kastilischen Cortes ein gefügiges Instrument der monarchischen Regierung zu machen.

Drei Jahre später konnte Philipp den in Córdoba zusammengetretenen Cortes mitteilen, daß sich alles zum Positiven gewendet hatte: Der Krieg im Mittelmeer ging dem Ende zu, und in den Niederlanden hatte Alba nicht nur Ruhe stiften können, sondern auch erreicht, daß die Provinzen nun für ihre eigenen Ausgaben inklusive der „Besatzungsarmee" aufkamen, so daß Kastilien nicht länger für ihren Unterhalt zu zahlen haben würde. Nur wenige Wochen danach sah sich Philipp allerdings in einen neuen Krieg mit den Türken verwickelt, und schon 1572 kam es zu einem neuen Aufstand in den Niederlanden, während die Gefahr eines Krieges mit Frankreich und England drohte. Von 1571 bis 1573 stiegen die Ausgaben für Rüstung auf mehr als die Hälfte seines gesamten Einkommens aus Kastilien, das jährlich ungefähr 5,5 Millionen Dukaten betrug. Ein Drittel davon diente der Fundierung seiner Schulden, ein anderes Drittel dem Unterhalt des Hofes, der Verwaltung und Verteidigung Kastiliens.

So mußte der König sich erneut mit Anleihen großen Stils behelfen. Aber auch hier stieß er auf Schwierigkeiten, weil sich bald herumsprach, daß der spanische Hof erneut dem Bankrott entgegenschlitterte. Zur Verschärfung der Situation drohten in Genua, dessen Bankiers Philipp mehrere Millionen Dukaten vorgestreckt hatten, Gegner des prospanischen Regimes die Regierung zu übernehmen, während die in den Niederlanden kämpfende Armee Herzog Albas, die seit längerem keinen Sold mehr gesehen hatte, vor der Auflösung stand.

Im November 1574 rief Philipp II. die kastilischen Cortes erneut zusammen – es war das dritte Mal seit dem Frühling 1570 –, um sie über seine Nöte zu informieren: Da er als Verteidiger des katholischen Glaubens und seines Erbes Schulden habe machen müssen, bat er sie, ihm die dreifache Höhe des *encabezamiento* zu bewilligen. Wenn sie ihm nicht entgegenkämen, würde er von seinem Recht Gebrauch machen und die unpopuläre *alcabala* wieder einführen. In dem nun folgenden Handel zwischen Krone und Cortes stimmten die Cortes schließlich der Verdreifachung des *encabezamiento* zu, unter der Bedingung, daß Philipp keine „Wucherzinsen" mehr zahlen wolle, seine Schulden konsolidiere und sich nicht mehr in die Abhängigkeit von ausländischen, zum Beispiel

Genueser, Bankiers begäbe. An der Formulierung dieser Forderungen waren offensichtlich auch königliche Beamte beteiligt: Allzu deutlich ist der Hinweis für die Gläubiger, der König sei gezwungen, seine Rückzahlungsraten zu kürzen, sonst bekäme er kein Geld mehr geliehen.

Mit der Bewilligung erhöhter Einnahmen in der Tasche erklärte Philipp am 1. September 1575 die Einstellung seiner Schuldenrückzahlungen und gab damit den Weg zu neuen Verhandlungen frei. Es dauerte fast zwei Jahre, bis er mit seinen Gläubigern alles geregelt hatte. Während dieser Zeit mußte er erleben, daß seine Herrschaft in den Niederlanden zusammenbrach, und er sah sich zugleich gezwungen, mit den Türken einen ungünstigen Frieden zu schließen.

Zudem erwies sich seine Hoffnung, daß das *encabezamiento* ihm mehr als drei Millionen Dukaten einbringen würde, als trügerisch: Kastilien war nicht in der Lage, eine solche Summe aufzubringen. Philipp sah sich angesichts einer wachsenden Opposition gezwungen, die erhöhte Rate wieder zu senken. Bis zum Ende seiner Regierung bezog er durch das *encabezamiento* und das „Königliche Drittel" durchschnittlich 2,7 Millionen Dukaten jährlich.

Zu seinem Glück stiegen in diesen Jahren die Einnahmen aus der Neuen Welt steil an. So konnte er die Genueser und die deutschen Bankiers bald wieder an seine Seite bringen, und die kastilischen Banken waren schon nach wenigen Jahren nicht mehr konkurrenzfähig.

Anfang der achtziger Jahre hatten sich die Dinge so gut angelassen, daß Philipp II. nach der Erlangung der portugiesischen Königswürde die Zollbarrieren zwischen Portugal und Kastilien aufhob. Erst durch die Niederlage der „Unbesiegbaren" Armada 1588, bei der sie die Hälfte ihrer Schiffe einbüßte, änderte sich wieder die Situation. Im September 1588 informierte Philipp die Cortes, daß allein der Seekrieg der Armada ihn elf Millionen Dukaten gekostet habe. Er bat daher, ihm neben dem „gewöhnlichen" und dem „außergewöhnlichen" Betrag eine Sonderzulage zu bewilligen, damit er aus seinen Schwierigkeiten wieder herauskäme, zu denen der nun schon fünfzehn Jahre dauernde Krieg gegen die holländischen Aufständischen, ein teurer Krieg gegen England und seine immer stärkere Intervention in den französischen Bürgerkrieg an der Seite der katholischen Liga käme. Wie gewöhnlich erhob er den Anspruch, zu allen diesen Kriegen zwänge ihn die Notwendigkeit, die Religion, sein Erbe und seine „Reputation" zu verteidigen. (Die Cortes hatten ihre Sitzung schon begonnen, da nahm Philipp noch eine Anleihe von einer Million Dukaten bei der genuesischen Familie Spinola auf und lieh sich 400.000 Dukaten von den Fuggers in Augsburg.)

Nachdem man ein Jahr verhandelt und gefeilscht hatte, genehmigten die Cortes Philipp die Sonderzulage von acht Millionen Dukaten (neben den gewöhnlichen, alle drei Jahre bewilligten Beträgen), die im Zeitraum von sechs Jahren, beginnend am 1. Juli 1590, ausgezahlt werden sollte. Von dieser Sonderzulage sprach man als von den *millones,* da man die Summe in Millionen errechnete statt in den traditionellen *maravedís,* was eine astronomische Ziffer ergeben hätte: 375 maravedí = 1 Dukaten.

Durch diese *millones* erreichte Philipps Jahreseinkommen aus Kastilien 1592/93 die gigantische Höhe von fast zehn Millionen Dukaten. Danach wurde es wieder weniger. Mit der kastilischen Wirtschaft ging es nach Jahren der Stagnation nun endgültig bergab, wozu Kriege und Besteuerung das Ihre beitrugen. Seine Ausgaben pendelten sich in diesen Jahren auf zirka zwölf Millionen Dukaten jährlich ein. Die beträchtliche Differenz zwischen Ausgaben und Einnahmen mußte durch erneute Anleihen, jetzt zu 14 Prozent und höheren Raten, gedeckt werden.

Die Eintreibung der *millones* war den Städten überlassen worden, die immer mehr zum Mittel der *sisa,* einer indirekten Steuer auf allen möglichen Waren und Nahrungsmitteln, griffen. Infolgedessen traf es die Armen und Besitzlosen am härtesten. Fünf Jahre früher noch hatte Philipp, der sich mitten in den Vorbereitungen zur Eroberung Englands befand, die Angebote der Städte, Geld durch *sisas* aufzutreiben, mit den Worten abgelehnt: „Wir wollen die Armen nicht so besteuern."[30] Jetzt nahmen seine *corregidores* Männer fest, die gegen die *millones* protestierten; in Ávila wurde eine Verschwörung aufgedeckt, die sich zum Ziel gesetzt hatte, gegen die Steuer zu opponieren, die Anführer wurden sofort hingerichtet. Trotz all dieser Maßnahmen war der Widerstand gegen die Steuer nur schwer zu unterdrücken. Selbst in den Cortes wurde erneut gegen die Steuerlast opponiert, und einige Delegierte wagten den Vorschlag zu äußern, der König möge doch eine weniger kostspielige Außenpolitik betreiben und das spanische Geld im Interesse Spaniens und nicht der Dynastie ausgeben.

Alle diese Kundgebungen ließen jedoch den König unbeeindruckt, der 1593 sein ganzes Streben darauf gerichtet hatte, im Interesse der Religion und der Dynastie seine Tochter Isabella zur Königin von Frankreich wählen zu lassen. Aber 1595 stellten sich die Franzosen geschlossen hinter Heinrich IV. Das verdankte Philipp seiner diplomatisch und militärisch verfehlten Intervention. Noch im selben Jahr erklärte Heinrich IV. Philipp II. offiziell den Krieg.

So überstiegen zu Ende der Regierung die Kriegskosten wieder wie zu Anfang bei weitem die Einnahmen der Krone. Im November 1596 mußte Philipp erneut den Bankrott erklären und zum dritten Mal die Zahlungen seiner Schuldzinsen einstellen. Und wieder dauerte es ein Jahr, bis er mit seinen Gläubigern zufriedenstellende Abmachungen treffen konnte. Bei seinem Tod waren seine langfristigen Anleihen auf eine Summe von 68 Millionen Dukaten angelaufen, das war dreimal so viel wie zu Beginn seiner Regierung. In einem Testament aus dem Jahr 1594, als er glaubte sterben zu müssen, beschäftigte sich Philipp in vielen Klauseln mit seinen persönlichen Schulden und der Verpfändung des königlichen Erbes (wozu der Verkauf der „vorläufigen Gerichtsbarkeit der Grundherren über Vasallen der Krone gehörte) zur Sicherung der öffentlichen Ausgaben, „wegen der Verpflichtung, die Kirche, meine Königreiche und Länder zu verteidigen".[31] Er war freilich nicht der erste, der so handelte. Die Schulden und die Verpfändung der Kronrechte (an jene Herren, die einst die Macht der Trastámaras untergraben hatten) waren keine Erfindung Philipps II. Auch Karl V. und seine Urgroßmutter, Isabella die Katholische, hatten vor diesen Mitteln nicht zurückgescheut. Philipp setzte also nur – in größerem Maßstab – das Werk seiner Vorfahren fort – in der Hoffnung, seine Nachfolger würden die Schulden zurückzahlen und das verpfändete Kronerbe zurückkaufen können.

Die Verwaltungsräte

Obwohl es so aussieht, als hätte sich während Philipps Regierung alles um die verschiedenen Kriege gedreht, die ja auch immerhin einen dreimaligen Staatsbankrott verschuldeten, sah sich Philipp selbst durchaus nicht als Kriegsherr, sondern vielmehr als Rechtsvermittler. Die Justiz, und zwar sowohl die ausgleichende Gerechtigkeit als auch die Strafjustiz, nahm bei den meisten Verwaltungsräten unter Philipp die erste Stelle ein.

Da jedes seiner Länder über eigene Gesetze und Einrichtungen verfügte, hielt sich Philipp wie schon seine Vorfahren einen Beraterstab von Juristen mit genauer Kenntnis der verschiedenen Rechtslagen innerhalb der Monarchie. Diese Experten waren in der Regel Mitglieder von Räten oder standen diesen als Berater zur Verfügung. Die Räte waren jeweils für eine Provinz zuständig und bildeten sozusagen das Mittelglied zwischen dem König und der lokalen Regierung. Von Beginn an gab es unter Philipp den kastilischen Rat, den aragonischen Rat (der sich mit Aragonien, Valencia, Katalonien, den Balearen und Sardinien beschäftigte), einen neu gebildeten italienischen Rat (für Neapel, Sizilien und Mailand) und den „indischen" Rat. Für die Regierung der Niederlande und der Franche-Comté hatte Philipp von Brüssel mehrere „flämische" Sekretäre mitgenommen und den Siegelbewahrer der Niederlande, Charles de Tisnacq. Die Korrespondenz dieser Männer mit dem Generalgouverneur der Niederlande und dem Staatsrat in Brüssel (der die Justiz unter sich hatte) wurde in Französisch geführt. Erst 1588 richtete Philipp aufgrund zahlloser Petitionen aus den Niederlanden den flämischen Rat ein. 1582 schuf er den portugiesischen Rat als Verbindungsglied zu der Regierung seines Vizekönigs in Lissabon.

Philipps Bildung des italienischen Rates,[32] die 1558 gegen den Widerstand des aragonischen Rates erfolgte, der bisher die italienischen Besitzungen verwaltet hatte, gehört zu den Verwaltungsreformen, die Philipp zu Beginn seiner Regierung durchführte. Sie unterstreicht aber auch die Bedeutung, die den italienischen Besitzungen innerhalb der katholischen Monarchie zukamen. Die Italiener allerdings sahen darin nur einen weiteren Versuch, ihr Land zu kastilisieren. Denn obwohl von den sechs Mitgliedern des Rates drei aus Sizilien, Neapel oder Mailand stammen mußten, wurden die anderen drei Sitze, absichtlich oder zufällig, gewöhnlich mit Kastilianern besetzt.

Es war Philipps Hang zu bequemen Lösungen, der ihn Posten mit Leuten besetzen ließ, die er bei der Hand hatte oder die schon unter Karl V. das Amt innegehabt hatten. So besetzte er den Posten des Schatzmeisters des italienischen Rates mit dem Kastilianer Don Pedro Fernández de Cabrera, zweiter Graf von Chinchón, der schon dasselbe Amt für den aragonischen Rat verwaltet hatte. Obwohl Chinchón bei gewöhnlichen Rechtsangelegenheiten keine Stimme hatte, besaß er doch großen Einfluß innerhalb des italienischen Rates. Als er 1575 starb, konnte sich sein Sohn, Don Diego Fernández de Cabrera y Bobadilla, seine Ämter aneignen, einmal weil sie nun schon zur Tradition der Familie gehörten, zum zweiten weil er über genügend Beziehungen verfügte. 1585 wurde Don Diego denn auch Mitglied des Staatsrates und nahm an den Sitzungen der *junta de noche* teil.

Auch der Posten des Präsidenten wurde meistens an einen kastilischen Aristokraten vergeben, der über irgendwelche Erfahrungen mit Italien verfügte. Und obwohl die Präsidenten bei gewöhnlichen Angelegenheiten kein Stimmrecht ausüben konnten, besaßen sie doch großen Einfluß und verstanden es im Sinne der Familienpolitik glänzend, auch ihre kastilische Anhängerschaft mit Posten zu versorgen.

Als Renaissance-Herrscher verlangte Philipp von seinen Räten mehr, als nur mit den Lokalregierungen zusammenzuarbeiten oder Rechtsappelle entgegenzunehmen: Er forderte sie auf, alle bestehenden Rechtsbräuche zu kodifizieren und alles Wissenswerte über seine Untertanen zusammenzutragen. Der Rat, mit dem er am engsten zusammenarbeitete und der auch der größte war, der *Consejo de Castilla,* publizierte denn auch 1569 einen Kodex des kastilischen Rechts, die *Nueva Recopilación*. Kurz danach begann er mit der Arbeit an einer Art Volkszählung, der *relaciones topográficas*, (1575–1578),[33] in der die Namen von Hausbesitzern, ihr Stand, ihre Beschäftigungen, ihr Grundbesitz und die Gerichtsbarkeit, der sie unterstanden, gesammelt wurden. Das Projekt konnte jedoch nur in Neukastilien realisiert werden. Auch der „indische" Rat begann in Mexiko eine ähnliche Volkszählung.

So gut die Absicht war, so undurchführbar waren derartige Projekte für eine Regierung, die mit den Wirren der verschiedenen Kriege und den täglichen Geschäften ohnehin kaum zu Rande kam. Täglich sahen sich die Verwaltungsräte mit Stößen von Appellen, Reporten, Petitionen und Empfehlungen aus Philipps verschiedenen Reichen konfrontiert, die gesichtet und mit Kommentaren versehen an den überarbeiteten Monarchen weitergeleitet werden mußten.

Philipp II. und die Kirche von Rom

Für Philipp II. war die römische Kirche zugleich eine geistige Autorität und ein nützliches Regierungsinstrument, nicht zuletzt aber auch eine bedeutende internationale Institution. Der Papst war also in Philipps Augen sowohl Statthalter Christi als auch eine politische Macht.

Indem er die Kirche für seine Zwecke einsetzte, riskierte Philipp nicht selten den Machtkampf mit dem Papst.[34] In solchen Konflikten pflegte sich Philipp dem Urteil seiner Beichtväter und Theologen zu unterstellen, das meistens zu seinen Gunsten ausfiel. Man sollte jedoch die Abhängigkeit des Klerus von Philipp II., jenem Mann, der die kirchlichen Posten vergab, nicht allzu sehr überschätzen: Die Trennung von weltlicher und geistlicher Autorität war eine alte Streitfrage, und die Spanier, die Philipp konsultierte, teilten großteils seinen Glauben an die Mission der katholischen Monarchie und verstanden sehr wohl die weltliche Sphäre, in der der weltliche Herrscher das Sagen hatte, von der geistlichen zu trennen, in der man dem Papst Gehorsam schuldete.

Obwohl die päpstlichen Theologen mit Philipps Theologen oft gar nicht übereinstimmten (ebensowenig wie mit anderen Kirchenvertretern im Dienst einer Monarchie), war das Papsttum des späten 16. Jahrhunderts bei seinem Kampf gegen die Häresie und den Islam ganz besonders auf Philipp angewiesen. Durch den Tod Heinrichs II. war der andere große katholische Staat, Frankreich, in den Bürgerkrieg zwischen Katholiken und Protestanten gestürzt worden, so daß kein anderer als Philipp II. das Schwert für Rom erheben konnte und auch die Mittel und den Willen besaß, den Kampf gegen die Türken aufzunehmen. Diese Abhängigkeit von Philipp II. versetzte die neun Männer, die nacheinander den Stuhl Petri bestiegen, in ein unlösbares Dilemma. Jeder von ihnen war versucht, die beinahe absolute Gewalt, die Philipp über die kirchlichen Institutionen in seinen Reichen besaß, zu brechen, aber jeder war andererseits auf seine Hilfe angewiesen und gezwungen, ihm für die gemeinsame Sache, nämlich das katholische Christentum, einen erheblichen Teil der kirchlichen Einnahmen abzutreten.

Aber auch Philipp war an das Papsttum gebunden. Ohne die päpstliche Hilfe wäre er mit den Schwierigkeiten in den eigenen Ländern nicht so leicht fertig geworden und hätte eine andere Außenpolitik betreiben müssen. Denn der Papst konnte immer noch seinen Einfluß auf andere katholische Herrscher geltend machen und die öffentliche Meinung in katholischen Ländern, inklusive Philipps, weitgehend bestimmen. Er spielte eine bestimmende Rolle in der Politik Italiens und in der Bündnispolitik gegen die Türken. Vor allem aber erlaubte der Papst dem spanischen König, Geld aus kirchlichen Quellen einzutreiben, indem er alte Konkordate erfüllte und neue Konzessionen machte, so daß Philipp II. einer in Rom aufgestellten Rechnung zufolge 1565 zwei Millionen Dukaten jährlich zuflossen.[35]

Um welche kirchlichen Einnahmen handelte es sich in diesem Fall?[36] Einige sind bereits erwähnt worden: Das Königliche Drittel (aller in Spanien eingezogenen Zehnten), den *subsidio,* im allgemeinen 420.000 Dukaten, eine jährliche kirchliche Subvention, die noch aus dem späten Mittelalter stammte, und die *cruzada,* die erstmals von Hadrian VI. an Karl V. als Finanzierungshilfe für den Kreuzzug gegen die Ungläubigen und Ketzer vergeben worden war und die Philipp 500.000 Dukaten im Jahr einbrachte. 1566, als es zu scharfen Auseinandersetzungen zwischen Philipp und Rom gekommen war, weigerte sich Papst Pius V., die *cruzada* zu erneuern, auch weil er sie an sich als skandalös empfand. Aber kurz darauf überließ er Philipp den vollen Zehnten, den der jeweils reichste Mann einer spanischen Pfarre zu zahlen hatte – den *excusado* –, um eine geplante (und nie unternommene) Reise Philipps in die Niederlande zu finanzieren. 1571 bekämpfte Pius seine Skrupel und sprach Philipp erneut die *cruzada* zu, damit er ihn leichter überreden konnte, der Heiligen Liga gegen die Türken beizutreten. Die *cruzada* zusammen mit dem weiterlaufenden *excusado* und *subsidio* bildeten die „Tres Gratiae". Die Erneuerung dieser „Gnaden", die nach bestimmten Fristen abliefen, war das wichtigste Ziel von Philipps römischer Diplomatie.

Philipps Macht über die kirchlichen Institutionen in seinen Reichen beruhte auf verschiedenen Konkordaten mit dem Papsttum, die hauptsächlich aus der Zeit Ferdinands und Isabellas stammten. Philipps Macht bestand darin, Männer seiner Wahl als Bischöfe zu ernennen, in die höchsten Gremien der Inquisition in Spanien und Sizilien zu bringen und andere Pfründe zu verteilen. In Neapel und Sizilien besaß er gewisse mittelalterliche Rechte von der Kirche als Lehen: das der *Exequatur* in Neapel, welches ihm erlaubte, päpstliche Bullen nach Gutdünken zu publizieren oder zurückzuhalten, und das der *Monarchia Sicula*, welches ihm als König von Sizilien das Recht gab, als sein eigener päpstlicher Legat zu handeln. In Spanien ließ er zwar einen päpstlichen Legaten zu, aber erhob Anspruch auf das Recht der *Exequatur* und verbat darüber hinaus seinen spanischen Untertanen, in kirchlichen oder Glaubensdingen an den Papst zu appellieren. Das hieß, daß sowohl die Inquisition als auch der kastilische und aragonische Rat unter Philipp die höchsten kirchlichen Instanzen darstellten.

So ist es kein Wunder, daß es hieß, in Spanien gäbe es keinen Papst. Auch die moderne Geschichtsforschung ist zu der Ansicht gelangt, daß die Macht der Krone über die Kirche in Spanien wahrscheinlich größer war als überall sonst in Europa, inklusive der protestantischen Länder mit erasmischem System.[37] In der Tat übte Philipp II. durch seine Räte eine direkte Herrschaft über die Kirche aus. Ein Gutteil seiner Korrespondenz und seiner Memoranden beschäftigen sich mit kirchlichen Angelegenheiten. Wegen seiner Präsentationsrechte wandten sich Geistliche an ihn und nicht nach Rom, um einen Posten zu bekommen. Jeder Posten aber war mit dem Dilemma verbunden, nun zwei Herren dienen zu müssen, dem König und dem Papst. Stand ein Bischofssitz leer, fielen die Einkünfte an Philipp, und die Neuernannten dankten ihm gewöhnlich mit einem Teil ihrer Bezüge oder spendeten Geld in Notzeiten, wie zum Beispiel Gaspar de Quiroga, der Kardinal-Erzbischof von Toledo (1577–1594), vor und nach der Niederlage der Armada 1588. (Allerdings waren nicht alle so entgegenkommend: 1556 weigerte sich Philipps früherer Lehrer Siliceo als Erzbischof von Toledo, Geld für den Krieg gegen Papst Paul IV. zu spenden, obwohl die Theologen der spanischen Universitäten Philipps Vorgehen guthießen.) Der Mann, der Philipp dabei behilflich war, die spanische Kirche fest am Zügel zu halten, war Mateo Vázquez, der Sekretär des Inquisitionsrates.

Es ist also nicht verwunderlich, daß Philipp hartnäckig allen Versuchen Roms widerstand, ihm seine Vorrechte in kirchlichen Angelegenheiten streitig zu machen. Mit einer Ausnahme war er stets erfolgreich: Pius V. zwang Philipp, daß die spanische Inquisition Bartholomäus Carranza, von 1557–1576 Erzbischof von Toledo, an Rom auslieferte.

Carranza war 1559 wegen Verdachts auf Ketzerei festgenommen worden. Angesichts seines hohen Ranges wollte der Papst selbst die Untersuchung führen. Philipp versuchte diesem Anspruch mit dem Argument entgegenzutreten, er könne nicht für das Weiterbestehen der katholischen Religion in Spanien garantieren, wenn Zweifel an der absoluten Kompetenz der Inquisition aufkämen. Aber da 1566 die *cruzada* neu bewilligt werden mußte und Philipp sich im Krieg mit den Türken befand, gab er nach, zumal es in den Niederlanden zu den ersten Unruhen gekommen war und Philipps Gesandter in Rom, Don Luis de Requesens, Philipp warnte, daß Pius sehr fromm sei und sich nicht von politischen Erwägungen leiten ließe. Philipp gab also Anweisung, Carranza nach Rom zu überführen, wenige Tage bevor ihm die päpstliche Exkommunikationsandrohung überreicht wurde. Carranza wurde 1576 in Rom freigesprochen, überlebte aber seinen Freispruch nur um wenige Wochen.

Es gab aber auch Beispiele erfolgreicher Zusammenarbeit zwischen Rom und Madrid, so als Philipp II. und Pius IV. 1560–1562 zusammen für die Wiedereinberufung des Trientiner Konzils eintraten. Anfangs kam es zu Differenzen über die Zielgebung des Konzils: Philipp erwartete von dem Konzil, daß den bei den ersten beiden Konzilen beschlossenen Dogmen nun eine definitive Form gegeben würde. Pius erhoffte sich darüber hinaus eine Definition der Kirchenverfassung, die den Papst klar über die Bischöfe stellte und damit der Konziliarbewegung eine Abfuhr erteilte.[38] Philipp aber mußte dies als Bedrohung seiner Macht über die Bischöfe im eigenen Land empfinden, andererseits fürchtete er noch mehr die Ausbreitung des Calvinismus und erkannte es als notwendig, daß die Kirche alle ihre Kräfte mobilisierte. Darüber hinaus hatte Philipp auch ein rein persönliches Interesse für das Trientiner Konzil: Es war ein Werk, das sein Vater begonnen hatte und das er als sein Sohn zu einem Ende zu bringen hatte.[39]

Nachdem sich Philipp und Pius darüber einig geworden waren, daß ein Konzil im Geiste des letzten Trientiner Konzils zusammengerufen werden sollte, mußten sie die Franzosen und Deutschen dafür gewinnen. Diese jedoch plädierten für ein Konzil, das nicht mehr die harte dogmatische Linie der früheren Trientiner Konzile vertreten sollte, damit die Chance gegeben sei, die Protestanten mit Rom zu versöhnen. Hier taucht nun die Frage auf, wie weit sich Philipp, indem er eine Gegenposition zum Kaiser, seinem Onkel, einnahm, auch von der Position seines Vaters entfernte.[40] In der Tat hatte Karl V. Zweifel über Trient geäußert, war doch seine Situation in Deutschland durch die Trientiner Beschlüsse wesentlich schwieriger geworden. In religiösen

Fragen aber ließ sich Philipp offenbar eher von den bitteren Gefühlen des alten Karl V. beeinflussen als von der Versöhnungspolitik des jungen, der noch glaubte, durch gewisse Konzessionen des Konzils könnten die Lutheraner für Rom zurückgewonnen werden.

Zunächst wollten weder die Deutschen noch die Franzosen auf die Politik Philipps und des Papstes einschwenken. Erst der Ausbruch des Hugenottenkrieges in Frankreich (1562/63), in welchem Philipp der Königinmutter Katharina de Medici mit einem *tercio* Infanterie zu Hilfe eilte, bewirkte den Umschwung, den die Diplomatie nicht erreicht hatte: im November 1562 erschienen die französischen Bischöfe in Trient.

Auch Ferdinand I. ließ sich schließlich bewegen, die deutschen Bischöfe nach Trient zu entsenden, aber nicht durch seinen Neffen Philipp, sondern durch den Papst. Zum Dank – oder war es die Bedingung des Kaisers gewesen? – erklärte sich der Papst bereit, die Wahl Maximilians zum römischen König zu unterstützen. Damit war Philipp von dem Platz gedrängt, der ihm von der Familie in der Thronfolge zugesprochen worden war.

Zu dem Zeitpunkt, da Pius' Unterstützung Maximilians publik wurde, war es zwischen den Päpstlichen und den Spaniern zum offenen Konflikt über die Natur der bischöflichen Macht gekommen. Die Päpstlichen bestanden darauf, daß die Macht der Bischöfe vom Papst abhänge, die Spanier dagegen, daß sie ihnen direkt von Gott verliehen worden sei. Mit der Hilfe der Deutschen konnte die päpstliche Partei (die hauptsächlich aus italienischen Bischöfen und Mitgliedern der Kurie bestand) ihren Standpunkt durchsetzen. In den übrigen dogmatischen Fragen bestand zwischen den Päpstlichen, deren theologische Experten zum Großteil Spanier und prominente Jesuiten waren, und Philipps Bischöfen volle Übereinstimmung, so daß die Franzosen und Deutschen in mehreren Fällen überstimmt werden konnten.

Philipps Gefühle gegenüber den Resultaten des Trientiner Konzils blieben gemischt: Einerseits billigte er voll und ganz den Trientiner Dogmatismus, andererseits erfüllten ihn die Erlässe über das Bischofstum mit Sorge. Als der Papst die Trientiner Beschlüsse im Januar 1564 veröffentlichte, hielt Philipp mit ihrer Veröffentlichung in seinen Reichen zurück und ließ sie noch einmal von seinen Experten des kanonischen Rechts überprüfen. Schließlich wurden die Beschlüsse mit der Zusatzklausel veröffentlicht, daß sie in keiner Weise Philipps königliche Rechte schmälerten.

In den Niederlanden dagegen sollte die Reform und Erweiterung des Episkopats schwerwiegende Folgen für Philipp II., den Papst und die katholische Sache haben. Denn die Reform beinhaltete auch die

Verstärkung der Inquisition unter der rechtlichen Patronanz der Bischöfe. Da diese aber von Philipp ernannt wurden, war klar, daß damit die Macht des Königs und der Kirche gestärkt wurde. Dazu kam, daß Philipp 1559 und 1561 durch päpstliche Bullen die Autorisierung erhalten hatte, zu den bestehenden vier Bistümern (für siebzehn Provinzen) vierzehn neue einzurichten.

Die Niederländer sahen nun in den neuen Bischöfen nichts als Agenten der Zentralregierung. Sie haßten und fürchteten die Inquisition und standen einer Erweiterung der kirchlichen Einrichtungen, für die sie auch noch zu zahlen haben würden, verständlicherweise äußerst feindselig gegenüber. So kam es über die Durchführung der päpstlichen Bullen sehr schnell zu heftigen Auseinandersetzungen zwischen der Regierung in Brüssel und den niederländischen Behörden, einschließlich der Statthalter. Der Papst drängte daraufhin Philipp, sich persönlich an Ort und Stelle zu begeben, um den Streit beizulegen, und konzedierte ihm den *excusado* für diesen Zweck. Bevor Philipp sich jedoch auf die Reise machen konnte, war der Streit bereits in offene Rebellion umgeschlagen. Der Papst drang in Philipp, die Rebellen als Ketzer zu brandmarken, aber Philipp zögerte: Er wollte unter allen Umständen einen Religionskrieg vermeiden, der womöglich die deutschen Lutheraner, die französischen Hugenotten und englischen Protestanten zur Einmischung eingeladen hätte. Nach kurzer Zeit kristallisierte sich jedoch heraus, daß die Rebellen hauptsächlich aus militanten Calvinisten bestanden, die direkt und indirekt von anderen Protestanten unterstützt wurden. Bei Philipp und seinen Befehlshabern liefen sie daher bald unter der routinemäßigen Bezeichnung „Rebellen und Ketzer", während seine zu ihrer Unterdrückung nach Flandern entsendete Armee die „katholische Armee" hieß.

Dieser Aufstand in den Niederlanden sollte Philipps Aufmerksamkeit und Mittel so sehr beanspruchen, daß er 1575 den Bankrott erklären mußte, weil er sich nicht in der Lage sah, zugleich gegen die Türken und die „Rebellen und Ketzer" Krieg zu führen. Daher auch schloß er 1578 den Waffenstillstand mit den Türken, der ihm vom Papst eine öffentliche Rüge einbrachte. Ja, der Papst, der offensichtlich Philipps Mittel weit überschätzte, drang weiter in ihn, Irland zu befreien und England zu besetzen. „Er leidet unter Wahnvorstellungen", lautete Philipps Kommentar zu diesen unsinnigen Forderungen.[41] In seiner Enttäuschung konzedierte Papst Gregor XIII. Philipp diesmal nur widerwillig die „Tres Gratiae".

Bald darauf kam es über der portugiesischen Nachfolge zu einem erneuten Zusammenstoß zwischen dem spanischen König und dem

Papst. Während der Papst die Nachfolge nach seinen Vorstellungen regeln wollte, preschte Philipp 1580 mit der militärischen Eroberung Portugals vor. Gregors Nuntius wurde auf seiner Reise nach Badajoz so lange mit Festlichkeiten aufgehalten, bis er bei seiner Ankunft vor vollendete Tatsachen gestellt werden konnte. Philipps nächster Schritt bestand darin, den Papst aufzufordern, seinen Legaten aus Portugal abzuberufen, der den Fehler begangen hatte, sich für Dom Antonio, Philipps stärksten Rivalen, einzusetzen. Solcherart mit Philipps neuem Machtzuwachs konfrontiert, blieb Gregor nichts anderes übrig, als nachzugeben. Aber die Beziehungen zwischen den beiden Kampfgefährten verschlechterten sich zusehends. Sie wurden auch nicht besser, als 1585 ein neuer Papst den Stuhl Petri bestieg: Sixtus V., der eine persönliche Abneigung gegen Philipp hegte. In Rom hieß es jetzt, Philipp kämpfe nur zum Anschein für die Kirche, in Wirklichkeit gehe es ihm um die Sicherheit und Vergrößerung seines Reiches. Kein Wunder also, daß 1588 der neue Papst Philipp für seine Armada nur dann Geld geben wollte, wenn seine Armee in England gelandet war.

Der Verdacht, daß Philipp nur aus Eigennutz handle, schien 1589 seine französische Politik nach der Ermordung Heinrichs III. durch einen fanatischen Katholiken zu bestätigen. Nachdem er kurze Zeit einen Kompromißkandidaten gestützt hatte, erklärte er sich nach dem bald darauf erfolgten Tod des Kandidaten für die Kandidatur seiner Tochter Isabella, während seine Truppen kräftig im französischen Bürgerkrieg mitmischten. Um die Kandidatur seiner Tochter durchzusetzen, hintertrieb er alle Versuche, den Calvinisten Heinrich von Navarra zum Katholizismus zu bekehren, war dieser doch der legitimste Erbe der französischen Krone, und bearbeitete durch seine Gesandten in Rom, nachdem 1590 Sixtus gestorben war, nacheinander drei Konklaven, daß sie Päpste wählten, die seinen Wünschen entsprachen. Keiner von diesen Päpsten lebte jedoch lange, und 1592 lehnten sich die Kardinäle endlich gegen die Machenschaften des alternden katholischen Königs auf, mit denen er die Kirche und ihre Politik zu bestimmen versuchte. Sie wählten den unabhängigen Clemens VIII. Aldobrandini, der die Konvertierung Heinrichs von Navarra akzeptierte und ihn 1595 als König von Frankreich anerkannte. Clemens VIII. brauchte drei weitere Jahre, um Heinrich IV. und Philipp II. zu Friedensverhandlungen zu bewegen. Rom hatte nun in Heinrich IV. ein geeignetes Gegengewicht zu dem immer anmaßenderen Machtanspruch Philipps II. gefunden.

Nachdem wir nun versucht haben, ein Bild der Minister und der verschiedenen Gremien, mittels deren Philipp regierte, zu entwerfen, wollen wir uns wieder dem König selber zuwenden und versuchen, seinen Arbeitsstil zu charakterisieren. Zu Beginn zitieren wir Professor Koenigsbergers treffende Beobachtung: „Philipps fast unleserliche, verschlungene Handschrift (war) das exakte Abbild der Kreisbewegungen der Macht."[42]

Die Art und Weise, wie Philipp mit seinen Mitarbeitern, seinen Ministern und Sekretären im Inland und Ausland umging, haben wie seine Arbeitsgewohnheiten schon die Zeitgenossen fasziniert.

Philipp dachte langsam und wog seine Entscheidungen, die er allein zu treffen wünschte, sorgfältig ab. Daher beriet er sich mit seinen Ministern meist auf schriftlichem Weg, mittels eines Dokumentes, die sogenannte *consulta,* welche eine Zusammenfassung der in einem Konsilium abgelaufenen Diskussionen und der ministeriellen Empfehlungen darstellte. Das Papier enthielt in der Regel einen breiten Rand, auf den der König seine Kommentare und Beschlüsse schreiben konnte. Briefe von auswärtig dienenden Beamten wurden dem König meistens in der Kurzfassung des Sekretärs, der ihn erhalten hatte, vorgelegt. Wenn es sich um eine größere Anzahl von Briefen handelte, wurden die Zusammenfassungen auf das Umschlagblatt geschrieben, in dem die Briefe sich befanden. Handelte es sich nur um wenige oder dringende Briefe, wurde die Zusammenfassung auf die Außenseite des gefalteten Briefes selbst geschrieben. Sowohl die Briefe selbst als auch die Deckblätter wiesen einen breiten Rand für die Notizen des Königs auf. Die meiste Korrespondenz mußte erst entziffert werden, und alle nichtkastilischen, lateinischen und portugiesischen Briefe mußten erst ins Kastilische übersetzt werden. Mit den entzifferten und übersetzten Abschriften wurden Philipp auch immer die Originale vorgelegt. Durch diese Arbeit hatten die Hofsekretäre fast täglich Zutritt zum König, und nach der Art und Weise, wie sie von den Granden behandelt wurden, ist anzunehmen, daß sie über einen beträchtlichen Einfluß verfügten. Jedenfalls konnte 1581 der Sekretär Gabriel de Zayas dem Herzog von Medina Sidonia gegenüber die Bemerkung wagen, er würde Medinas Plan zur Eroberung Algiers dem König vorlegen, wenn der Moment ihm günstig erschiene.[43]

Philipps Randbemerkungen auf den *consultas,* den Briefen und den verschiedenen Memoranden, machen den Eindruck, als habe er alle Angelegenheiten mit derselben Sorgfalt behandelt, ob es sich nun um die große Politik oder um routinemäßige Angelegenheiten wie die Pensionen für Veteranen und deren Witwen und um die Kleidung der Soldaten handelte. „Muß weiter untersucht werden", „Vor allem wird Geld benötigt", „Ich kenne ihn" oder „Wer ist das?" lauteten die Kommentare des Königs.

Philipps Kommentare zu den wichtigen politischen Problemen scheinen nicht aus der Feder eines Herrschers zu stammen, der den Lauf der Geschichte zu bestimmen gedachte, sondern eher eines Mannes, der versucht, seinen Besitz zusammenzuhalten. Dies stimmt vor allem für den jungen Philipp (und entspricht dem Bild, das Braudel von ihm entwirft). Es gab jedoch immer wieder Momente, wo er mit größter Entschlossenheit agierte: 1566, nachdem er Kenntnis vom Bildersturm in den Niederlanden bekommen hatte, 1570, als er der Heiligen Liga beitrat, und 1578, als ihm die Nachricht überbracht wurde, Dom Sebastian von Portugal sei in der Schlacht gefallen. Als er dann die Krone Portugals erobert hatte, übernahm er öfter die Initiative und reagierte im allgemeinen positiver als vorher auf die Probleme, die sich ihm stellten, einmal wohl, weil der Machtzuwachs sein Selbstbewußtsein gestärkt haben mochte, zum zweiten, weil er, je älter er wurde, mit geradezu verzweifelter Entschlossenheit die Welt nach seinen Vorstellungen gestalten wollte. Dennoch überwiegen bis zum Schluß die Klagen über die ständige Geldnot und seine Beamten, denen er immer weniger trauen könne, auch als seine Hand kaum noch die Feder führen konnte und die Kommentare immer seltener wurden.

Nach der Durchsicht eines Dokumentes traf Philipp entweder eine Entscheidung oder sandte es dem zuständigen Rat oder Minister zur Prüfung beziehungsweise zur Kommentierung. Wenn Philipps Entscheidung Edikte, Patente oder Verfügungen nach sich zog, arbeitete er diese mit seinen Sekretären oder Beratern aus. Am Schluß verfaßte ein Sekretär eine schöne Abschrift, die von Philipp unterzeichnet wurde. Dabei fügte er dann des öfteren Randnoten und Postscripta an. Dies alles vollzog sich mit größter Umständlichkeit und brauchte meistens sehr lange, so daß Philipps Beamten in Übersee, die ja außerdem noch mit dem Problem der Entfernungen und der Verkehrsverbindungen zu kämpfen hatten, zu sagen pflegten: „Wenn der Tod aus Spanien käme, würden wir alle ein biblisches Alter erreichen."

Bei dem Umfang von Regierungsgeschäften, die der Madrider Hof zu bewältigen hatte, konnte es vorkommen, daß wichtige, für den König bestimmte Dokumente verlorengingen oder ihn zu spät erreichten, wie eine leicht verärgerte Notiz des Königs auf einer Depesche aus Rom beweist: „Der Kardinal (Espinosa), Ruy Gómez und der Prior (Don Antonio de Toledo) haben dies bereits gesehen, während ich bis jetzt nichts davon gewußt habe."[44] Da es sein ausdrücklicher Wunsch war, wichtige Depeschen als erster zu öffnen und als einziger über alles informiert zu sein, ist sein Ärger verständlich. Im allgemeinen kam man seinem Wunsch nach, obwohl seine Sekretäre und Minister nicht immer der Ansicht waren, daß das Resultat im Verhältnis zu ihrer Mühe stand.

Philipps Sekretär Gonzalo Pérez schrieb 1566 an seinen Cousin: „Seine Majestät verliert langsam immer mehr den Überblick, indem er alles mit mehreren Personen bespricht, einmal mit dem, einmal mit jenem, einmal darf dieser nichts wissen, einmal ein anderer. Da ist es kein Wunder, wenn verschiedene Anweisungen erfolgen, die sich sogar manchmal widersprechen."[45]

Philipp muß wohl Wind von dieser Kritik bekommen haben, denn 1566 übertrug er dem unermüdlichen und lebhaften Kardinal Espinosa die Oberaufsicht über die Regierungsgeschäfte, obgleich es nicht seine Absicht war, den Kardinal zum Premierminister oder schlimmer noch zu seinem Günstling zu machen. Der Kardinal schien nun seine Aufgabe etwas zu übertreiben. Bei den Besprechungen pflegte er die Probleme so schnell abzuhandeln, daß der König keine Zeit hatte, über sie nachzudenken. Tatsächlich versuchte der Kardinal, mit dieser Taktik Entscheidungen zu erzwingen. Aber 1572 regte sich Philipp so sehr über den Kardinal auf, daß er ihn zum Verlassen des Zimmers aufforderte.[46] Und kurz darauf, so geht die Legende, nannte der König vor mehreren anderen Räten den Kardinal einen Lügner, worauf der so Bezeichnete sich aus der Regierung zurückzog.

Nach Espinosas Sturz (den er nicht lange überlebte) drohte der Regierung das Chaos. Um das zu vermeiden, nahm Philipp Espinosas Sekretär, Mateo Vázquez de Leca, in seine Dienste.[47] Vázquez war genau das, was Philipp brauchte: ein Mann mit den notwendigen Fähigkeiten, aber ohne den Status, der ihm erlaubt hätte, die Rolle des Premierministers zu spielen. Dieser fleißige und unauffällige Priester verstand es, sich im Hintergrund zu halten und das zu werden, was Cabrera de Córdoba einen „Erzsekretär" nannte.

Aber trotz der Hilfe seines „Erzsekretärs" konnte Philipp es nicht lassen, die Regierungsgeschäfte auf die ihm eigentümliche Weise zu erledigen. 1576 äußerte sich Alba in einem Gespräch mit Vázquez ähnlich kritisch wie Gonzalo Pérez:[48] Der König versuche, viel zuviel allein zu tun, und arbeite hauptsächlich mit Sekretären, so daß die Räte nicht wüßten, welche Entscheidungen denn nun getroffen worden seien. Manchmal würde die Korrespondenz an diese und manchmal an jene Räte weitergegeben, und manche in den Ausschüssen lang und breit debattierten Fragen seien bereits ohne Wissen der Räte entschieden worden. Manchmal erreiche ein Dokument den Rat erst in letzter Minute, so daß keine Zeit mehr bliebe, Empfehlungen auszusprechen. Alba schlug daher vor, es sollten Richtlinien ausgegeben werden, daß die Korrespondenz früh genug an die Räte weitergegeben würde, damit diese Zeit hätten, ihre Empfehlungen für den König auszuarbeiten.

Philipps Reaktion auf Albas Vorschlag, die er auf den Rand von Vázquez' Bericht über die stattgefundene Unterhaltung schrieb, lautete folgendermaßen: „Über den Eifer des Herzogs hege ich keine Zweifel; über den Rest, obgleich er in vielen Dingen recht hat, in einigen Fällen aber vielleicht nicht, und daher habe ich nicht vor, alles (was er sagt) zu überprüfen, um Ordnung zu schaffen, bis mehr Zeit dafür da ist. Aber ich will weiter darüber nachdenken. Um sich damit zu beschäftigen, muß man andere Dinge überprüfen, aber wie ich schon sagte, alles wird ordentlich untersucht werden, um das zu tun, das ich für angemessen halte."

Insgesamt machen alle Anmerkungen Philipps II. den Eindruck, als sei es ihm nicht leicht gefallen, seine Gedanken zu präzisieren und zu ordnen und den Punkt herauszustellen, auf den es ankam. Es ist also durchaus anzunehmen, daß diese Schwäche ein Grund für die Probleme ist, die Philipp mit seinen Räten hatte, auch wenn man in Rechnung stellt, daß sich fast alle spanischen Regierungsdokumente des 16. Jahrhunderts durch eine verschlungene Redeweise auszeichnen.

Die Espinosa-Episode läßt vermuten, daß sich Philipp möglicherweise im klaren über seine mangelnde Präzision des Denkens war. Diese war wahrscheinlich auch der Grund für ein anderes Charakteristikum im Umgang mit seinen Mitarbeitern, das sehr viel Aufsehen erregt hat: sein Mißtrauen. Auch wenn man annimmt, daß er Grund hatte, mißtrauisch zu sein, sei es durch eigene Erfahrung, sei es, weil die Warnungen seines Vaters in ihm nachwirkten, ist es doch erstaunlich, daß schon die Zeitgenossen ihn in dieser Hinsicht übertrieben fanden. Ganz bewußt hielt er sich davon zurück, irgend jemandem sein volles Vertrauen zu schenken, und machte die ständige Überprüfung seiner Minister regelrecht zum Stil seiner Regierung. Zum Beispiel ermunterte er seine Minister, Sekretäre und Beamten, über einander Berichte zu schreiben, und ließ durch seine Agenten die Beamten während ihrer Amtsausübung überwachen, was gegen das Gesetz war, das die Prüfung *nach* Ablauf der Amtsperiode vorschrieb. So bat er auch den Bibelforscher Arias Montano, als er ihn zur Veröffentlichung der *Poliglota Real* nach Antwerpen schickte (1568–1572), um seine und der Leute Meinung über Albas Regierung in den Niederlanden. Tatsächlich war Philipp ein dankbarer und zahlender Abnehmer von Informationen aller Arten und aller Quellen, von der offiziellsten bis zur obskursten. Allerdings wurde jede Information erst sorgfältig geprüft, bevor er ihr zufolge handelte. Wenn die Klagen über die Amtsführung eines Mannes zu dessen Entlassung führten, dann geschah es meistens mit gutem Grund. Entweder waren die Klagen berechtigt oder sie wurden von so vielen und einflußreichen Personen vorgebracht, daß die betreffende Person nicht länger in der Lage war, effektiv zu arbeiten.

Durch diese Methoden wurde aber die Intrige an seinem von Cliquen beherrschten Hof mehr als an anderen Höfen gefördert. Im eigenen oder im Interesse des Königs wurde vieles heimlich abgewickelt oder über Seitenkanäle geschickt, unter Mißachtung der normalen Verständigungsmöglichkeiten und der ebenso normalen Verkettung von Befehlsgewalt und Verantwortung.

In Philipps Umgebung schien man darüber nicht überrascht gewesen zu sein. Die Intrige, die die römische Geschichte und die der Renaissance mit so viel Stoff versorgt hatte, wurde wohl für ein natürliches Mittel, um am Hof seine Ziele durchzusetzen, gehalten, und zwar an jedem Hof. Im allgemeinen zeigten sich die Mitarbeiter Philipps II. erstaunlich loyal. Trotz des ständigen Mißtrauens, das Philipp seinen Mitarbeitern gegenüber hegte, blieben ihm Männer wie Granvelle, der Herzog von Alba und auch Margarete von Parma bis zum Ende treu ergeben. Kurz bevor er 1592 starb, befahl Alexander Farnese, von 1578–1592 Philipps Generalstatthalter der Niederlande, seinem Sohn Ranuccio, zu Philipp zu gehen, „der so gut ist, um ihm deinen Wunsch mitzuteilen, dich mit deinem ganzen Besitz in den Dienst des Königs zu stellen, woran mir am meisten liegt in dieser Welt."[49]

Die Ironie des Schicksals wollte es, daß Philipp gerade in diesem Augenblick dem Drängen seiner spanischen Minister nachgab, Farnese seines Postens zu entheben. Und nicht nur das: Er hatte sich von ihnen überreden lassen, daß Farnese vielleicht nicht gehorchen würde, und hatte deshalb schon Vorkehrungen für seine Arretierung getroffen. Vielleicht wären Farneses Ermahnungen an seinen Sohn, hätte er das gewußt, anders ausgefallen, aber wahrscheinlich hätte er wie die meisten Diener Philipps die Ungnade resigniert hingenommen und wäre loyal geblieben.

Kurz bevor Philipp sich entschloß, Farnese abzuberufen, hatte sich seine Furcht, verraten zu werden, auf böse Weise bewahrheitet: Sein ehemaliger Sekretär Antonio Pérez zettelte in Aragonien einen Aufstand gegen ihn an. Der Fall Pérez ist ein höchst interessantes Beispiel, welche Folgen Philipps mißtrauische Haltung für ihn selbst, die andern und die Monarchie haben konnte.

Antonio Pérez, der Sohn von Philipps erstem Sekretär und zugleich der Protegé von Ruy Gómez, genoß das seltene Vertrauen des Königs, wohl weil er, wie Gregorio Marañón annimmt, den nüchternen König durch seinen Charme und seine Brillanz verzauberte.[50] Nach Ruy Gómez' Tod übernahm Pérez die Aufgabe, seine Partei zusammenzuhalten und die Politik des verstorbenen Prinzen von Eboli zu vertreten. Das bedeutete, daß er sich in die Hofpolitik einzuschalten hatte, für die er auch eine ausgesprochene Begabung entwickelte. Daß er als Bürgerlicher sich allerdings wie ein Aristokrat benahm, trug ihm bald die Feindschaft seiner bürgerlichen Kollegen ein. Zur gleichen Zeit machte sich der König Sorgen über den Ehrgeiz seines Halbbruders Don Juan d'Austria. Er selbst hatte seine Karriere gefördert, indem er ihn auf immer höhere Posten gesetzt hatte, aber nun schien sein Ehrgeiz maßlos zu werden. Um König von Tunis zu werden, das er 1573 für Philipp erobert hatte, wandte er sich gar um Unterstützung nach Rom, worauf Philipp ihm auf Rat Antonio Pérez' einen Schützling des Pérez als Sekretär (und Spion) verordnete. Juan de Escobedo, so der Name des Sekretärs, ließ sich jedoch von Don Juans Charme bestricken und brach die Verbindung zu Pérez ab.

Pérez aber gab nicht auf und verschaffte sich die Informationen über Don Juans Aktivitäten mittels seiner Korrespondenz. Auch als Don Juan 1576 von Philipp zum Generalstatthalter der Niederlande ernannt wurde, also zu einem Zeitpunkt, da die Provinzen sich im offenen Aufruhr befanden, lief die Korrespondenz Don Juans und Escobedos über Pérez, sehr zum Ärger Gabriel Zayas', des Staatssekretärs für den Norden, und der „flämischen" Sekretäre.

Don Juans Ehrgeiz machte tatsächlich vor nichts halt. So wollte er von den Niederlanden aus eine Expedition gegen England führen, mit dem Ziel, Elisabeth abzusetzen und Maria von Schottland zu heiraten, mit der zusammen er den englischen Thron besteigen wollte. So unrealistisch Philipp auch derartige Projekte erscheinen mochten, er gab dennoch seine Zustimmung zu dem Plan, allerdings unter der Bedingung, daß keine Invasion Englands unternommen werden dürfte, bevor in den Niederlanden nicht wieder Ruhe herrschte. Damit erhoffte sich Philipp ein größeres Engagement seines Halbbruders für sein neues Amt, das er offensichtlich nicht sehr schätzte.

Unter Don Juans Statthalterschaft verschlimmerte sich jedoch die Situation in den Niederlanden spürbar, da Don Juan das Heil in den Waffen suchte, während Philipp und Pérez von ihm erwartet hatten, daß er den Frieden in den Provinzen durch Diplomatie und notfalls auch durch falsche Versprechungen wiederherstellen würde. Als Escobedo nach Madrid kam, um hier Don Juans kriegerische Politik zu erklären, stieß er auf wenig Verständnis. Dennoch entschloß sich Philipp widerwillig, weitere Truppen in die Niederlande zu entsenden, auch wenn es schwer war für ihn, so kurz nach der Bankrotterklärung von 1575 die erforderlichen Mittel aufzutreiben.

Aus bisher ungeklärten Gründen, aber wahrscheinlich, weil er sich Philipps Gunst erhalten wollte, fuhr Pérez fort, Don Juans Verhalten zu kritisieren und damit Philipps Vertrauen in seinen Halbbruder weiter auszuhöhlen. Als Gegenoffensive begann nun Escobedo seinerseits, Pérez bei Philipp schlechtzumachen, indem er ihm beibrachte, wie sich Pérez an Philipps Transaktionen mit den Genueser Bankiers bereichert hatte. Als Pérez davon Wind bekam, fuhr er schwerere Geschütze auf und machte Philipp glauben, Don Juan verhalte sich unloyal. So legte er ihm Don Juans Briefe vor, in denen dieser den Wunsch äußerte, Philipp am Hof dienen zu können. Diese Worte wurden von Pérez so interpretiert, daß Don Juan eigentlich dem alternden und kränkelnden König die Regierung aus der Hand nehmen wollte. Zugleich berichtete er dem König von dem Gerücht, Don Juan wolle sich selbst zum Herrscher der Niederlande machen und Königin Elisabeth heiraten. Der böse Geist, der alle diese Pläne ausgeheckt hatte, war laut Pérez Escobedo. Wenn man Don Juan und der Monarchie einen Dienst erweisen wolle, dann sei er schleunigst zu entfernen. Philipp scheint, nachdem er die Angelegenheit auch mit dem Marquis von los Vélez, einem Verbündeten von Pérez, besprochen hatte, zu der Ansicht gekommen zu sein, daß Escobedo tatsächlich gefährlich sei und daß es unklug wäre, ihn vor einen Gerichtshof zu stellen, da er möglicherweise unangenehme Dinge enthüllen könne. Allerdings befahl er auch nicht ausdrücklich, Escobedo zu beseitigen. Pérez, der sicher war, daß der König ihn decken würde, nahm die Angelegenheit in die Hand und ließ Escobedo ermorden.

Am 1. April 1578 überbrachte Mateo Vázquez Philipp die Nachricht, daß Escobedo in Madrid auf der Straße erschossen worden war. Niemand zweifelte daran, daß Pérez hinter dieser Tat stand, aber der König stellte sich unwissend. Auch was er wirklich über Don Juan dachte, teilte er niemandem mit. Aus seinem Verhalten geht aber hervor, daß er unsicher und folglich noch unentschlossener war, was wiederum für Don Juan, der ihn verzweifelt um mehr Soldaten und Geld bat, katastrophale Folgen hatte. Im Oktober 1578 ließ er im Kampf mit den niederländischen Rebellen sein Leben.

In den Monaten, die auf Escobedos Tod folgten, erfreute sich Pérez eines außergewöhnlichen Einflusses auf den König. So muß er sich der Täuschung hingegeben haben, daß es ihm ein leichtes sei, den König zu hintergehen. Nachdem er Philipps Vertrauen bereits bei den Geldtransaktionen und selbst bei einigen Staatsgeheimnissen mißbraucht hatte, begann Pérez jetzt die Möglichkeiten auszuschöpfen, die sich durch den Tod Dom Sebastians im August 1578 und die ungeregelte portugiesische Thronfolge ergaben. Die Prinzessin von Eboli, die Witwe von Pérez' verstorbenem Herrn, wollte nämlich ihre jüngste Tochter mit Dom Theodosius, dem Herzog von Barçelos, einem Rivalen Philipps bei der Thronanwartschaft, verheiraten. Der zwölfjährige Dom Theodosius aber war in der Schlacht von Alcázarquivir, in der Dom Sebastian gefallen war, in Gefangenschaft geraten und war nun ein Gefangener des Scherifs von Marokko. Dieser benutzte ihn als Faustpfand in den Verhandlungen mit Philipp II., und Pérez informierte nun *La Eboli* genauso über Philipps Taktik, wie sie ihn über alles informierte, was sie in Portugal erfahren konnte.

Aber im Frühling 1579 wurde Don Juans gesamte Privatkorrespondenz aus den Niederlanden nach Madrid gebracht, und nachdem Philipp in diese Papiere Einsicht genommen hatte, mußte er sich eingestehen, daß Don Juan auch in seinen wildesten Träumen immer loyal zur Monarchie gestanden war und sein Bestes getan hatte, um Philipps Politik zu vertreten. Es gab auch nicht den kleinsten Hinweis, der Pérez' Einflüsterungen gerechtfertigt hätte. Philipp, der ein Opfer seines Mißtrauens geworden war, war nun entschlossen, die Dinge, so gut er konnte, wieder ins rechte Lot zu bringen.

Pérez mußte festgenommen werden. Aber bevor Philipp II. das veranlassen konnte, mußte er zuerst einen starken Minister gefunden haben, dem er die Außenpolitik anvertrauen konnte, die Pérez geleitet hatte. Alba kam nicht in Frage, da er wegen mangelnden Gehorsams in einer Familienangelegenheit vom Hof entfernt und unter Hausarrest gestellt worden war.[51] Hätte er ihn jetzt zurückgerufen, hätte sich der Herzog womöglich eingebildet, er sei unersetzlich. Gerade dieser Illusion aber sollte sich keiner der Mitarbeiter Philipps hingeben, schon gar nicht der siebzigjährige Herzog, den der zweiundfünfzigjährige König immer unerträglicher fand. Daher zog er es vor, Kardinal Granvelle aus Rom kommen zu lassen und in der Zwischenzeit Mateo Vázquez damit zu beauftragen, ein Dossier über Pérez' Amtsführung anzufertigen.

Vázquez, der wie die anderen Sekretäre Pérez' aristokratisches Gehabe mißfällig zur Kenntnis genommen hatte, fand es offenbar nicht schwer, Beweise für Pérez' weitverstreute Unterschlagungen und seinen Handel mit Staatsgeheimnissen zu finden. Im Verlauf seiner Untersuchungen nahm er auch Kontakt mit der Familie Escobedos auf, die den Fall bereits vor Gericht gebracht hatte. In einer Audienz, die Philipp der

Witwe im April gewährte, wurde Pérez von ihr als schuldig an dem Mord ihres Mannes erklärt. Philipp hatte Pérez nicht zu der Audienz geladen, ihm aber danach darüber berichtet.

Erst als Granvelle Ende Juli in Madrid eintraf, ordnete Philipp die Festnahme von Pérez an. Nachdem er am Abend des 28. Juli mit Pérez gearbeitet hatte, übergab er ihm um zehn Uhr die italienische Korrespondenz zur weiteren Behandlung, während er selbst die portugiesische behielt, da er sie noch nicht gelesen hatte. Als Pérez hinausging, bemerkte Philipp: „Eure Arbeit wird Euch abgenommen werden, bevor ich fertig bin."

Eine Stunde später wurde Pérez in seinem Haus festgenommen, zur gleichen Zeit wie die Prinzessin von Eboli. In den Briefen, die Philipp ihrem Verwandten, dem mächtigen Herzog von Infantado, und ihrem Schwiegersohn, dem Herzog von Medina Sidonia, schrieb, erklärt er, daß er sie festnehmen ließ, weil sie sich in die Arbeit von Vázquez und Pérez eingemischt habe. Vázquez' Forschungen hatten wahrscheinlich Schwerwiegendes zutage gebracht, möglicherweise handelte es sich dabei um ihre Pläne, ihre Tochter mit Barçelos zu verheiraten.

In den Jahren danach bekam die Geschichte dieser Festnahme das Make-up einer Liebesgeschichte, in der Philipp und Pérez als Rivalen um die Liebe der Eboli auftreten. Philipp hatte jedoch nie eine Affäre mit der Witwe seines besten Freundes, und die einzige Leidenschaft, die Pérez mit der Prinzessin teilte, war die Lust an der Macht und der Position.

Pérez wurde nach seiner Festnahme seines Postens enthoben und verhört. Aber Philipp hatte wenig Neigung, den Fall sehr hochzuspielen, da er ja ebenfalls in den Mord an Escobedo verstrickt war. Zudem waren nach damaligem Brauch die Staatspapiere eines Sekretärs sein Eigentum, so daß Philipp nicht das Recht hatte, sich ihrer zu bemächtigen. Daher erlaubte Philipp Pérez, in sein Haus zurückzukehren. Hier stellte er ihn zwar unter Arrest, aber übergab ihm zugleich einige Korrespondenz zur Erledigung. Auf diese Weise war Pérez ruhiggestellt, sein Fall wartete allerdings auf Klärung.

Die Mühlen der Bürokratie mahlen langsam. Erst 1585 klagte Rodrigo Vázquez de Arce, ein Mitglied des kastilischen Rates und ein alter Feind von Pérez, diesen wegen Korruptheit an. Pérez wurde ein zweites Mal inhaftiert, während die Wachen rechtlich befugt waren, sein Haus nach Staatspapieren zu durchsuchen. Als er nicht alle Papiere bekam, die er wollte, spielte Philipp eine Art Katz-und-Maus-Spiel mit seinem ehemaligen Sekretär, indem er sich abwechselnd streng und milde gab, um von dem Inhaftierten und seiner Frau weitere Dokumente zu bekommen. Alle dürften es schließlich nicht gewesen sein.

Escobedos Sohn gab sich inzwischen alle Mühe, Pérez als Mörder vor Gericht zu bringen. Er konnte erst nach einiger Zeit von Pérez und Philipps Beichtvater dazu gebracht werden, seine Klage gegen eine Entschädigungssumme zurückzuziehen. Damit blieben Philipp eventuelle Peinlichkeiten vor Gericht erspart. Dennoch lag die Angelegenheit wie ein Stein auf Philipps Gewissen, so daß er nach der Niederlage der Armada 1588, die er wie alle Niederlagen als Gottes Strafe für seine Sünden auffaßte, beschloß, Pérez mit allen Mitteln zu einem vollen Geständnis zu bringen. Die Richter wurden angewiesen, Pérez noch einmal zu einer Erklärung seiner Motive zu bringen und zu beweisen, warum Escobedo zu sterben hatte. Unter der Folter erfand Pérez nun lange Geschichten, in denen Escobedo ein böses Doppelspiel spielte und Don Juan in seinem Verlangen nach einer Königskrone bestärkte. Die Sorge um die Monarchie habe ihn dazu getrieben, drastische Schritte zu ergreifen. Es war jedoch laut Pérez los Vélez (inzwischen tot), der als erster für die Ermordung Escobedos eintrat.

Als die Richter dem König die Aussagen von Pérez vorlegten, fand dieser sie vage und unüberzeugend. Nicht nur, daß Pérez keinen einzigen Beweis für seine Anschuldigungen bringen konnte, für Philipp waren diese nach dem Studium der Papiere Don Juans Punkt für Punkt zu widerlegen. Somit stand für ihn fest, daß Pérez die Ermordung Escobedos trotz fehlender Beweise, ohne Gerichtsverfahren und ohne ausdrücklichen Befehl des Königs auf eigene Initiative angeordnet hatte.

Als es Pérez klar wurde, daß er verloren war, entschloß er sich zur Flucht und floh mit Hilfe seiner Frau und seiner Freunde nach Aragonien. Hier berief er sich auf das Recht eines aragonischen Untertanen, daß sein Fall vor die *Justicia* gebracht würde, und führte hinfort ein eng mit der aragonischen Lokalpolitik verquicktes Leben.

Eine solche Erfahrung hat sicherlich Philipps Mißtrauen, das er seinen Mitarbeitern gegenüber empfand, vertieft. Was waren es für Charaktere, die er sich zu seinen Helfern erkor? Es ist häufig behauptet worden, er habe leise sprechende und farblose Männer bevorzugt, dagegen freimütige und starke Charaktere abgelehnt. Dieser Vorwurf aber ist unberechtigt. Wahr ist, daß beide Typen von Menschen ihm dienten. Da ihm nur eine begrenzte Anzahl von Männern für eine große Zahl von Posten zur Verfügung stand, mußte er oft nehmen, was zu haben war. Mit zunehmendem Alter hatte er das Gefühl, daß die Qualität derer, die dem König dienen wollten, abnahm. Ob es sich nun um starke oder schwache Mitarbeiter handelte, man pflegte allgemein seine Meinung dem König schriftlich zu präsentieren. Ob einer nun lauter oder leiser sprach, konnte also hierbei keine Rolle spielen. In allen Kriegsangelegenheiten und in den meisten staatspolitischen Fragen fragte Philipp Herzog Alba um seine Meinung, auch wenn Alba gerade in Ungnade gefallen war. Auch mit Granvelle führte er ab 1559, da dieser die Niederlande verließ, bis zu seinem Tod eine ständige Korrespondenz. Andererseits haßte er es, wenn seine Minister ihn ungebeten mit ihren Ratschlägen bedrängten. Wenn er Rat suchte, dann rief er sie zu sich. Diejenigen, die sich darüber beklagten, daß er seine Regierungsgeschäfte vorwiegend durch Sekretäre erledigen ließ, waren meistens Adelige, die durch ihre Stellung im königlichen Haushalt ohnehin ständig Zugang zu ihm hatten. Der bürokratische Teil der Regierungsarbeit aber lag den hohen Herren nicht: Nur wenige Mitglieder des Hochadels beteiligten sich in den letzten Jahren der Regierung an der bürokratischen Schwerarbeit. Daß die Bürokratie an sich so wenig Anziehungskraft ausübte, lag sicherlich auch an ihr selbst. Ein Übermaß an Organisation ist sehr wohl in der Lage, ihre freimütigsten und energischsten Mitglieder mundtot zu machen und kaltzustellen.

Gegen Ende seines Lebens scheint Philipp die Regierungsgeschäfte in zunehmendem Maße zusammen mit Moura und Idiáquez erledigt zu haben. Diese beiden Männer sprachen tatsächlich leise und waren erfahrene Diplomaten. Keiner von ihnen war jedoch das, was man einen schwachen Charakter nennt. Beide hatten sich in schwierigen Situationen bewährt, Idiáquez während der Finanzkrise von 1573–1577 in Genua und Moura 1578–1581 während des portugiesischen Erbfolgestreites.

Auch bei der Postenbesetzung im Ausland förderte Philipp keineswegs schwache Männer. Allerdings brachte ihn sein Mißtrauen hin und wieder dazu, Männer abzuberufen, die ihm tatsächlich zu stark geworden waren. Daß er 1558 Juan de Vega auf dem Posten des Vizekönigs von Sizilien durch den Herzog von Medinaceli ersetzen ließ, wird oft als Beweis für Philipps Furcht vor starken Vizekönigen interpretiert, ist aber sehr leicht anders zu erklären. Vega war schon von Karl V. zum Vizekönig gemacht worden, und Philipp, so sehr er auch die von seinem Vater Angestellten respektierte, wollte doch die wichtigsten Posten mit eigenen Leuten besetzt haben. Wie auch bei den anderen Umbesetzungen fand er für Vega einen anderen Posten: Er machte ihn zum Präsidenten des kastilischen Rates. Dies war zu jener Zeit, da Philipps Schwester Juana die Regentschaft führte und also auf Hilfe angewiesen war. Bei dieser Ernennung kann jedenfalls von Furcht vor starken Männern keine Rede sein.

Ein anderer Streitfall ist die Übertragung des Oberbefehls über die Armada 1588 an den Herzog von Medina Sidonia.[52] Niemand dachte zu diesem Zeitpunkt daran, den Herzog einen schwachen Mann zu nennen, obwohl allgemein bekannt war, daß er über keine Erfahrung als Kommandant von Schiffen oder gar Flotten besaß. Er hatte lediglich einige Jahre mitgeholfen, die „indischen" Flotten auszurüsten, und hatte Philipp als Berater in der maritimen Strategie gedient. Außerdem war er einer der Planer des englischen Unternehmens gewesen.

1596 ernannte Philipp den temparamentvollen Don Martin de Padilla, *adelantado mayor* von Kastilien, zum Kommandanten der ozeanischen Armada. Wie um zu belegen, daß der König sich sehr wohl mit starken so gut wie mit schwachen Männern umgeben konnte, rief er nach dem Tode Philipps II. aus: „Nun wird man sehen, was die Spanier taugen, da sie nun freie Hand haben und nicht länger einem einzigen Kopf unterworfen sind, der glaubte, alles zu wissen, was man wissen kann, und jedermann als Dummkopf behandelte."[53]

Obwohl Philipp in der Tat entschlossen war, alle, die ihm dienten, im Wissen zu übertrumpfen, glaubte er wahrscheinlich nicht, daß dies wirklich möglich war. Professor Koenigsberger ist in seinem vor einiger Zeit verfaßten Essay anderer Meinung und nennt Philipps Anspruch *Hybris*. Meiner Ansicht nach, hielt gerade sein bekannter Pessimismus über die Lenkbarkeit von Geschichte Philipp davon ab, der *Hybris* zu verfallen. Dieser Pessimismus war ja auch der Grund für seine oft unentschlossene Haltung. Als junger Mann war er schon alt, geprägt vom Wissen um die Unzulänglichkeit der Menschen und die Willkür der Ereignisse, das Karl V. erst im hohen Alter ausgezeichnet hatte. Auch das Pflichtgefühl seines Vaters hatte er geerbt und war daher, wenn auch oft zögernd, bereit, wenn nötig, alles aufs Spiel zu setzen. Schritt für Schritt rang sich Philipp so zu einer Handlungsweise durch, die er vom Temperament her wohl lieber vermieden hätte. So handelte er oft unter dem Druck der Umstände, die ihm, wie er wußte, wenig Freiraum für Fehler ließen und daher umso mehr Anlaß fürs Gebet gaben.

V.

Europa und die Welt

Die Regierung Philipps II. erstreckte sich über mehr als vierzig Jahre. In dieser bedeutungsvollen Geschichtsepoche kämpften Katholiken gegen Protestanten, kämpfte die mittelalterliche Ordnung mit ihren religiösen und feudalen Werten ums Überleben und kämpfte die neue Ordnung, wir nennen sie die moderne, mit ihrer rationalen, bürgerliches Selbstbewußtsein manifestierenden Mentalität, um ihre Daseinsberechtigung. Philipp II. trat klar für die traditionelle Ordnung ein, für das katholische Christentum, für Monarchie und Adel, auch wenn ihn seine Kriege und sein Gerechtigkeitssinn oft in Konflikt mit der Kirche und dem Adel brachten und er auch einige „rationale" Reformen durchführte.

Der moderne Historiker mag der Verlockung erliegen, in der Nachfolge von Cabrera de Córdoba (Philipps zeitgenössischer Biograph) die Regierung Philipps II. chronologisch darzustellen. Man könnte mit Philipp zusammen alt werden, mit ihm unter dem Druck der chaotischen Ereignisse leiden und die notwendigen Entscheidungen treffen. Aber nur Spezialisten für das ausgehende 16. Jahrhundert können mit Cabreras Tempo mithalten. Im wilden Zickzack springt er über die Landkarte Europas und der Welt, türmt Ereignis auf Ereignis und behandelt dazwischen alle Minister der Regierung, alle Granden und ausländischen Herrscher. Die Ausgabe von 1876/77, welche die *Academia Real de Historia* herausgegeben hat, besteht denn auch aus vier Folianten. Im Rahmen der mir gesetzten Grenzen will ich mich lieber auf fünf Themenkreise konzentrieren, die mir für die Regierung Philipps die charakteristischsten zu sein scheinen. Einige kurze „Rückblicke" sollen dazu dienen, den Zusammenhang und die Gleichzeitigkeit dieser Probleme zu verdeutlichen, so wie ja auch Philipp zeit seines Lebens mit den Wirkungen konfrontiert war, welcher jeder Vorgang auf den anderen ausübte.

Nach der Darstellung der grundsätzlichen Überlegungen, die Philipp II. und seine Minister bei der Formulierung und Realisierung ihrer Außenpolitik und bei der Verteidigung der Monarchie, als Teil oder als

Ganzes, anstellen mußten, können wir nun folgende fünf Themen herausgreifen: (1) Die Einheit der Iberischen Halbinsel; (2) der Friede in Italien und die Verteidigung des Mittelmeers; (3) der Aufstand in den Niederlanden; (4) der Aufstieg Englands zur Weltmacht, und in engem Zusammenhang damit (5) Philipps Versuch, die französischen Hugenottenkriege für die katholische Seite zu gewinnen. Da auch Philipp den europäischen Problemen immer Priorität einräumte, wollen wir die Probleme seiner überseeischen Besitzungen nur in ihrer Beziehung zu den ersteren behandeln.

Allgemeine politische Überlegungen

Der junge Mann, der die Nachfolge Karls V. antrat, war geprägt von den außen- und innenpolitischen Vorstellungen seiner Vorgänger und hatte nicht vor, durch eigene Initiative, die Welt, wie sie sich ihm und seinen Untertanen darstellte, entscheidend zu verändern. Nun machen die Staatsmänner seiner Generation ganz allgemein einen passiven Eindruck. Mangelndes Selbstvertrauen läßt sie oft halbe Maßnahmen ergreifen und sich mit Notbehelfen abfinden. Der religiöse Elan mancher ihrer temperamentvolleren Zeitgenossen versetzt sie in Verwirrung, und grollend vergessen sie, was sie den Eifernden an vernünftigen Erwägungen entgegen hätten setzen können.

Das beinahe fröhliche Selbstvertrauen, mit dem Karl VIII. von Frankreich 1494 in Italien einfiel und Friedrich der Große 1740 Schlesien eroberte, erscheint uns bei Philipp unvorstellbar. Das Vertrauen, das die Renaissance in die *raggione* setzte, war vorbei, und der Glaube der Aufklärung in die Vernunft lag noch in ferner Zukunft: Livius hatte Tacitus das Feld räumen müssen, und Tacitus war Philipps Lieblingsschriftsteller. Die Grundstimmung, die zu Philipps Zeiten herrschte, war ein stoischer Fatalismus. Gezwungenermaßen oder voller Resignation ergab man sich dem Willen Gottes. Gewiß gab es einige Fanatiker wie Pius V. oder Philippe de Sainte Aldegonde, die sich als Instrumente Gottes betrachteten, und auch Philipp II. dachte so, aber der Mangel an Selbstvertrauen wirkte sich immer wieder lähmend auf seine Tatkraft aus. Daneben gab es einige wenige übriggebliebene fahrende Ritter wie Don Juan d'Austria und eine Handvoll verzweifelter Helden, die erst im Widerstand ihre Persönlichkeit entwickelten, alles riskierten und dafür belohnt wurden, wie Wilhelm von Oranien und Heinrich von Navarra. Es gibt eben keine Uniformität in der Geschichte. Aber alle, die damals für die Macht und die Verantwortung geboren waren, und alle, die ihr dienten, waren konservativ, meistens vorsichtig und zögernd, knausrig, schüchtern und inaktiv. Und nicht nur Philipp paßt in diese Reihe, auch Elisabeth I. von England, Kaiser Maximilian II. und seine schwermütigen Söhne Rudolf II., Matthias, Ernst und Albrecht, die drei letzten Valois-Könige von Frankreich, Franz II., Karl IX. und Heinrich III., sowie deren Mutter, Katharina von Medici, die pathetische Maria Stuart, Königin von Schottland, ihr Sohn Jakob und Kardinal Heinrich, Regent (1562–1568) und kurz König (1578–1580) von Portugal.

Wenn man die Politik Philipps II. als konservativ bezeichnet, dann meint man damit wie schon sein Zeitgenosse 1559, der venezianische Gesandte Michele Suriano, daß Philipps Ziel nicht der Krieg war, um seine Königreiche zu vergrößern, sondern der Frieden, damit er seinen Besitz erhalten konnte.[1] In den Urteilen Philipps über seine Gegner tritt immer wieder sein Glaube an die göttliche Bestimmung und damit an die fundamentale Richtigkeit der bestehenden religiösen, politischen und sozialen Ordnung seiner Reiche zutage. Denn wie bei den meisten Staatsmännern seiner Zeit beruhten seine politischen Vorstellungen nicht so sehr auf abstrakten objektiven Kriterien wie „Staatsinteressen" oder „Staatsräson", sondern vielmehr auf dem persönlichen Antrieb. Wenn jemand in politischem Zusammenhang von „Spanien" oder „Frankreich" sprach, dann war das kein abstrakter Begriff für ein Bündel von Interessen und Möglichkeiten, sondern er meinte ganz konkret die Person des Königs von Spanien oder von Frankreich.

Da sich in den Ansichten der Höflinge meistens exakt die Ansichten des Herrschers widerspiegeln, kann man mit einiger Sicherheit annehmen, daß sich die Meinung von Cabrera de Córdoba, der Philipps Regierung als Sekretär diente, wahrscheinlich mit der Meinung des Königs deckt, wenn er den Prinzen von Oranien als einen Ehrgeizling ohne Prinzipien beschreibt, Graf Egmont als Oraniens Opfer, die Calvinisten als verbohrte Häretiker, den König von Frankreich (den Karl V. den „Feind unseres Hauses" nannte) als einen Habsüchtigen, der es auf Philipps Besitz abgesehen hatte, und den Türken als den Teufel schlechthin. Die letztere Meinung bestätigend, nannte Philipps Gesandter in Frankreich, Don Francés de Álava, den in Marseille gelandeten türkischen Gesandten 1565 „den Gesandten des Satans aus der Hölle".[2]

Bei der Formulierung seiner Politik verließ sich Philipp auf das Geschichtsverständnis seines Vaters und seiner Räte, von denen einige wie Alba, Manrique de Lara und Granvelle in seine Dienste übergingen. Karl V. aber hatte sich als Bollwerk des christlichen Europas gegen das Osmanische Reich gesehen, als das Schwert der katholischen Zivilisation gegen den sich ausbreitenden Protestantismus, als Damm gegen den gefährlichen Ehrgeiz des Königs von Frankreich, der immer wieder den Frieden der Christenheit zu zerstören drohte, indem er sich mit dem Türken verband und es ablehnte, den ihm geziemenden Platz – hinter dem Kaiser und dem König von Spanien – bei der Verteidigung der Kirche und des katholischen Europas einzunehmen. Um seine Ziele zu erreichen, hatte Karl V. versucht, um seine Länder und seine Verbündeten ein System von gegenseitigen Wechselbeziehungen zu knüpfen. Nach seinem Tod und der Teilung seines Reiches zwischen Philipp und Ferdinand war es von heute auf morgen mit den großen imperialen Plänen vorbei. Dennoch hielten die beiden Höfe von Madrid und Wien enge Verbindung, und die Nachkommen von Karl und Ferdinand pflegten einander zu heiraten, damit das Erbe immer in habsburgischen Händen blieb. Dabei verfolgten die beiden Höfe natürlich ihre eigenen Interessen und entwickelten oft einen extrem anderen Standpunkt zu den gemeinsamen und nichtgemeinsamen Problemen. Bei aller brüderlichen Zuneigung kam es bei den Häuptern der verwandten Familien oft zu starken Differenzen. So fand Philipp, daß Maximilian II. (reg. von 1564–1576), der den Protestanten tolerant gegenüberstand und mit den abtrünnigen Magnaten der Niederlande sympathisierte, in diesen Punkten „aufgeklärt" werden müßte.[3] Und Maximilians Sohn Rudolf II. (reg. von 1576–1612), dessen Erziehung in Madrid Philipp überwacht hatte, erwies sich als zu lethargisch, um Philipps Politik in den Niederlanden und in den benachbarten deutschen Ländern wirksam zu unterstützen. Ja mehr noch: Philipp hegte ernste Zweifel an der Strenggläubigkeit seines Zöglings, da dieser sich bei aller Frömmigkeit doch allzu gern mit den okkulten Wissenschaften beschäftigte.

So übernahm Philipp als Karls Sohn und als das aktivste, willigste und reichste Mitglied der Dynastie die führende Rolle bei der Erhaltung des politischen Systems, das Karl V. hinterlassen hatte. Österreich, Böhmen und das habsburgische Ungarn waren für ihn selbstverständlich Bestandteile dieses Systems, gleichgültig ob der jeweilige Herrscher über diese Länder – wie nacheinander sein Onkel, sein Vetter und sein Neffe – die Kaiserkrone trug oder nicht.

Naturgemäß aber dirigierte Philipp dieses System von Madrid aus, anders als Karl V., der mit seinem Hof von Ort zu Ort gewandert war. In Philipps Sicht erstreckte sich das Bollwerk gegen die Türken von Spanien über das westliche Mittelmeer und die Balearen nach Sizilien und Neapel mit Oran, Malta und La Goleta als Außenposten, von Neapel über den Kirchenstaat, Toskana, Parma, Mantua, Genua und Savoyen bis Mailand, fest begrenzt von den toskanischen Präsidien; von Mailand an den Alpen entlang über Tirol und Steiermark entlang der ungarischen

Militärgrenze bis nach Böhmen. Venedig, Ferrara, Ragusa (Dubrovnik) und in gewissem Maß auch der Kirchenstaat waren zwar nicht mit Philipp verbündet, aber waren als christliche Länder doch auch Gegner der Osmanen. Das Bollwerk hörte ja auch mit den habsburgischen Ländern an der Donau keineswegs auf, sondern setzte sich durch Polen fort bis ins Fürstentum Moskowien. 1572 versuchte Philipp, allerdings vergeblich, durch seine Gesandtschaft im Reich die Wahl des Erzherzogs Maximilian zum König von Polen durchzubringen, und erwog, einen Gesandten nach Moskau zu senden, um eine Allianz mit dem Großherzog gegen die Türken aufzubauen.

Um alle Teile des Systems zusammenzuhalten, war Philipp bemüht, die Zusammenarbeit mit seinen Vizekönigen, Statthaltern, Befehlshabern und Botschaftern möglichst eng zu gestalten. Der Generalgouverneur von Mailand stand in Verbindung mit Savoyen-Piemont, Toskana, Genua, Parma, Mantua, Venedig und der Schweiz und hielt die Verbindung über die Alpen aufrecht. Der Vizekönig von Neapel beobachtete die Vorgänge im Vatikan und die Entwicklung im Osmanischen Reich. Der Vizekönig von Sizilien korrespondierte mit Neapel, dem Malteserorden und La Goleta über die Möglichkeiten, sich vor den Türken zu schützen, und hielt ein wachsames Auge auf die „Raubstaaten" Tripolis, Tunis und Algier. Für Algier interessierten sich auch der Vizekönig von Valencia und die Generalkapitäne von Granada und Andalusien. Der Herzog von Medina Sidonia mußte in seiner Doppelfunktion als Generalkapitän von Andalusien und Generalkapitän der ozeanischen See nicht nur die Verteidigung Andalusiens garantieren, sondern auch Beziehungen zu Marokko unterhalten und für den Schutz der „indischen" Flotte sorgen.

Philipps Botschaften und Botschafter übernahmen in diesem System die Aufgabe, mit allen jenen zu verhandeln, die nicht von Philipp regiert wurden. Die Tradition von Philipps diplomatischem Dienst reichte bis zu Ferdinand dem Katholischen zurück.[4] Bei jeder politischen Entscheidung mußten die Absichten und Aktivitäten der Herrscher im Ausland berücksichtigt werden, und es fiel in die Obliegenheiten der Botschaften, Philipp und seine Ratgeber mit den notwendigen Informationen und Einsichten zu versorgen. Ferner mußten sie den Regierungen im Ausland seine Absichten übermitteln oder das, was er als seine Absicht darzustellen wünschte. Schließlich mußten sie mit den Höfen des nordwestlichen Europas in ständiger Verhandlung stehen, wo man sich der osmanischen Gefahr weniger bewußt war und deshalb weniger bereit war, sich zur Verteidigung des Christentums zusammenzuschließen, und schon gar nicht unter der Führerschaft Philipps II. In der Sicht der protestantischen

Herrscher war ja die eigentliche Gefahr für den wahren christlichen Glauben weniger der Türke als Philipp selbst, wenn man dem Bonmot „lieber der Türke als der Spanier" Glauben schenkt.

Für Philipp wirkte sich dagegen die allgemein vorherrschende Tendenz aus, den *Status quo* zu erhalten, gleichgültig ob man nun Protestant oder Katholik war. Dieser *Status quo* war im Frieden von Câteau-Cambrésis ausgehandelt worden, nachdem Europa ein Vierteljahrhundert lang unter den Auseinandersetzungen von Religionserneuerern und ehrgeizigen Herrschern gelitten hatte. Aber so bereit die Herrscher inzwischen zum Frieden waren, die Reformer waren es nicht. Die im Frieden von Augsburg nicht anerkannten Calvinisten breiteten sich weiter in den französisch sprechenden Ländern aus, wo die katholische Reform nicht durchgedrungen war, während die von den Jesuiten angeführte Gegenreformation glaubte, die Calvinisten in Schach halten und alle verlorenen Schafe für Rom zurückgewinnen zu können. Auf beiden Seiten waren die religiösen Eiferer bereit, mit jenen gemeinsame Sache zu machen, die, aus welchen Gründen auch immer, mit der bestehenden politischen und sozialen Ordnung unzufrieden waren, welche von den Mächtigen nach dem Frieden von Câteau-Cambrésis verstärkt und weiterentwickelt werden sollte.

Die Situation im Norden forderte also von Philipp den Einsatz von Gewalt, kombiniert mit Feingefühl. Von der richtigen Dosierung hing alles ab, wenn er den *Status quo* erhalten wollte. Am gefährlichsten mußte ihm die Isolierung der Niederlande erscheinen, die nach 1559 von protestantischen Mächten flankiert waren: von England und Dänemark im Norden und den deutschen lutherischen Fürstentümern im Osten, wobei Sachsen eine wichtige Rolle spielte. Von vitalem Interesse war daher für Philipp, daß das Erzbistum Köln, das den Rhein, kurz bevor er die Niederlande erreichte, beherrschte, katholisch blieb. Auch die lutherischen deutschen Fürsten waren allerdings nach 1555 weitgehend konservativ geworden und verspürten wenig Lust, das ihnen im Frieden von Augsburg zugestandene Recht, die Religion in ihrem Land zu bestimmen, durch kriegerische Handlungen aufs Spiel zu setzen.

Zwischen Philipps südlichen Ländern und den Niederlanden lag Frankreich, dessen Könige mit Philipps burgundischen, habsburgischen und Trastámara-Vorgängern ununterbrochen Krieg geführt hatten. So mußte Philipp die Verkehrsverbindung von Spanien zu den Niederlanden um Frankreich herumführen. Die Hugenottenkriege, die zwischen 1562 und 1598 in Frankreich wüteten, machten die Sache nicht einfacher.

Seeverbindungen aber waren nicht nur in Kriegszeiten problematisch. Denn zu den alltäglichen Wetterproblemen kamen die Gefahren der Piraterie. Und nach 1568 trat nun an die Stelle gelegentlicher Piraterie der unerklärte Krieg der Protestanten, die den Spaniern die Kanalpassage zu den Niederlanden versperrten, angeblich als Antwort auf Philipps Versuche, den Protestantismus in den Niederlanden zu unterdrücken. Philipp hatte wenig Glück, als er sich die Passage 1572, 1574, 1575, 1588 und 1598 mit Gewalt erzwingen wollte. Bis auf das letzte Mal wurden alle seine Armadas vom Sturm oder vom Feind zerstört.

Weit verläßlicher war dagegen die Landroute über Genua und Mailand durch Savoyen, die Franche-Comté und Lothringen, die sogenannte „spanische Route".[5] Die Seeabschnitte (von Spanien, Neapel und Sizilien) waren im Schutz von Philipps Galeeren leicht zu bewältigen. Die in Ligurien gelandeten Truppen marschierten nach Savoyen oder Mailand und von hier aus weiter nach Norden, schwer beladen mit Munition aus den Mailänder Arsenalen, und oft befanden sich in ihrem Zug Packesel mit Gold und Silber aus Mexiko und Peru zur Bezahlung der Soldaten, der Lieferanten und der niederländischen Bankiers.

Zur vollen Geltung kam die „spanische Route" 1567, als Herzog Alba 10.000 spanische Elitesoldaten in die rebellischen Niederlande marschieren ließ. Die Offenhaltung der Route war ebenfalls eine Aufgabe der spanischen Gesandtschaften; denn weite Strecken der Route waren nicht spanisches Hoheitsgebiet, sondern gehörten Philipps Alliierten, die sich deshalb von seinen Feinden ständig bedroht fühlen mußten.

Der Angelpunkt der Route war Genua. Von den genuesischen Häfen – Genua, Savona, La Spezia – nahm der Landweg seinen Ausgang. Die genuesische Geschichte war äußerst stürmisch verlaufen, und erst im Jahr 1528 hatte Andrea Doria die Republik an die Seite der Habsburger geführt. Vorher war Genua mit Frankreich verbündet gewesen, und aus dieser Zeit hatte sich eine mächtige profranzösische Partei erhalten, die Philipp II. während der Finanzkrise der siebziger Jahre nicht wenige Sorgen bereitete, indem sie die Regierung des Gian Andrea Doria und der durch das Bündnis mit den Spaniern reich gewordenen Bankiers anzufechten begann.

Mailand dagegen stand fest hinter Philipp, so daß er von hier aus Druck auf Genua und Savoyen ausüben konnte. Denn durch Savoyen nahm die Route zu Philipps Zeiten ihren Verlauf über die Alpen in die Franche-Comté, und die savoyischen Herzöge Emanuel Philibert (1553–1580) und Karl Emanuel (1580–1630) waren zwar Philipps treue Verbündete, konnten aber nur mit Mühe davon abgebracht werden, Genf zurückzuerobern, was mit ziemlicher Sicherheit zu einem Krieg mit den Schweizern und den französischen Hugenotten geführt und die Sicherheit der „spanischen Route" schwer gefährdet hätte. (Erst als

Heinrich II. von Frankreich starb, der gerne diese „Brutstätte der Häretiker" zerstört hätte, war Genf sicher: Philipp II., der Heinrichs Plan gebilligt hatte, konnte ohne die Unterstützung Frankreichs nicht gegen Genf vorgehen.) Die Schweizer Konföderation war außerdem ein Garant für die Freiheit der Franche-Comté, die für sie eine willkommene Pufferzone zu Frankreich darstellte.

Ebenso wichtig für die Sicherheit der Franche-Comté und der Route war das enge Bündnis mit dem Herzogtum Lothringen. Glücklicherweise hatte Philipps Cousine, Christine von Dänemark, verwitwete Herzogin von Lothringen, Verständnis für die habsburgischen Interessen und übte auf ihren Sohn, Herzog Karl III., einen großen Einfluß aus, bis sie sich 1578 auf ihren Besitz in Mailand zurückzog. Karl III. war ein aufrechter Katholik und unterhielt enge Beziehungen zu seinem französischen Cousin, Heinrich von Lothringen, Herzog von Guise, mit dem Philipp 1584 einen Geheimvertrag zur Unterstützung von Guises katholischer Liga und zum Schutz des Katholizismus in Frankreich abschloß. Die Ländereien der Guise in Nordostfrankreich bildeten mit dem Herzogtum Lothringen einen jener feudalen Familienbesitze, die in ihrer Aus-gedehntheit über die Staatsgrenzen hinausgingen, worauf im nächsten Jahrhundert die Politiker alles taten, um eine derartige Anhäufung von Privatbesitz zu vermeiden, damit nie wieder ein Bündnis nach der Art, wie Philipp es mit Guise schloß, wiederholt werden konnte.

Nach Lothringen ging die Route durch spanisches Territorium, nämlich Luxemburg, dem unter der festen Hand Graf Peter Ernst von Mansfelds die Tumulte der anderen Provinzen der Niederlande erspart blieben. Der Verlauf der Route durch das angrenzende unabhängige Bistum Lüttich war ebenso problemlos wie die letzte Strecke über Brabant nach Brüssel, dem Endpunkt der „spanischen Route".

Eine ebenso gefährdete und problematische Route wie die „spani-sche" war der Seeweg über den Atlantik, auf dem die Gold- und Silberschätze aus der Neuen Welt in die Schatzkammern Philipps transportiert wurden. Auf ihrer Sicherheit beruhte Philipps Kreditwür-digkeit und damit alle seine Möglichkeiten des Kriegführens. Die Verletzbarkeit dieser Route war Philipp und seinen maritimen Strategen wie Don Álvaro de Bazán, Marquis von Santa Cruz, Pedro Menéndez de Avilés, *adelantado* von Florida, dem Herzog von Medina Sidonia, aber auch allen seinen europäischen Feinden wohl bewußt.

Der eventuelle Verlust einer Schatzflotte, auf die die Gläubiger Philipps wie die Geier warteten, war in Madrid ein immer wiederkehren-der Alptraum. Nach 1580 wurde das noch schlimmer, als Portugal mit seinem auf dem Seehandel beruhenden Imperium unter spanische

Oberhoheit kam. Während der Habsburg-Valois-Kriege der fünfziger Jahre konnte Bazán mit Hilfe kleiner Galeonenflotten und einem verbesserten Konvoi-System der französischen Freibeuterei Einhalt gebieten. Menéndez de Avilés baute das Konvoi-System noch weiter aus und rüstete die „indische" Armada so aus, daß sie die Seewege zur Neuen Welt patrouillierte, die „indische" Flotte eskortieren und die Piraten aus der Karibik verjagen konnte. Nach seinem Tod 1574 wurde seine Armada aufgelöst oder im Sturm zerstört. (Bazán, der vor Menéndez für den Schutz der Seewege verantwortlich gewesen war, war bis 1578 für das Mittelmeer zuständig und also mit den Problemen des Atlantiks nicht besonders vertraut.)

Wie groß auch die Gefahren waren, die spanischen Flotten unternahmen weiter ihre jährlichen Reisen. Die eine startete im späten Frühjahr – wenn alles klappte – vom Guadalquivir nach Mexiko, die andere zur *Tierra Firme* (nördliches Südamerika) im Spätsommer oder frühen Herbst. Im folgenden Sommer trafen die Flotten schwer beladen mit Schätzen und anderer Ladung bei Havanna in der Karibik wieder zusammen und versuchten noch vor Ende Juli die Heimreise nach Spanien anzutreten, um die Herbststürme zu umgehen. Wenn sie zeitgerecht die Anker lichteten, konnten sie im September zu Hause sein; sehr oft aber trafen die Schiffe erst kurz vor den Winterstürmen im November oder Dezember in Spanien ein.

Nach der Übernahme Portugals traf sich eine *Junta* von Militärberatern, unter denen sich Santa Cruz, Medina Sidonia, Herzog Alba und die Sekretäre für Kriegsangelegenheiten und die Neue Welt befanden, 1581 in Lissabon, um zu überlegen, wie die ausgedehnten Besitzungen Philipps zu verteidigen seien. Drakes erfolgreicher Raubzug rund um die Welt war der Anlaß zu dieser Krisensitzung. Aber von den zahlreichen Vorschlägen, nämlich die Armada der „indischen" Route wiederaufzubauen, die wichtigsten westindischen Häfen zu befestigen und Galeeren und Fregatten zur Patrouille in die Karibik und an die peruanische Küste zu entsenden, wurde nur der erste realisiert. 1584 stach eine neue „indische" Bewachungsflotte in See. Als Drake 1586 seine Raubzüge in der Karibik unternahm, waren die Städte noch immer unbefestigt. Vor Cartagena versuchten zwei abgetakelte Galeeren ihn einzuschüchtern, während sechs weitere auf ihre Fertigstellung auf dem Guadalquivir warteten. Nach diesem Raubzug allerdings wachte man auf, befestigte die wichtigeren Städte, baute Fregatten in Havanna und brachte Munition auf Schiffen von Sevilla nach Westindien und in die Neue Welt.

Trotz der nun besser funktionierenden Verteidigung der überseeischen Besitzungen und des Ausbaus der ozeanischen und der „indischen" Armada in den neunziger Jahren hielt man die Schatzroute in Madrid weiter für so gefährdet, daß jede unversehrt einlaufende Flotte als ein Wunder galt. 1598 bat der Herzog von Medina Sidonia Philipp inständig, auf keinen Fall Spaniens Handelsbeziehungen mit den holländischen Rebellen zu gefährden, denn dann würden die Rebellen sich mit den Engländern zusammentun und die Seewege vollends unpassierbar machen.[6]

Neben diesen Problemen hatte das spanische Reich natürlich noch andere Probleme, die genügend Konfliktstoff mit anderen Mächten in sich bargen. Die Neue Welt galt als erobertes Gebiet, in dem die Spanier die Indianer, so gut sie konnten, unterworfen hatten. Aber mit der Inselwelt rund um die Philippinen verhielt es sich ganz anders. Hier stießen Philipps Männer auf starke Sultanate und Königreiche und hatten die Interessen Nordjapans und des großen chinesischen Reiches zu berücksichtigen. So wurden 1596 und 1598 Expeditionen von Manila zur Unterstützung des Königs von Kambodscha gegen den König von Siam ausgeschickt, ohne das reale Gewinne erzielt werden konnten.[7] Bis 1580 waren Spanier und Portugiesen Rivalen im Pazifik und versuchten jeder für sich, den Handel und die Missionarstätigkeit auszubauen. Nachdem er König von Portugal geworden war, unternahm Philipp den vorsichtigen Versuch, die Sphären seiner portugiesischen und kastilischen Untertanen zu trennen, um Reibungen zu vermeiden. Im allgemeinen gab Philipp seinen Gouverneuren in Übersee die Anweisung, sich vorsichtig zu verhalten und kein Risiko einzugehen.

Zu diesen Sorgen, die sich Madrid über die Verteidigung gegen die Türken, die Befriedung der Niederlande und die Sicherheit der Seewege und überseeischen Besitzungen machte, kam nun noch die Sorge über die eigene, nämlich Spaniens Sicherheit. Alba teilte 1565 Katharina von Medici mit, er fürchte, die *moriscos* würden sich von den französischen Hugenotten aufwiegeln lassen (um dann die Türken ins Land zu rufen). Und 1575 äußerte er Mateo Vázquez gegenüber, daß seiner Meinung nach selbst Madrid nicht sicher sei.[8]

1590 beklagte sich der Sekretär für Kriegsangelegenheiten, Andrés de Prada, beim Herzog von Medina Sidonia über den „miserablen Zustand der Monarchie, für den es nur ein Heilmittel und eine Hoffnung gäbe, nämlich Gibraltar, Perpignan, Navarra und die anderen Grenzen zu befestigen, Madrid mit Festungen zu umgeben und Gott zu bitten, uns genügend Zeit zu lassen und uns in seiner Güte nicht für unsere Sünden zu bestrafen…"[9]

Zusammenfassend läßt sich sagen, daß Philipps Außenpolitik im wesentlichen defensiv und konservativ war, und es ist wichtig, in diesem

Zusammenhang auf das Grundgefühl der Angst hinzuweisen, das zu jener Zeit in Madrid vorherrschte. Von ausgearbeiteten Expansionsplänen kann jedenfalls keine Rede sein. Im allgemeinen bestand Philipps Politik aus Reaktionen, mehr oder weniger entschiedenen Reaktionen auf Situationen und Krisen, die andere verursacht hatten. Das führt dazu, daß seiner Politik der durchlaufende rote Faden zu fehlen scheint, es sei denn, man nimmt die immer wieder auftauchende Kostenfrage für einen solchen, zwang doch diese Philipp immerhin, sich von Zeit zu Zeit zu fragen, welches Problem jetzt vor dem andern Priorität besaß. Das Argument, welches immer wieder von protestantischen Historikern vorgebracht wurde, das fehlende politische Konzept sei nur scheinbar nicht vorhanden, Philipp habe diesen Mangel nur vorgetäuscht, hat sich als unwahr erwiesen.

Die Einheit der Iberischen Halbinsel

Wirft man nur einen flüchtigen Blick auf die Landkarte, dann möchte man es für die natürlichste Sache der Welt halten, daß die Völker der Iberischen Halbinsel unter der Herrschaft eines einzigen Herrschers vereint waren. Dieser Meinung waren auch die christlichen Herrscherfamilien Kastiliens, Aragoniens, Navarras und Portugals, was durch ihre äußerst geschickte Heiratspolitik seit mindestens Ende des 14. Jahrhunderts belegt wird. An dieser Tradition festhaltend, heiratete Karl V., der Erbe der durch die dynastische Union der Trastámaras verbundenen Reiche Kastilien, Aragonien und Spanisch Navarra, Isabella, die älteste Tochter Emanuels des Glücklichen, aus dem Haus der portugiesischen Avis; und heiratete Philipp als junger Prinz Maria Manuela, die älteste Tochter von Emanuels Erben, Johann III., und wurde nach ihrem Tod mit ihrer Tante Maria, der einzigen Tochter aus Emanuels dritter Heirat mit Karls Schwester Eleonore, verlobt. Die Verhandlungen für diese Heirat wurden allerdings 1553 abgebrochen, als Karl sich entschloß, Philipp im Interesse der Niederlande mit Maria von England zu verheiraten.

Stets hoffte jede Herrscherfamilie, daß ihr eines Tages die Herrschaft über die ganze Halbinsel zufallen würde und damit das römische und westgotische Reich *Hispania* wieder auferstehen würde. Dazu aber mußte erst die Hauptlinie eines der Häuser erlöschen, und dieses Schicksal ereilte in der Tat das Haus Portugal.[10] Nur einer der Söhne von Johann III. überlebte die Kindheit und starb wenige Tage vor der Geburt seines einzigen Kindes: Dom Sebastian. Dieser war damit der einzige direkte Nachfolger Johanns III.

Den Bestrebungen der Herrscher, die Halbinsel unter ein Szepter zu bringen, war die Heiratspolitik des Adels durchaus förderlich, die ihre Kinder nicht nur mit den Sprößlingen der großen Familien des eigenen Landes, sondern auch mit denen der benachbarten Königreiche vermählten. So gab es viele Verbindungen quer über die Halbinsel, so wie auch die Kaufleute von Sevilla und Lissabon gemeinsame Interessen hatten und Lissabon immer abhängiger von dem Silber der Neuen Welt wurde, ohne das es keinen Gewürzhandel mit dem Orient hätte treiben können.

Gegen diese Interessen wirkten allerdings ebenso starke Gegenkräfte: die Geographie, welche die Halbinsel in verschiedene Zonen mit nur schwach ausgebildeten Verkehrsverbindungen teilte, die Geschichte, in deren Verlauf jeder Hof und jede Provinzhauptstadt seine speziellen Interessen entwickelt hatten, und natürlich die Rivalitäten der adeligen Familien und der Kaufmannschaften, die oft größer als alle Gemeinsamkeiten waren.

Dazu kamen die sprachlichen und ethnischen Unterschiede des einfachen Volkes. Während die meisten Bewohner der Iberischen Halbinsel eine romanische Sprache beziehungsweise Dialekt sprachen, sprach eine bedeutende Minderheit im Norden Baskisch, und im Süden und entlang der Küste lebten die *moriscos,* die Arabisch sprachen. Auch die romanischen Sprachen und Dialekte machten im Lauf der Zeit unterschiedliche Entwicklungen durch, und es wurden noch keine Versuche unternommen, eine von ihnen zur Standardsprache zu erheben. Aus historischen Gründen allerdings prädominierte das Kastilische, die Sprache des Hofes. So kann man sagen, daß die Verschiedenheiten der Sprache, die regional variierenden Bräuche und Lebensgewohnheiten und die aus der Isolierung resultierende Fremdenfeindlichkeit reale Hindernisse bei der Unifizierung der Halbinsel waren, nicht nur vor und während der Regierung Philipps, sondern auch nachher.

Auch die Religion lieferte Gründe für und gegen die Vereinheitlichung. Die Herrscher sahen in ihr ein Bindemittel für ihre verschiedenen Untertanen, und der römische Katholizismus war denn auch seit dem Beginn des 16. Jahrhunderts die einzige auf der Halbinsel zugelassene Religion. Jedes Königreich besaß seine Inquisition, die dafür zu sorgen hatte, daß *conversos* und *moriscos* nicht wieder abtrünnig würden und daß sich keine ausländischen Häresien über die Grenzen einschlichen. In Portugal aber war die Gemeinde der *conversos* von Lissabon so mächtig, daß die Inquisition hier nie über so viel Einfluß verfügte wie in Spanien.

Der Einigung nicht sehr förderlich waren die Statuten der *limpieza de sangre* (Reinheit des Blutes), in denen sich die Ängste und Vorurteile der altchristlichen Mehrheit widerspiegeln. Diesen Statuten zufolge waren

Neuchristen von vielen Regierungs- und Kirchenposten ausgeschlossen, von vielen Schulen, Körperschaften und Bruderschaften. Diese Verbote lösten endlose Rechtsstreite und die Anfertigungen von gefälschten Genealogien bei jenen aus, die sich irgendwo Zugang verschaffen wollten. Bei der Arbeitsuche hatten es die *converos* schwerer als die *moriscos,* die meistens als Landarbeiter auf den Gütern der Adeligen lebten und von diesen in Grenzen protegiert wurden. Für die Altchristen waren die *moriscos* die „Fünfte osmanische Kolonne"[11] und die *converos* ihre Verbündeten. Von den *converos* nahm man zudem an, daß sie Sympathisanten des Protestantismus waren, der auf der Halbinsel nicht als eine alternative christliche Glaubenserfahrung, sondern als ein Mittel zur Wiedereinführung des Judaismus und des Islams angesehen wurde. Philipps Lehrer Siliceo behauptete beherzt, daß alle Häretiker, die im Begriff waren, Deutschland zu ruinieren, von Juden abstammten.[12] Und Philipp teilte diese Meinung.[13]

Für alle diese religiösen, kulturellen, wirtschaftlichen und politischen Faktoren, die sich teils fördernd, teils behindernd auf die Unifizierung der Halbinsel auswirkten, war die Regierung Philipps II. in vieler Hinsicht eine entscheidende Geschichtsphase. Denn seine Versuche, mit Gewalt eine Assimilierung der *moriscos* Granadas an die religiösen und kulturellen Normen der kastilischen Altchristen herbeizuführen, trieb sie in eine Rebellion, die ständig die Gefahr osmanischer Intervention in sich barg. Auch in Aragonien kam es zu einem Aufstand gegen die zentralistischen Tendenzen seines kastilischen Regimes. Dagegen trug die Heiratspolitik seiner Dynastie goldene Früchte, als Philipp II. seine legitimen Ansprüche auf die portugiesische Krone (durch seine Mutter) durchsetzen konnte.

Der Aufstand der moriscos von Granada

Die *moriscos* Granadas bildeten ungefähr ein Viertel der Bevölkerung ihres Königreichs; in den Tälern südlich und östlich der Hauptstadt waren sie sogar in der Mehrheit. Als Philipp König von Kastilien wurde, befanden sich erst zwei Generationen von ihnen unter kastilischer Herrschaft, die stark kolonialistische Züge aufwies. Als 1492 Granada an Ferdinand und Isabella gefallen war, war den Mauren zwar die Ausübung ihres islamischen Glaubens garantiert worden, aber ihr Aufstand von 1499 hatte sie um dieses Recht gebracht und sie vor die Wahl gestellt, entweder zum Christentum überzutreten oder auszuwandern. Aus den Mauren, die sich zu der ersteren Lösung entschlossen, wurden *moriscos,* die aufgrund königlicher Erlasse bald nicht mehr Arabisch sprechen durften und auch ihren Lebensstil und ihre maurische Kleidung aufgeben mußten. Die Durchführung dieser Erlasse wurde jedoch großzügig gehandhabt, und Karl V. setzte sie 1527 für vierzig Jahre außer Kraft. Als diese Frist 1567 abgelaufen war, hatte die antiislamische Stimmung in Spanien gerade ihren Höhepunkt erreicht. Philipp II. bekämpfte die Türken im Mittelmeer und die religiösen Abtrünnigen in den Niederlanden und verbat 1567 neuerlich durch Erlaß den *moriscos* ihre Sprache, ihre Kleidung und ihre Lebensgewohnheiten. Der Präsident des kastilischen Rates, Kardinal Espinosa, hatte für die Befolgung der Verbote zu sorgen.

Der Widerstand gegen diese Erlasse aber kam nun nicht nur von seiten der *moriscos.* Der Generalkapitän von Granada, der Marquis von Mondéjar (dessen Vater vor Espinosa Präsident des kastilischen Rates gewesen war) und viele Adelige, die *moriscos* auf ihren Gütern hatten, baten den Hof, die Erlasse wieder zurückzuziehen, allerdings ohne Erfolg.

Espinosa sandte darauf seinen Agenten, Dr. Pedro Deza, dessen Familie mit der Familie Mondéjars in Fehde lag, nach Granada und setzte seine Ernennung zum Präsidenten der Kanzlei von Granada, des obersten Appellationsgerichtes für Neukastilien und Andalusien durch. Dazu muß man wissen, daß es zwischen den Juristen der Kanzlei und dem Generalkapitän zu dauernden Rechtsstreitereien kam. Und noch komplizierter wurden die Probleme dadurch, daß der aus Trient zurückgekehrte Erzbischof von Granada mit Eifer an die Bekehrung der *moriscos* ging. Und auch die Stadtbehörden setzten sich natürlich für ihre Assimilierung ein.

Alle diese Leute und die dahinter stehenden Institutionen befaßten sich aus den verschiedensten Motiven mit der *morisco*-Frage, arbeiteten des öfteren gegeneinander[14] und meistens zum Schaden der *moriscos,* die sich ständig Repressalien ausgesetzt sahen.

In ihrer Verzweiflung – viele von ihnen litten zusätzlich unter der Flaute der Seidenindustrie – bildeten einige Führerpersönlichkeiten innerhalb der *moriscos* Untergrundbanden und sandten heimlich Agenten nach Konstantinopel und Algier, die für den geplanten Aufstand um Unterstützung ansuchen sollten. In der Christnacht von 1568 versuchte eine bewaffnete Gruppe von *moriscos,* Granada zu erobern und den Aufstand auszurufen.

Die Besetzung Granadas schlug fehl, aber der Aufstand breitete sich aus und kostete die Regierung zwei Jahre harter Kämpfe, bevor die letzten *moriscos* aus ihren Höhlen in den Sierras von Granada ausgeräuchert waren. Zu der befürchteten türkischen Intervention kam es nicht. Wahrscheinlich wäre man unter Mondéjars Leitung schneller und besser mit dem Aufstand fertig geworden, aber auf Dezas Klagen, der Marquis behandle die *moriscos* zu milde, rief man aus Murcia den Marquis von los Vélez mit seiner Miliz herbei. Da nun nicht mehr klar war, wer den Oberbefehl innehatte, wurden die Truppen immer disziplinloser und fingen an, auch die loyalen *moriscos* zu mißhandeln. Dies wiederum ließ die Revolte wieder aufflammen und stärker werden. In seinem Hang, auf allzu viele Ratgeber zu hören, versuchte Philipp die unklare Situation in der Führung durch die Ernennung seines zweiundzwanzigjährigen Halbbruders Don Juan d'Austria zum Oberbefehlshaber zu beenden. Zu Assistenten des jungen Mannes, der sich im übrigen als mutiger und intelligenter Befehlshaber zeigte, wurden der Herzog von Sessa und Don Luis de Quijada bestimmt.

Zunächst erwogen Philipp und seine Ratgeber, die *moriscos* aus Spanien zu vertreiben. Dann jedoch entschlossen sie sich, noch einmal die gewaltsame Assimilierung dieser störrischen Volksgruppe zu versuchen, indem man die Ballungszentren in Granada auflöste und sie verstreut in Kastilien ansiedelte.[15] Im Winter 1570/71 verließen also endlose Trecks von *moriscos* die Gefangenenlager in Granada und zogen in die Städte und Dörfer im Landesinneren, die bestimmt waren, sie aufzunehmen. Der kastilische Rat hatte die Operation jedoch schlecht organisiert, und die lokalen Behörden waren vielerorts gänzlich unwillig oder einfach nicht darauf vorbereitet, Plätze für die Fremden zu schaffen, so daß der Empfang alles andere als herzlich ausfiel. Die Zwangszersiedelung mit allen ihren Härten dauerte noch einen zweiten Winter an, bevor sie 1572 abgeschlossen war. Insgesamt waren mehr als 80.000 Menschen neuangesiedelt worden. Auf die Dauer gelang es den *moriscos* mit bewundernswertem Einfallsreichtum, ihre Lage zu verbessern, sie blieben aber immer eine fremde Rasse in ihrem Heimatland Spanien, und 1609 beschloß Philipp III. die „Endlösung", die Zwangsvertreibung aller *moriscos* von der Iberischen Halbinsel.

Die Annexion Portugals

Die gleiche Kreuzfahrermentalität, die zur Unterdrückung der *moriscos* in Kastilien führte, brachte den König von Portugal, Dom Sebastian, dazu, einen Krieg anzufangen, der ihn sein Leben kosten und seinem Onkel Philipp II. die Krone Portugals bringen sollte.

Der 1578 dreiundzwanzigjährige Dom Sebastian schien sich für nichts außer für das Kriegshandwerk, die Jagd und das Gebet zu interessieren, vor allem nicht für Frauen, was allgemein als ein Zeichen der Impotenz gedeutet wurde. Keiner der Heiratspläne, die Philipp und andere für den jungen Mann geschmiedet hatten, fand seinen Beifall. Eigentlich aber hatte Philipp II., der ja selbst Ansprüche auf die Krone stellen wollte, kaum etwas gegen die selbstgewählte Ehelosigkeit seines Neffen einzuwenden.

Wohl aber hatte er etwas gegen den Kreuzzug, den Sebastian gegen Marokko führen wollte, um die in der letzten Generation an die Saad-Dynastie verlorenen Festungen für Portugal zurückzugewinnen. Marokko sollte dann in einen mit Portugal verbündeten Staat umgewandelt werden, und zwar unter der Staatsführung des Muhammad el-Motawak-kil, der 1576 mit osmanischer Unterstützung von seinem Onkel Abd el-Malik gestürzt worden und nach Lissabon geflohen war. Philipp jedoch stand Anfang 1578 kurz vor dem so dringend benötigten Waffenstillstand mit den Türken und wollte alles vermeiden, was sich ungünstig auf die Verhandlungen hätte auswirken können.

Dom Sebastian war jedoch nicht von seinem Abenteuer abzubringen. Philipp sah sich schließlich gezwungen, seinem Neffen mit Schiffen und kastilischen „Freiwilligen" beizustehen (von denen allerdings nur die knappe Hälfte rechtzeitig bei Sebastian eintraf). Im Juni 1578 segelte Sebastian selbst von Lissabon nach Marokko.

Am 13. August 1578 wurde Philipp die Nachricht überbracht, daß Sebastian und seine Armee von den Marokkanern bei Alcázarquivir vernichtet worden waren. Mit ungewohnter Entschiedenheit befahl er daraufhin seinen Ministern und Kommandanten, sich für die Verteidigung der letzten portugiesischen Außenposten in Afrika (Ceuta, Tanger, Mazagán und Arzila) bereitzuhalten und sich auf den bald zu erwartenden Tod des sechsundsechzigjährigen Nachfolgers auf dem portugiesischen Thron, Kardinal Heinrichs, vorzubereiten. Denn da dieser sich durch sein Gelübde zur Ehelosigkeit verpflichtet hatte, war Philipp II. als ältester männlicher Nachkomme Emanuels des Glücklichen nach Heinrich der nächste Anwärter auf die portugiesische Krone.

Philipps gefährlichste Rivalen in der Bewerbung um die portugiesische Krone waren Catalina, die Herzogin von Bragança, das einzige überlebende Kind des Infanten Dom Duarte, und Dom Antonio, Prior von Crato, der uneheliche Sohn des Infanten Dom Luis (und einer Frau aus dem Lager der *conversos*). Auch die Königinmutter von Frankreich, Katharina von Medici, grub einen Anspruch auf den portugiesischen Thron aus, der weit in die Geschichte der Toskana zurückreichte, genauer gesagt, bis ins Mittelalter. Dieser Anspruch war so dürftig, daß er lediglich dazu diente, die französische Diplomatie in Lissabon zu verwirren. Ein weiterer Kandidat, der möglicherweise der legitimste war, war Ranuccio Farnese, der Sohn Alexander Farneses, Prinz von Parma (1586 Herzog), und der Maria von Portugal, der ältesten Tochter des Dom Duarte, die 1576 gestorben war. Ranuccio machte jedoch von seinem Recht keinen Gebrauch, obwohl es jedermann bekannt war. Sein Vater hatte im Herbst 1578 das Kommando über Philipps Armee in Flandern übernommen und war als Enkel Karls V. der Sache der Habsburger, also Philipps II., treu ergeben.

Der König-Kardinal Heinrich bevorzugte zwar die Herzogin Catalina, fürchtete sich aber andererseits vor Philipps Macht und lehnte es daher ab, einen Nachfolger zu bestimmen. Nur Dom Antonio, den er haßte, versuchte er zu verhindern und rief zur Regelung der Nachfolgefrage die portugiesischen Cortes zusammen.

Philipp, der die Entwicklung in Portugal genau beobachtete, bereitete sowohl eine diplomatische als auch eine militärische Offensive vor. So entsandte er eine vom Herzog Osuna und Don Cristóbal de Moura geleitete Gesandtschaft in besonderer Mission nach Lissabon, um eine Partei zu Philipps Gunsten aufzubauen, und traf mit dem Regierungschef von Marokko eine Vereinbarung über die Freigabe der portugiesischen Adeligen, die bei Alcázarquivir in Gefangenschaft geraten waren. Darunter war auch der junge Herzog von Barçelos, Sohn des Herzogs und der Herzogin von Bragança. Philipp benutzte ihn kurze Zeit als Faustpfand, um seine Mutter zur Aufgabe ihrer Ansprüche zu bewegen. Aber die Herzogin gab ihm wütend zu verstehen, ihr wäre lieber, der Junge wäre noch in den Händen der Türken, von denen sie ihn mit Geld auslösen könnte, ohne erpreßt zu werden. Nach zwei Monaten, die der junge Barçelos beim Herzog von Medina Sidonia verbrachte, ließ Philipp ihn im März 1580 frei.

Als sich herausstellte, daß auf friedlichem Wege die portugiesische Krone nicht zu gewinnen war, ließ Philipp in Estremadura eine starke Armee aufstellen, eine Armada bei Cádiz zusammenziehen und befahl den Städten und Magnaten, entlang der Grenze ihre Milizen zu mustern. Auch die Abberufung Granvelles aus Rom nach Madrid stand in diesem Zusammenhang: Alle Hilfsmittel mußten aktiviert werden. Granvelle seinerseits überredete zusammen mit dem Kriegsrat Philipp II., Alba wieder in Gnaden aufzunehmen und ihm den Oberbefehl der Landarmee zu übertragen.

Im Januar 1580 starb König-Kardinal Heinrich. Die Cortes war noch nicht dazu gekommen, einen Nachfolger zu designieren und lösten sich in totaler Verwirrung auf. Die fünf von Heinrich in seinem Testament bestimmten Gouverneure – drei von ihnen waren für Philipp – setzten die neue Sitzung der Cortes für Mai an. Sie wurde in Santarém eröffnet, aber schon bald wegen der Pest und von Dom Antonios Anhängern angezettelten Unruhen nach Setúbal verlegt.

Trotz der Anstrengungen des verstorbenen König-Kardinals, ihn abzublocken, war Dom Antonio als Philipps stärkster Rivale wieder aufgetaucht. Dagegen standen die Aussichten der Herzogin von Bragança wegen der Unfähigkeit und Unbeliebtheit ihres Mannes äußerst schlecht. Dom Antonio besaß die meisten Anhänger im einfachen Volk, unter den Lissaboner *conversos* und im niederen Klerus, Philipp II. im Adel, der ihm teilweise noch das Lösegeld für die marokkanischen Gefangenen schuldete, und unter den reichen Kaufleuten (außer den *conversos*), deren Geschäftsinteressen sie stark an Sevilla banden.

Dom Antonio und seine Anhänger benutzten die allgemeine Verwirrung, welche durch die Verlegung der Cortes nach Setúbal entstanden war, dazu, Lissabon, die königlichen Arsenale und den Kronschatz zu erobern. Das Volk rief ihn zum König aus, während die drei Philipp freundlich gesinnten Gouverneure nach Spanien flohen, wo sie Philipp zum König ausriefen und Dom Antonio für vogelfrei erklärten.

Als Philipp diese Nachrichten zukamen, befahl er seinen Armeen und Armadas, in die Offensive zu gehen. In einem brillant entworfenen Schlachtplan vereinigte sich die Armada unter dem Marquis von Santa Cruz mit den Landtruppen, um die Eroberung Portugals im Spätherbst abzuschließen. Alba besetzte Lissabon, Medina Sidonia überrannte die Algarve und Sancho Dávila besetzte Oporto. Philipps Diplomaten bewiesen ihr Geschick, indem sie den Widerstand der Diplomaten möglichst gering hielten. Dom Antonios Armee, die nach spanischen Quellen aus einem „Haufen von Handwerkern, Ladenbesitzern und Juden" bestand und von Bettelmönchen angeführt wurde, war von Albas Armee schnell überwältigt. Dom Antonio und sein Oberstleutnant, der Graf Vimioso, wurden verwundet und flüchteten 1581 vor den Soldaten Medina Sidonias über die Grenze nach Frankreich.

Zu diesem Zeitpunkt entschloß sich Katharina von Medici, ihren eigenen, sinnlos erscheinenden Anspruch auf Portugal fallenzulassen und Dom Antonio zu unterstützen. Dieser Umschwung war ganz nach dem Sinn der Elisabeth von England, waren doch die Beziehungen Spaniens zu England und Frankreich wegen der Revolte in den Niederlanden nicht die besten. So blieb Dom Antonio weiterhin eine Art Dorn im Fleische Philipps, da er sich bis zu seinem Tod 1595 unablässig bemühte, Philipp die portugiesische Krone zu entreißen.

So hielten Dom Antonios Anhänger zwischen 1580 und 1583

Terceira, eine Insel der Azoren, besetzt und bedrohten damit die Sicherheit der Silberstraße aus der Neuen Welt und Westindien, also der Lebensader von Philipps Reich. Santa Cruz mußte zwei Expeditionen starten und einen Sieg über die französisch-portugiesische von Katharina von Medici und Dom Antonio ausgerüstete Flotte erringen, bevor Terceira 1583 mit Gewalt unter Philipps Herrschaft gebracht werden konnte. Die von Santa Cruz angeordnete Hinrichtung von französischen Gefangenen als Piraten und Schleichhändler wirkte sich höchst ungünstig auf die Beziehungen Philipps II. zu Frankreich aus.

1586 holte Dom Antonio zu einem neuen Schlag aus, als er sich an einer englischen, von Sir Francis Drake kommandierten Expedition zur Befreiung Portugals beteiligte. Aber die sofortige Gegenoffensive der Spanier sowie die Loyalität der portugiesischen Magnaten (unter der Führung des Herzogs von Bragança), verbunden mit der Indifferenz des portugiesischen Volkes, bereiteten Dom Antonios Hoffnungen ein Ende. Nachdem sie einige Wochen nutzlos in der Nähe Lissabons ausgeharrt hatte, machte sich die durch Krankheit und kleine Scharmützel geschrumpfte Expedition wieder auf den Heimweg.[16]

Im Dezember 1580 reiste Philipp II. offiziell nach Portugal und ließ sich dabei von seinem Lieblingsneffen, dem Erzherzog Albrecht, begleiten. (Königin Anna war im Oktober gestorben.) Philipp II. war nach portugiesischer Art gekleidet und gab sich alle Mühe, sich in der Sprache seiner Mutter auszudrücken. Im April 1581 huldigten ihm die portugiesischen Cortes als König Philipp I., der den Eid ablegte, die Freiheiten des Königtums zu achten. Weder auf kirchlichem noch auf administrativem Gebiet mußte Philipp größere Reformen durchführen. Portugal besaß eine funktionierende Inquisition, wenig Ketzerei und eine relativ hoch entwickelte Verwaltung, besonders auf dem maritimen Sektor. Um seinen guten Willen zu zeigen, schaffte der neue König die Zollbarriere zwischen Kastilien und Portugal ab und legte den Mitgliedern des Hochadels als Zeichen ihrer Zugehörigkeit zu seiner Monarchie das Band des Goldenen Vlieses um den Hals. In der *carta patente* von 1582, die als Antwort auf die Petitionen der Cortes gedacht war, versprach er, daß nur Portugiesen ihr Reich mit den überseeischen Besitzungen verwalten und weiter im Genuß der bestehenden Handelsmonopole bleiben würden. Auch die bereits in ihrem Besitz befindlichen Kolonisations- und Missionsgebiete wolle er respektieren. Außerdem versprach er, die Cortes niemals außerhalb Portugals einzuberufen und an seinem Hof einen portugiesischen Rat, den *conselho de Portugal,* einzuführen, der ihn in allen portugiesischen Angelegenheiten beraten sollte. Der Vizekönig von Portugal sollte immer ein Portugiese oder ein Mitglied der

Dynastie sein. Als Philipp Portugal im Februar 1583 verließ, ernannte er seinen Neffen, den Erzherzog und Kardinal Albrecht von Österreich, zu seinem ersten Vizekönig von Portugal.

Philipp II. und die „Freiheiten" Aragoniens

Die großzügige Anerkennung der traditionellen Privilegien Portugals war ganz nach Philipps Geschmack. Natürlich erwartete er seinerseits, daß nun die Portugiesen und seine anderen Untertanen sich auch ihm gegenüber gleich großzügig zeigen und seine Ansichten teilen würden. Aber in Aragonien stieß er zum Beispiel statt auf Entgegenkommen auf dauernden Widerspruch, besonders bei dem im allgemeinen mittellosen, aber zahlreichen Adel. Anders als in den übrigen Gebieten Spaniens existierte in Aragonien und Katalonien ein hochentwickeltes feudales Gesellschaftssystem mit einem verwickelten Netz von Vorrechten und gegenseitigen Verpflichtungen, das dem Adel gegenüber dem König und natürlich der Bauernschaft zahllose Vorrechte einräumte. Die Handhabung der *Justicia* war dafür beispielhaft. Und jede Aktion der Krone wurde von den Adeligen Aragoniens als Bedrohung ihrer privilegierten Position angesehen.

Nachdem Philipp den Thron bestiegen hatte, wartete er bis 1563, um Aragonien zu besuchen und den traditionellen Eid abzulegen, die „Freiheiten" des Königreichs zu schützen. Danach ließ er zweiundzwanzig Jahre verstreichen, bis er 1585 wieder in Aragonien erschien. Die Aragonier nahmen ihm diese seltenen Auftritte natürlich übel und rächten sich, indem sie sich 1585 Philipps Versuch widersetzten, die Grafschaft Ribagorza in ihr Königreich zu inkorporieren. Die Grafschaft erstreckte sich weit in die Pyrenäen und wurde von Philipp und seinen Ratgebern als wichtiger Verteidigungsstützpunkt gegen die französischen Hugenotten aus dem benachbarten Béarn und Languedoc angesehen.

Philipp entschloß sich 1588 zur Ernennung eines Vizekönigs, der die Ribagorza-Angelegenheit durchdrücken würde, und bestimmte den kastilischen Marquis von Almenara, Cousin des Schatzmeisters des aragonischen Rates, nämlich des Grafen Chinchón, für dieses Amt. Die Aragonier opponierten nun, daß Philipp nur einen der Ihren als Vizekönig einsetzen könne, während Philipp dem entgegensetzte, es sei nur logisch, daß seine Person durch eine „Person seiner Wahl und nicht durch die seiner Untertanen repräsentiert würde".

Im Mai 1590 erklärte sich die *Justicia* bereit, Philipps Wunsch nachzukommen, nicht aber die jüngeren Mitglieder des Adels. Zu diesem Zeitpunkt wurden die Probleme mit Aragonien noch dadurch verschärft, daß Antonio Pérez nach seiner gelungenen Flucht aus dem Madrider Gefängnis in Zaragoza aufgetaucht war und für sich das Recht eines Untertans von Aragonien in Anspruch nahm, vor ein öffentliches Gericht, die *Justicia*, gestellt zu werden, anstatt in aller Stille von einem kastilischen Gericht verurteilt zu werden. Und zu allem Überfluß begann er mit der Verbreitung geheimer Staatspapiere, die er über die Grenze geschmuggelt hatte. Dies war natürlich ein gefundenes Fressen für die Verteidiger der „Freiheiten" Aragoniens, die die Gelegenheit ergriffen, Philipp mit einem zweiten „Flandern" zu drohen, wenn er nicht nachgäbe.

Philipp II., der unbedingt vermeiden wollte, daß Pérez' Fall vor die *Justicia* käme, schob nun die Inquisition vor, deren Anschuldigungen auf Ketzerei, Blasphemie und Sodomie lauteten (und die angesichts des Lebensstils von Pérez vielleicht nicht ganz unbegründet waren).

Der Versuch allerdings, Pérez aus dem Gewahrsam der *Justicia* in den der Inquisition zu überführen, deren Rechtsspruch Vorrang hatte, führte zu Unruhen innerhalb der Bevölkerung, bei denen Almenara tödlich verletzt wurde. Als Antwort ließ Philipp II. eine kastilische Armee, die er eigentlich gegen Heinrich von Navarra in Frankreich einsetzen wollte, an die aragonische Grenze marschieren, während man sich in Zaragoza erfolgreich bemühte, die Mehrheit des Volkes von einer Beteiligung am Aufruhr abzuhalten. Ein neuerlicher Versuch, Pérez der Inquisition zu unterstellen, ließ die Unruhen im September wieder aufflammen, worauf die kastilische Armee die Grenze überschritt und Zaragoza besetzte. Die Führer des Aufstands wurden auf der Stelle hingerichtet, unter ihnen der junge Juan de Lanuza, ein Mitglied der *Justicia*, der mitten in den Unruhen das Amt von seinem Vater übernommen hatte und von seinen Kollegen überredet worden war, die Verteidigung ihrer „Freiheiten" zu übernehmen. Pérez selbst konnte sich nach Frankreich retten, wo er sein Exilleben begann. Mit der Hilfe französischer Hugenotten versuchte er von hier aus, 1592 einen Aufstand in Aragonien anzuzetteln, aber ohne Erfolg. Danach führte er den Krieg gegen seinen ehemaligen Herrn mit der Feder weiter.

Ende 1592 rief Philipp die Cortes von Aragonien in Tarazona zusammen und forderte sie auf, ihre Verfassung dahingehend zu ändern, daß einige wenige nicht länger in der Lage sein würden, sich mit Erfolg und aufgrund der Gesetze der königlichen Macht zu widersetzen Die *Justicia* sollte hinfort nur noch dem Willen des Königs dienen, ebenso wie ab nun die einfache Mehrheit (und nicht mehr die Einstimmigkeit) genügen sollte, um Beschlüsse durchzubringen. Angesichts der Rolle, welche die Jugendlichen bei den Unruhen gespielt hatten, erhielten Adelige unter zwanzig Jahren keinen Sitz mehr in den Cortes. Sonst ließ Philipp die Verfassung unangetastet. Es war ja nur eine Minderheit gewesen, die sich an den Unruhen beteiligt hatte, und Philipp wollte sich die Mehrheit gewogen halten. Damit zeigte er den Katalanen und Valencianern, die die Ereignisse in Aragonien aufmerksam, aber ohne sich zu rühren, beobachtet hatten, daß er nicht mehr als das, was die Vernunft gebot, gegen seine Untertanen tat. Keinesfalls wollte er als der Tyrann erscheinen, als den Pérez ihn beschrieb, als ein Heuchler, der mit Mord und Gift seine politischen Ziele zu erreichen trachtete und sich mit Hilfe seiner kastilischen Handlanger rücksichtslos über die Rechte seiner Untertanen hinwegsetzte.

Zusammenfassend läßt sich sagen, daß Philipps intensive Bemühungen um die Einheit der Iberischen Halbinsel nur teilweise erfolgreich waren: Die Bindung Portugals an seine übrigen Königreiche war tatsächlich der größte Triumph seiner Regierung, dagegen erwies sich sein Vorgehen gegen die *moriscos* und die Aragonier letztendlich als Fehlschlag. Die Unterdrückung Aragoniens wurde ebenso als kastilischer wie auch als königlicher Akt verstanden und vertiefte die Abneigung gegen die Kastilianer auf der Halbinsel, bis sie sich schließlich im Aufstand Kataloniens und Portugals 1640 Luft verschaffte, aber auch noch danach die Geschichte Spaniens belastete. Aber in beiden Fällen hatten auch die Völker versagt, und es versagten zu einem gewissen Maß auch die Herrscher, die Philipp nachfolgten. Philipp II. hatte versucht, die Träume seiner Vorfahren hinsichtlich einer Wiederauferstehung der westgotischen *hispania* zu realisieren, seiner aragonischen Verfassungsänderung lagen seine Ideale von Gerechtigkeit und ihrer gemeinsamen Verteidigung zugrunde, ebenso wie er die *moriscos* nicht vertrieben hatte, sondern aufrichtig versucht hatte, alle Voraussetzungen für ihre Eingliederung in die altchristliche Gesellschaft zu schaffen, die er nun einmal für die beste hielt.

Der Friede in Italien
und die Verteidigung des Mittelmeeres

Über die beiden Staatsmächte, die die mittelmeerische Geschichte des 16. und 17. Jahrhunderts weitgehend bestimmt haben, das spanische und das Osmanische Reich, gibt es eine hervorragende Arbeit des großen Historikers des 19. Jahrhunderts, Leopold von Ranke. Seine Arbeit, die sich zum erstenmal wissenschaftlicher Methoden bediente und sich kritisch mit den Originalquellen auseinandersetzte, geizt nicht mit brillanten Einsichten.[17] 1949 erschien eine neue Untersuchung der beiden Staatsmächte und ihrer Welt: „La Méditerranée et le monde méditerranéen à l'époque de Philippe II." von Fernand Braudel, der die neuen Techniken der Geschichtsschreibung, Sozialgeschichte und Geographie, seit Ranke meisterhaft zu nutzen wußte und uns daher ein noch breiteres Spektrum als Ranke vorlegt, ohne auf eine mindestens ebenso große Fülle von provokativen Analysen und Mutmaßungen zu verzichten.

Laut Braudel überdeckte der Konflikt der beiden Reiche viele Gemeinsamkeiten, nämlich Klima, wirtschaftliche und soziale Grundstrukturen, Lebensgewohnheiten und vor allem das Mittelmeer, das ihre Küsten miteinander verband.

Was sie trennte, war die Geschichte, und die Kraft, die die mittelmeerischen Völker in zwei unversöhnliche Lager teilte, war die Religion: Christentum und Islam nahmen bei aller Verschiedenheit die gleiche unversöhnliche Haltung gegenüber jenen ein, die nicht an sie glaubten. Jede Religion besaß ihren „Heiligen Krieg", den Kreuzzug und den *jihad*.

Welche materiellen Erwägungen auch immer in der Politik der beiden Reiche eine Rolle spielen mochten, nach außen mußte immer die Religion als Rechtfertigung herhalten. Auch für den Zusammenhalt der Völker Spaniens und Süditaliens waren die Religion und die Kriege gegen die Türken die stärksten Bande, und der „Heilige Krieg" diente einer kopflastigen Kirche und Aristokratie (genauer gesagt, dem Ritterstand) als *raison d'être*. Auch Philipp II., seine Mitstreiter und seine Untertanen teilten diese Kreuzfahrermentalität. Die Türken und die Moslems ganz allgemein waren immer die natürlichen Feinde, und nur aus zwingenden Staatsgründen und nach beträchtlichen Seelenqualen konnte Philipp II. auch nur einen Waffenstillstand mit den Türken ins Auge fassen.

Philipps süditalienische Besitzungen waren, von Madrid aus gesehen, die vorderste Frontlinie des Christentums mit den Vorposten Malta und La Goleta. Von hier aus wagten sich Philipps Galeeren bis nach Nordafrika und in die Levante. Gewöhnlich wurde Philipps Geschwader durch die Kriegsschiffe seiner Verbündeten, nämlich Genuas, Savoyens, des Papstes, der Toskana und Monacos verstärkt, für deren Unterhalt freilich sehr oft Spanien selbst aufzukommen hatte.

Wegen des Kommandos über Philipps Mittelmeerflotte kam es zwischen Spaniern und Italienern oft zu Streitigkeiten, ebenso wie über ihren Einsatz, wenn auch im allgemeinen Übereinstimmung darüber bestand, daß die Beherrschung des westlichen Mittelmeers Vorrang besaß. Den Oberbefehl nach dem Tode von Karls Admiral Andrea Doria 1560 übernahmen nacheinander der Kastilianer Don García de Toledo (1564–1568), Don Juan d'Austria (1571–1578) und Dorias Großneffe, Gian Andrea Doria (1583–1606).

Die Ernennung des zweiten Doria, die von Granvelle betrieben worden war, um der Monarchie ihren multinationalen Charakter zu bewahren, wurde am Madrider Hof von den kastilischen Ministern äußerst unwillig aufgenommen. Philipp versuchte sie zu versöhnen, indem er ihren Kandidaten, Santa Cruz, zum Spanischen Granden und Generalkapitän des Atlantiks machte. Dies hielt die Minister jedoch nicht davon ab, den Kardinal, wo sie nur konnten, schlechtzumachen, und beendete auch nicht den Postenkampf zwischen Spaniern und Italienern, der meistens zugunsten der Spanier entschieden wurde. Der aufgestaute italienische Groll machte sich in einer Bemerkung des venezianischen Botschafters anläßlich der Niederlage der „Unbesiegbaren Armada" Luft, als er sie „dem Mangel erfahrener italienischer Matrosen und Offiziere" zuschrieb.[18]

Das Gerangel um die Kommandoposten der Mittelmeerflotte war aber nur eine der vielen Sorgen, die Philipp die spanisch-italienische Koalition gegen die Türken bereitete. Seine Diplomaten mußten sich unablässig darum bemühen, daß die unabhängigen italienischen Staaten die Koalition nicht verließen und die Pax Hispanica durch die Wiederaufnahme alter Querelen nicht gefährdeten. Trotz der Differenzen, die Philipp mit einigen Päpsten hatte, war der Stellvertreter Petri moralisch zu einer führenden Rolle bei dem Kreuzzug gegen den Islam verpflichtet. Der Kommandant der päpstlichen Galeeren, Marcantonio Colonna, war denn auch für Philipp ein starker Mitstreiter und setzte sich überhaupt für einen gewichtigeren Anteil der Italiener an der Politik der Monarchie ein. Philipp dagegen war in allen Angelegenheiten des Kreuzzugs, der die Phantasie der Gegenreformatoren und der Ritter so sehr beschäftigte, eher ein zögernder Partner, besonders nachdem die Unruhen in den Niederlanden ihn 1578 zu einem Waffenstillstand mit dem Sultan gezwungen hatten, den er in der Folge mehrmals erneuerte.

Die anderen italienischen Staaten fühlten sich keineswegs so stark wie der Vatikan zur Kreuzzugteilnahme verpflichtet. Und außer dem finanziell von der Monarchie abhängigen Genua waren sie es ja auch nicht. Von allen Verbündeten war die Toskana der schwierigste. 1557 hatte sich Philipp das Bündnis mit Herzog Cosimo I. dadurch erkauft, daß er ihm Siena überließ. Aber in den sechziger Jahren hatte Cosimo bei den Aufständen in Korsika gegen die Genueser Herrschaft seine Hand mit im Spiel, und Philipp konnte ihn nur durch Drohungen von weiteren

Aktivitäten abhalten. Darauf ließ sich Cosimo 1569 von Pius V. den Titel Großherzog der Toskana verleihen, diesmal zur Irritation nicht nur Philipps, sondern auch Maximilians II. Schließlich war die Toskana Teil des Heiligen Römischen Reiches, in dessen Angelegenheiten sich der Papst nicht einzumischen hatte. Nach Cosimos Tod 1574 waren allerdings beide bereit, den Großherzogstitel seines Sohnes Francesco I. anzuerkennen, worauf sich dieser als treuer Diener des Hauses Habsburg und seiner Interessen erwies, unter anderem, indem er Philipp stets bereitwillig Kredite gewährte. Francescos Bruder Piero de Medici vertrat die toskanischen Interessen am spanischen Hof und befehligte 1580 die italienischen Truppen bei der Invasion Portugals. Erst der Großherzog Ferdinand (reg. von 1587–1609) löste die Beziehungen zu Philipp und schlug einen eigenen Kurs ein, als er 1589 Heinrich IV. als König von Frankreich anerkannte.

Philipps intensive Intervention in den französischen Hugenottenkriegen von 1590 erwies sich als entscheidender Wendepunkt für die *Pax Hispanica* in Italien. Die Türken begannen für Unruhe auf dem Balkan zu sorgen und griffen 1593 das habsburgische Ungarn an. Aber Philipp hatte seine Truppen in die Hugenottenkriege, die Niederlande und in die atlantische Flotte gesteckt, so daß ihm nur mehr wenige Kräfte für den Mittelmeerraum übrigblieben. 1595 weigerte er sich, Roms Absolution Heinrichs IV. anzuerkennen. Denn Heinrichs Protestantismus war für Rom und Italien der einzige Grund gewesen, warum man Philipps Intervention in Frankreich respektiert hatte. Italien und der Papst aber hatten nun langsam genug von der Herrschsucht des alternden Königs, der lange genug die italienische Politik bestimmt hatte. Dorias vorsichtiger Vorstoß in die Levante 1596 brachte nichts und war nicht dazu angetan, die Italiener zu beruhigen. So machte ein päpstlicher Diplomat die bittere Bemerkung, nur mit einem Viertel der Truppen, die Philipp in Nordfrankreich und in Flandern stehen habe, könnte man viel gegen die Türken erreichen.[19] Philipps Machtposition in Italien schrumpfte zusammen, und außer seinen Besitzungen standen nur noch Savoyen (sein Verbündeter beim Einmarsch in Frankreich) und Genua hinter ihm. Sogar Parma, lange sein Verbündeter unter Herzog Ottavio (gest. 1586), der Herzogin Margarete, Philipps Halbschwester (gest. 1586) und ihrem Sohn Alexander (gest. 1592), ging seine eigenen Wege unter Herzog Ranuccio (1569–1622), der sich über Philipps Einmischung in seine Heiratspläne geärgert hatte.

Venedig war nicht mit Philipp verbündet und hielt sich zu der Koalition, deren Haupt er war, in respektvollem Abstand. Von den venezianischen Gesandten stammen viele scharfsichtige und im allgemeinen wohlwollende Beurteilungen seiner Staatskunst. Auch Philipp bemühte sich um respektvolle Beziehungen zu der Republik, die die größte italienische Seemacht war. Sie besaß mehr Galeeren als Philipp, wegen der teuren Unterhaltskosten war aber nur ein Teil von ihnen bemannt und ausgerüstet. Die Republik wünschte sich nichts weniger als Krieg, besonders nicht einen Kreuzzug gegen die Türken, der ihre Geschäftsinteressen in der Levante gefährdet hätte.[20]

Wie Venedig wollte auch die dalmatinische Republik von Ragusa (Dubrovnik) lieber mit den Türken Geschäfte machen, als gegen sie Krieg führen. Ragusanischer Geschäftsgeist brachte sie allerdings 1590 dann doch dazu, mit Philipp einen Vertrag abzuschließen, nach dem sie ihm ein Dutzend Galeonen zum Wiederaufbau seiner Armada lieferten, ungeachtet der Proteste und Drohungen des Sultans.[21] Die Galeonen, die 1595 in Cádiz eintrafen, segelten 1596 gegen Irland. Die Hälfte von ihnen ging in einem Sturm verloren, der die Armada zurück in ihre Häfen trieb.

Obgleich ihn seine eigene Position dazu zwang, das Christentum zumindest zu verteidigen, wenn nicht sogar einen Kreuzzug gegen den Islam zu führen, hatte Philipp II. durchaus Verständnis für die kommerziellen Interessen und die exponierte Lage der Adriarepubliken. Auch er erwog 1558, als die Franzosen und Türken Truppen auf Korsika landen ließen und er sich mit Heinrich II. von Frankreich herumschlug, die Möglichkeit, in aller Stille bei einem Waffenstillstand beteiligt zu werden, den Kaiser Ferdinand I. mit den Osmanen schließen wollte. Der Sultan lehnte jedoch ab.

Mit der Unterschrift unter den Friedensvertrag von Câteau-Cambrésis beendete Philipp die Bemühungen um einen Waffenstillstand mit der Hohen Pforte und gab statt dessen einem Vorschlag des Herzogs von Medinaceli, Vizekönig auf Sizilien und Großmeister der Malteserritter, seine Zustimmung, der darauf abzielte, Tripolis zurückzuerobern. Tripolis war einst Besitz des Malteserordens gewesen und 1551 von den Türken erobert worden. Nach der gelungenen Rückeroberung wollte man das 1555 verlorengegangene Bougie (Bugia) zurückgewinnen und damit Algier isolieren. Später konnte man darangehen, Algier zu erobern, solcherart Karls V. Niederlage von 1541 wieder wettmachend, und das westliche Mittelmeer in ein von Seeräubern freies, von der katholischen Monarchie beherrschtes Gewässer verwandeln.

Aber die Expedition sollte mit einer Katastrophe enden. Nachdem Medinaceli viel zuviel Zeit bei der Vorbereitung vertan hatte, segelte er Anfang 1560 nicht direkt nach Tripolis, sondern auf die Insel Djerba, um hier einen Vorposten aufzubauen. Dabei überfielen ihn die Türken, versenkten achtundzwanzig seiner Galeeren und erzwangen im Juli die

Kapitulation der 10.000 auf der Insel gestrandeten Soldaten. Nur mit Mühe konnten der Herzog und sein Admiral, Gian Andrea Doria, den Siegern entkommen.

Damit hatte Philipp fast die Hälfte seiner Galeeren verloren, und 1562 fielen weitere fünfundzwanzig einem Herbststurm vor Málaga zum Opfer. Philipp ließ sich jedoch nicht entmutigen und trieb Geld von den Cortes, den *parlamenti* und dem Papst ein, um den Verlust wieder wettzumachen. Schon 1564 hatte Don García de Toledo wieder neunzig Galeeren zusammen. Dies war nur möglich, weil die Türken andere Händel auszufechten hatten und somit Philipp Zeit gaben, sich zu erholen. Weniger großzügig verhielten sich die Korsaren der Barbaresken-Staaten, glücklicherweise hatten sie weniger Macht. Immerhin aber konnten sie ungestraft die Küsten von Philipps Provinzen plündern und Hassan Pascha (der Sohn des berühmten Khair ed Din-Barbarossa) einen massiven algerischen Angriff auf Oran leiten.

So war es gegen die Korsaren gerichtet, als Don García 1564 Peñón Vélez de la Gomera besetzte, einen Felsen vor der afrikanischen Küste gegenüber von Málaga, der den Korsaren als Fluchthafen diente. Papst Pius IV. jedoch ließ sich davon nicht beeindrucken: „Was ist schon Peñón", meinte er zu Don García, „verglichen mit Algier?"[22]

Auf den Rand des Berichtes, den Don García über sein Gespräch mit Pius verfaßt hatte, schrieb Philipp II: „Der Papst läßt uns nicht aus den Augen." Aus dieser Bemerkung geht hervor, unter welchem Druck Philipp durch die ständige Maßregelung des Papstes stand. Dieser war nicht nur der geistige Führer des katholischen Europas, sondern auch eine von Philipp dringend benötigte Geldquelle.

Es war jedoch für Philipp vollkommen unmöglich, den Papst in der Weise zufriedenzustellen, wie dieser es immer wieder forderte, etwa durch die Befreiung Jerusalems oder des Heiligen Landes. Philipp sah sich mit zu vielen Problemen konfrontiert, um sich mit allen ihm zur Verfügung stehenden Mitteln auf eines konzentrieren zu können, vor allem aber bereitete ihm die zunehmende Macht der Hugenotten in Frankreich Sorge, die sich zu einer Gefahr für die Niederlande auswuchs. Hier sah er sich zu einer Konzession nach der anderen gezwungen, eben weil er fast alle seine Mittel im Mittelmeer eingesetzt hatte. Da er sich über diese Situation im klaren war, konnte er sich nicht weiter in den Kampf gegen die Türken einlassen und mußte sich auf die Defensive im westlichen Mittelmeer beschränken. Die Initiative, die er mit der Expedition gegen Tripolis an sich reißen wollte, blieb daher bei den Osmanen. Niemand, auch Philipp nicht, konnte sie daran hindern, ihre Aufmerksamkeit von Osten nach Westen zu verlagern.

1565 brachen sie die Mittelmeerbarriere der katholischen Monarchie durch die Besetzung Maltas auf. Erst im September landete Philipps Ersatzarmee auf der Insel. Die Ritter hatten wacker ausgehalten, und die von Krankheit gezeichneten Türken waren bereits dabei, sich zurückzuziehen. In Rom wurden Philipps Anstrengungen verhöhnt, aber tatsächlich hatte Philipp seine Truppen so schnell mobilisiert, wie es die Entfernungen und seine vielen zu verteidigenden Fronten zuließen. Nachdem er in den vergangenen fünf Jahren so viele Verluste an Galeeren hatte hinnehmen müssen, wollte er jetzt keine Truppen mehr in den Kampf schicken, bevor sie nicht denen des Sultans in jeder Hinsicht überlegen waren.

Die Rückeroberung Maltas brachte keinen Waffenstillstand. Im Winter 1565/66 brachten Spione die Nachricht nach Madrid, daß Suleiman einen massiven Doppelangriff gegen das Christentum plante: Der Sultan selber wollte eine Armee gegen Österreich führen, während die Flotte im Mittelmeer die Niederlage von Malta ausmerzen sollte. Philipp, der eigentlich eine Armee in die Niederlande senden wollte, mußte nun alle seine verfügbaren Kräfte für die Schlacht im Mittelmeer sammeln und außerdem Geld auftreiben, um Maximilian II. zu helfen. Die gefürchtete Offensive erwies sich allerdings als falscher Alarm, und Suleiman starb im September in Ungarn. Während der nächsten drei Jahre, in denen Selim II. mit Hilfe von Suleimans Großwesir Mehemet Sokoli die Macht in Konstantinopel übernahm und seine eigenen Feldzüge vorbereitete, störten die Türken die Ruhe im Mittelmeer nur selten.

Dies gab Philipp die Möglichkeit, eine Armee unter Alba in die Niederlande zu schicken und in Kastilien den Aufstand der *moriscos* zu unterdrücken. Zum zweiten Mal innerhalb seiner Regierung sandte er seine Friedensfühler nach Konstantinopel aus, und der Sultan lehnte sie zum zweiten Mal ab. Er bestand auf offenen und offiziellen Verhandlungen.

1570 begannen die Türken mit neuen kriegerischen Handlungen im Mittelmeer. Im Januar besetzte der osmanische Bey von Algier, Euldj Ali, Tunis und warf Philipps Verbündeten Hafsid Hamida hinaus. Somit war die spanische Garnison in La Goleta praktisch isoliert und Karls Eroberung von 1535 sinnlos geworden. Zugleich forderte der Sultan Venedig auf, Zypern herauszugeben, mit dessen Invasion die türkischen Truppen im Juli begannen.

Mit knapper Mehrheit entschieden sich die Venezianer für die Nichtherausgabe Zyperns und beendeten damit einen dreißigjährigen lukrativen Frieden. Nachdem die Entscheidung gefallen war, begannen sie sogleich Ausschau nach Verbündeten zu halten, und Papst Pius V. ergriff die günstige Gelegenheit, um eine Heilige Liga gegen die Türken ins Leben zu rufen, der die katholische Monarchie, Venedig, die päpstlichen Staaten und das übrige Italien angehören sollten.

Philipp mußte sich allerdings von seinen Beratern sagen lassen, er habe von Granada bis in die Niederlande genug Schwierigkeiten, die Venezianer würden es schon alleine schaffen. Philipp besaß jedoch mehr Weitblick und rechnete sich die Vorteile aus, die ihm die Heilige Liga bringen könnte. Sobald Zypern nämlich befreit war, konnte die Flotte der Alliierten zur Rückgewinnung von Tunis und zur Eroberung Algiers für Spanien benutzt werden. Außerdem war es Philipp bewußt, daß seine „Reputation" in Italien und die *Pax Hispanica* schwer leiden würden, wenn er sich nicht an der Heiligen Liga beteiligte.

Er gab daher seinen Bevollmächtigten in Rom, Don Juan de Zúñiga, den Kardinälen Granvelle und Pacheco, genaue Anweisung, was sie in den Verhandlungen erreichen müßten: das Nominierungsrecht des Oberbefehlshabers der Armada der Heiligen Liga und die Zustimmung des Papstes und Venedigs zu einer Weiterbenutzung der Armada gegen Tunis und Algier. Diesem Plan aber widersetzte sich nicht nur Venedig, dessen Interessen in der Levante lagen, sondern auch der Papst, der lieber das Heilige Land erobern wollte. Philipps Hartnäckigkeit führte aber doch zu einem teilweisen Erfolg: Am 20. Mai 1571 sprach man ihm das Recht zu, den Oberbefehlshaber der Armada zu bestimmen, während er seinerseits zusagte, die Hälfte der Kosten und Truppen zu übernehmen. Venedig wollte ein Drittel, der Papst ein Sechstel tragen. Eventuelle Eroberungen in den Barbaresken-Staaten würden an Philipp fallen, die Eroberungen in der Levante an Venedig. Die Liga sollte auf unbefristete Zeit weiter fortbestehen, die jetzt getroffenen Abmachungen sollten für drei Jahre gelten.

Aber als Philipp am 6. Juni die Nachricht von der Vereinbarung überbracht wurde, hatte sich einiges ereignet, was ihn mit höchster Sorge erfüllte: Zwischen Frankreich und England vollzog sich offensichtlich eine Annäherung, ebenso wie zwischen der Regierung der Königinmutter in Frankreich und den Hugenotten, welche ganz offen den calvinistischen Aufständischen in den Niederlanden halfen. Die Franzosen hatten ihre Garnisonen in Saluzzo verstärkt, versuchten Venedig aus der Heiligen Liga zu holen und stachelten Cosimo de Medici auf, sich Philipp und Maximilian zu widersetzen. Philipp aber hielt sich an seine Verpflichtungen und bestimmte Don Juan d'Austria zum Oberbefehlshaber der Armada, nicht ohne ihn zu größter Vorsicht zu ermahnen. Immerhin hatte Philipp zehn Jahre lang mit den Cortes, den *parlamenti* und zwei

Päpsten gerungen, um das Geld für die hundert Galeeren und ihre Bemannung aufzutreiben. Selbstverständlich wünschte er das Erreichte nicht durch Übereiltheiten aufs Spiel zu setzen. Der Verlust der Flotte würde bedeuten, daß sich die Verteidigung des Christentums aufs neue an den Küsten von Philipps Staaten und denen seiner Verbündeten abspielen würde, bis man die Schäden mühsam repariert hätte.

Don Juan stieß mit den spanischen Galeeren Anfang August bei Messina zu den italienischen und schaffte es, daß die alliierte Armada Mitte September in See stechen konnte. Von der bald darauf stattfindenden Schlacht mit den Türken wurde Philipp die Nachricht während der Vesper am Allerheiligentag überbracht: Der venezianische Botschafter unterbrach sein Gebet mit den lauten Rufen „Sieg, Sieg!". Don Juans Armada hatte die osmanische Flotte bei Lepanto vernichtend geschlagen. Von den 230 türkischen Schiffen war nur den fünfunddreißig algerischen die Flucht gelungen. Über hundert türkische Schiffe waren erbeutet worden, der osmanische Admiral Ali Pascha getötet. Die Größe des Sieges ließ außer in venezianischen Augen den Fall Famagustas in Vergessenheit geraten, dieses letzten venezianischen Stützpunktes auf Zypern.

Der Sieg von Lepanto hatte bewiesen, daß die Türken nicht unbesiegbar waren, wenn man sie zu einer offenen Schlacht zwang, und das war wichtig. Sonst aber erwies sich der Sieg als ein Papiersieg. Philipp gab Don Juan geheime Anweisung, die Armada der Liga bis weit in den Sommer 1572 hinein bei Messina zu stationieren, weil er einen Einfall der Hugenotten in die Niederlande und das Übergreifen der Unruhen auf Holland und Zeeland befürchtete. Und dann, nahm er an, würden Franzosen und Engländer zusammen in die rebellischen Provinzen einmarschieren.

In der Zwischenzeit aber hatte der Sultan eine neue Flotte zusammengestellt und segelte im Sommer 1572 mit fast genauso vielen Schiffen, wie er vor Lepanto gehabt hatte, in die Ägäis. Niemals wurde die Fähigkeit des Osmanischen Reiches, Kräfte zu mobilisieren, die in dieser Größenordnung für die christlichen Herrscher unerreichbar waren, überzeugender demonstriert. So sei es eben, wenn man wie der Sultan über Sklaven gebietet und nicht wie die christlichen Könige über freie Untertanen, versuchte man sich im Westen über die eigene Schwäche hinwegzutrösten.

Don Juan brannte darauf, den Türken entgegenzusegeln, und auch Papst Gregor XIII. drohte Philipp die „Tres Gratiae" zu entziehen, wenn er nicht etwas unternähme. Noch bevor er von dieser Drohung des Papstes in Kenntnis gesetzt worden war, gab Philipp nach und erlaubte

Don Juan in die Levante zu fahren. Nun war es jedoch schon zu spät; die Alliierten hatten ihr Vertrauen verloren, und Don Juan konnte nichts Entscheidendes mehr ausrichten. Anfang 1573 zogen die Venezianer, die schwer unter dem Verlust der Geschäfte mit der Levante litten, ihre Konsequenzen aus der Erkenntnis, daß für sie nichts durch das Bündnis mit Philipp zu gewinnen war, und verließen die Liga.

Nach dem Massaker der Bartholomäusnacht (August 1572) war zeitweilig die Gefahr eines Krieges mit Frankreich gebannt. Philipp II. erlaubte daraufhin Don Juan, den Tunisplan zu realisieren. Ende 1573 war Tunis befreit und Hafsid Moulay Muhammad, Hamidas Bruder, als Herrscher eingesetzt. Entgegen den Anweisungen, die er von Philipp II. erhalten hatte, begann er nun eine Zitadelle in der Stadt Tunis zu bauen, während er sich darum bemühte, daß der Papst ihm half, König von Tunis zu werden. Philipp, der wieder einmal in einer schweren Finanzkrise steckte, in die ihn die Unkosten für die Mittelmeerflotte und die Mobilisierung von über 60.000 Soldaten in den Niederlanden gebracht hatten, kümmerte sich nur wenig um Don Juans Aktivitäten.

Die Unruhen in Genua, die ebenfalls mit der Finanzkrise zusammenhingen, zwangen Don Juan und Doria während des ganzen nächsten Sommers, ihre Galeeren fern der ligurischen Küste zu halten. Im Juli griff Euldj Ali mit 250 Kriegsschiffen Tunis an und brachte 40.000 Soldaten an Land. Im September waren Tunis, die neue Zitadelle und La Goleta in die Hände der Moslems gefallen.

Ohne die Venezianer verfügte Don Juan nicht über genügend Truppen, um zum Gegenschlag auszuholen. 1575 mußte Philipp den Staatsbankrott erklären und befahl 1576 seinem Halbbruder, nach Brüssel zu reisen, wo sich die Situation durch eine Meuterei in der Armee und den Kollaps der Regierung drastisch verschlimmert hatte. Die Niederlande nahmen in Philipps politischen Erwägungen nun einmal absolute Priorität ein, daher versuchte er neuerlich, mit dem Sultan einen Waffenstillstand zu schließen.

Die Türken aber setzten ihren Vormarsch in Nordafrika 1576 mit der Niederwerfung von Marokko fort. Von Algier aus half Euldj Ali zwei marokkanischen Prinzen, Abd el-Malik und Ahmed, ihren Neffen, Scherif Muhammad el-Motawakkil (1574–1576) zu stürzen. Dieser floh nach Portugal, worauf Abd el-Malik Scherif wurde und den Janitscharen erlaubte, eine Garnison in Fez einzurichten.

Der Tod Selims II. 1574 fiel jedoch mit einer Verlagerung der türkischen Interessen von Westen nach Osten, vom Mittelmeerraum zu den Grenzen Persiens, zusammen. Die dominierenden Militärs in Konstantinopel waren nun plötzlich sehr für einen Waffenstillstand im

Mittelmeer. Als Philipp erneut seine Friedensfühler und diesmal mit etwas mehr Nachdruck ausstreckte, wurden seine Agenten höflich empfangen. Einer von ihnen, der Mailänder Giovanni Margliani, schloß im März 1578 einen zweijährigen Waffenstillstand unter der Bedingung, daß Philipp offizielle diplomatische Beziehungen zum Sultan aufnahm. Daraufhin schickte Philipp den Katalanen Don Juan de Rocafull mit Beglaubigungsschreiben nach Konstantinopel. Allerdings kam dieser nie dort an, da er in Venedig erkrankte und die Reise abbrechen mußte. Obgleich Philipp sich nicht die Mühe machte, einen anderen Botschafter zu kreditieren, hielten die Türken den Waffenstillstand ein, den sie wohl genauso dringend brauchten wie Philipp. 1579 fiel Mehemet Sokoli einem Mordanschlag zum Opfer. Sokoli war das Sprachrohr der Partei am Diwan gewesen, die sich für Krieg im Mittelmeer eingesetzt hatte. Sie setzte sich zum Großteil aus griechischen Seeleuten und ausgewanderten spanischen Juden zusammen. Nunmehr war Euldj Ali in Algier der einzige, der sich für den Vormarsch der Osmanen durch Marokko zum Atlantik aussprach.

Die Niederlage, die Dom Sebastian von den Marokkanern 1578 bereitet wurde, schien zunächst ein Triumph für Euldj Ali und seine Pläne. Aber es kam anders. Sein Verbündeter, der Scherif Abd el-Malik, erlitt einen Schlaganfall während der Schlacht, in der auch der abgesetzte Muhammad el-Motawakkil sein Leben ließ. Noch auf dem Schlachtfeld wurde Ahmed, Abd el-Maliks Bruder, zum Scherif der Marokkaner ausgerufen. Man gab ihm den Namen el-Mansour, der „Siegreiche“. Die Lösegelder, die ihm für die Freilassung der portugiesischen *fidalgos* gezahlt wurden, machten ihn zu einem reichen Mann. Dadurch wurde er zunehmend unabhängig von Algier.

Euldj Ali erwog daher, Marokko zu erobern und unter die Herrschaft des Halbmonds zu bringen, aber der Diwan hatte kein Interesse daran, den Waffenstillstand mit Philipp zu gefährden, und verweigerte ihm jegliche Hilfe. Seine Absichten wurden jedoch dem neuen Scherif hinterbracht, der daraufhin bei Philipp um einen gegenseitigen Verteidigungspakt ansuchte und ihm den marokkanischen Hafen Larache anbot. Philipp willigte ein und gab Medina Sidonia den Auftrag, eine Expedition nach Larache zu entsenden.[23]

Der Scherif aber hatte inzwischen eruiert, daß Euldj Ali viel zu schwach war, um für Marokko eine reale Gefahr darzustellen, Philipps Gesandte wurden daher mit endlosen diplomatischen Schnörkeln hingehalten, und die versprochene Übergabe von Larache fand niemals statt.

Das Geschick des Scherifs, sich die Türken vom Hals zu halten, wurde von den Barbaresken, wo die Türken immer unbeliebt gewesen waren, mit Neidgefühlen registriert. 1583 übernahmen in Algier algerische Seeräuberkapitäne die Herrschaft, während Euldj Ali von der Levante aus machtlos zusah. Als er hier 1587 starb, sollte dies auch das Ende der osmanischen Herrschaft über Nordafrika sein. Für Philipp entschärfte sich dadurch die Situation, war es doch entschieden leichter, sich der Korsaren zu erwehren als der Übermacht der Türken.

Die beiden großen Staatenkomplexe, die katholische Monarchie und das Osmanische Reich, die zwei Generationen lang einen mörderischen Krieg gegeneinander geführt hatten, ließen nun voneinander ab, die katholische Monarchie, um sich nach Westen und Nordwesten zu wenden, das Osmanische Reich, um eine Landmacht zu werden und gegen Persien und im Balkan Krieg zu führen. In dem Krieg der beiden Giganten aber waren die Osmanen als die eigentlichen Sieger anzusehen.[24]

Unter Philipp hatte die katholische Monarchie Tripolis, Bougie (Bugia) und schließlich Tunis eingebüßt; nur Oran, Melilla und die letzten portugiesischen Festungen blieben frei, die Kosten dafür aber überstiegen gewaltig den eigentlichen Wert, wenn man vom Prestige absieht. Auch Zypern war an die Türken verlorengegangen. Und der glorreiche Sieg von Lepanto hatte keine entscheidende Wendung gebracht, so wie Philipps Waffenstillstand mit Konstantinopel kein wirkliches Patt bedeutete. Die Türken hatten ihn erst unterzeichnet, nachdem sie Nordafrika, von Ägypten (1516) bis Marokko (1576) unter ihre Herrschaft gebracht hatten, entweder direkt oder als verbündete Staaten. Wahrscheinlich hätte Philipp II. sie daran hindern können, wenn er nicht mit so vielen anderen Problemen konfrontiert gewesen wäre, wie er umgekehrt, wenn auch etwas weniger wahrscheinlich, den Aufstand in den Niederlanden schneller niedergeworfen hätte, wenn er nicht gegen die Türken hätte kämpfen müssen.

Erst mitten in den achtziger Jahren begannen die Barbaresken-Staaten eine von den Türken unabhängige Politik zu betreiben. Während Tripolis, Tunis und Algier noch osmanische Gouverneure akzeptierten, lehnte Marokko jegliche Bevormundung ab und wurde zum Symbol der Unabhängigkeit. Der Scherif von Marokko (der Name bedeutet: Nachfahre des Propheten) war kein Freund des maßlosen Führungsanspruchs des Sultans, der die gesamte islamische Welt beherrschen wollte.

Wie für Philipps Monarchie war aber auch für die Türken die Entfernung der „Feind Nummer eins", die durch die zentralistische Regierungsform, nämlich alles von Konstantinopel beziehungsweise Madrid aus zu regieren, noch verstärkt wurde. In den letzten Jahren von Philipps Regierung zeigten sich die Grenzen, die den Staaten des

16. Jahrhunderts in ihrer Ausdehnung gesetzt waren: Der Mittelmeerraum hörte auf, sich nach dem Rhythmus der Kämpfe zu richten, die sich die beiden Riesenreiche an seinem westlichen und östlichen Rand lieferten.

Zu einem letzten Nachbeben kam es, als Philipp 1596 Doria den Auftrag gab, seine Flotte mit größter Vorsicht in die Levante zu dirigieren, quasi als Antwort auf die Klagen des Papstes und der anderen italienischen Staaten, er müsse endlich etwas gegen die Türken unternehmen, die seit 1593 wieder in Ungarn Krieg führten. Das Unternehmen erwies sich jedoch als nutzlos: Das Mittelmeer war *hors de la grande histoire,* wie Fernand Braudel es nennt,[25] mit anderen Worten: Das große Weltgeschehen spielte sich von nun an auf einer anderen Bühne ab: auf dem nördlichen Atlantik.

Während die Völker an der europäischen Nordatlantikküste nun ganz Philipps Aufmerksamkeit gefangennahmen, fanden die Mittelmeervölker endlich Zeit, sich mit ihren eigenen Angelegenheiten zu beschäftigen. Im Zuge dieser Konzentration auf sich selbst lösten sich die Völker Nordafrikas langsam aus der osmanischen Umklammerung und begannen auch die Italiener sich gegen die Herrschaft Madrids aufzulehnen. Auch auf kommerziellem Gebiet fand eine Verlagerung statt: Der überseeische Handel ging in die Hände der Engländer und Holländer über.

Philipps spanische Untertanen, die Nordafrika für ein geeignetes Expansionsgebiet hielten, sahen es allerdings ungern, daß Philipp die Ressourcen, die der Süden der katholischen Monarchie zu bieten hatte, dazu benutzte, um die alten Interessen Burgunds in den Niederlanden zu verteidigen.

Der Aufstand der Niederlande

Kein Ereignis während der Regierung Philipps II. hat so viel Aufsehen erregt und ist so gründlich erforscht worden wie der Aufstand der Niederlande, und das mit Recht. Und wenn die Regierung, die die Aufständischen in den von Philipp abgefallenen Provinzen etablierten, auf den ersten Blick auch mittelalterlich anachronistisch erscheint, der Geist, der die Republik erfüllte, war ein neuzeitlicher. Denn die Macht, die bisher in den Händen des Fürsten, des Adels und der kirchlichen Institutionen gelegen war, ging nun in die Hände der bürgerlichen Berufsvertretungen über, die sich anschickten, bei ihrer Regierung so methodisch, rational, weltlich, wettbewerbsorientiert und auf den Nutzen ausgerichtet vorzugehen, daß wir hier schon alle Merkmale der modernen westlichen Mentalität vor uns haben. Durch die Anzahl der in allen möglichen Berufsvereinigungen tätigen Männer aus Stadt und Land, die nun neben den Landbesitzern saßen, bot das neue Regime einen wesentlich repräsentativeren Querschnitt durch die Bevölkerung der Provinzen, als es das Regime Philipps II. getan hatte, das hauptsächlich die Beamtenschaft, den Adel und die Kirche repräsentiert hatte. Der Impuls, sich gegen Philipps Regierung zu erheben, aber ging anfangs kurioserweise weniger von den Bürgern als vom Adel aus, der sich über die Beamtenschaft und die Kirche zu erheben wünschte.

In der Geschichtsschreibung – abgesehen von den Rechtfertigungen katholischer Historiker – hat sich der Mythos ausgebreitet, Philipp II. habe den Niederlanden ein despotisches Regime aufzwingen wollen, um sich eine Operationsbasis für die Rekatholisierung der protestantischen Länder zu schaffen. Dieser Mythos verfälscht aber die historische Realität. Philipp hatte keinen solchen Plan, das Regime, das ihm vorschwebte, sollte bei allen absolutistischen Tendenzen nur dem Recht und der Gerechtigkeit dienen, von Despotie (oder Tyrannei), worunter man damals Willkür und Gesetzlosigkeit verstand, konnte nicht die Rede sein. Interessant ist, daß diesem Irrglauben auch viele von Philipps protestantischen Zeitgenossen anhingen.

Anstelle von Berechnung finden wir, wie meistens in der Geschichte, eine Fülle von miteinander in Verbindung stehenden Ereignissen, bei denen der Zufall eine ebenso große Rolle spielt wie die Absicht und wo das Ergebnis ein ganz anderes ist, als man erwartet hatte. Viele Faktoren wirkten dabei mit: religiöse Überzeugungen, politische und wirtschaftliche Interessen sowie persönliche Loyalitäten und die Bereitschaft, einen Wandel herbeizuführen. Allen diesen Bestrebungen zugrunde aber lag der Wunsch, eine soziale Ordnung aufzubauen, in der der Status und die Sicherheit jedes einzelnen nicht gefährdet wären.

Jene, die bereit waren, alles aufs Spiel zu setzen, waren wenige, und sie hatten immer dann Erfolg, wenn sie Vorteile erringen konnten, ohne die fundamentale Ordnung der Gesellschaft zu zerstören. Denn die Republik, die aus dem Aufstand hervorging, hatte keinen Umsturz der sozialen Verhältnisse herbeigeführt. In dieser Republik hatte sich die bestehende Gesellschaft von Bürgern und mittlerem Adel von jenen Provinzen losgelöst, wo der mächtige Hochadel, die von Philipp gestärkte Kirche und eine fest verschanzte Klasse von *rentiers* nichts von neuen wirtschaftlichen Entwicklungen wissen wollte. Die zehn „gehorsamen" südlichen Provinzen blieben unter Philipps Herrschaft, weil hier der Adel, der Klerus und die Reichen sowie viele Mitglieder der Mittelschicht einen Umsturz der bestehenden Ordnung durch die

„kleinen Leute" der gewerbetreibenden Städte fürchteten, womöglich unter der Führung radikaler Calvinisten, die eine neue gottgewollte Gesellschaftsordnung einführen wollten. In ihrer Angst suchten sie Sicherheit in der Wiedereinrichtung der gewohnten Ordnung, des römischen Katholizismus und in Philipps Regierung, wenn auch ihnen nicht verborgen geblieben war, daß sein Regime in zunehmendem Maße von Madrid und immer weniger von Brüssel aus dirigiert wurde. Es war ganz dem Geschick von Philipps Generalstatthalter Alexander Farnese zu verdanken, daß zehn der siebzehn Provinzen für Philipp zu retten waren, darunter die beiden aufrührerischsten, nämlich Flandern und Brabant, die sich noch 1577 an der Opposition gegen Philipps Politik beteiligt hatten. Farnese aber hatte Erfolg, weil er die Angst der südlichen Niederländer vor dem Umsturz begriff und zu nutzen wußte. Denn mit Gewalt allein hätte er wohl nichts ausgerichtet, auch nicht mit seiner mächtigen flandrischen Armee. Nach einiger Zeit aber verabscheuten viele die Rebellen mehr als das „spanische" Regime.

Andererseits besaßen gerade die Provinzen, die man als das Herz des Aufstandes, nämlich Holland und Zeeland, bezeichnen kann, keine größeren gewerbetreibenden Städte und waren daher weniger als andere Provinzen sozialen Umsturztendenzen ausgesetzt. Auch wer nicht mit der neuen politischen und religiösen Ordnung sympathisierte, brauchte sich nicht in seinem Status bedroht zu fühlen. Daher wartete hier auch niemand verzweifelt auf die Gelegenheit, mit Hilfe von Philipps Soldaten die Regierung der Aufständischen zu stürzen. In der Tat konnten anfangs die Rebellen als Befreier auftreten, da sich Albas Regime wegen seiner Versuche, ein effektiveres Steuersystem einzuführen, höchst unbeliebt gemacht hatte. Dazu kam, daß die Geographie durch die natürlichen Grenzen von Rhein, Maas und Waal das Ihre dazu beitrug, um die Gegenaktionen von Philipps Armeen in den ersten verzweifelten Jahren des Aufstandes zu behindern. Auch die ständige offizielle und inoffizielle Intervention der Franzosen und Engländer aus religiösen, kommerziellen und strategischen Gründen behinderte erfolgreich Philipps Versuche, den Aufstand zu unterdrücken. Trotzdem wäre es Farnese wahrscheinlich gelungen, Holland und Zeeland zu erobern, wenn nicht nach 1585 die englische Intervention drastisch verstärkt worden wäre und wenn sich nicht fünf Jahre später Philipp II. entschlossen hätte, seiner eigenen Intervention in den Hugenottenkrieg Vorrang vor seinen Operationen gegen die aufrührerischen Provinzen einzuräumen. Mitte der neunziger Jahre hatte die holländische Republik bereits ihre eigene Identität entwickelt, war eine beachtliche Seemacht geworden und besaß eine starke, gut geführte Armee. Sie wurde auch von anderen Mächten anerkannt und war damit ein Mitglied der europäischen Staatengemeinschaft geworden, aus der Philipp sie nicht mehr mit Waffengewalt vertreiben konnte.

Zwar mangelte es Philipp II. an Verständnis für die tieferen Probleme der Niederlande, aber er hatte bestimmte Vorstellungen für Verbesserungen innerhalb der Kirche und der Regierung, die er während seines Aufenthaltes in den Niederlanden (August 1555–August 1559) zu realisieren hoffte. Aber der Krieg mit Frankreich, der zur Erbmasse Karls V. gehörte, hinderte ihn nicht nur daran, die geplanten Reformen durchzuführen, er brachte ihn auch in finanzielle Schwierigkeiten, so daß es zu einem höchst unerfreulichen Zusammenstoß mit den Generalstaaten der Niederlande kam. Die Staaten bewilligten ihm zwar neunjährige Subsidien, aber bestanden darauf, das Geld selber einzutreiben und seine Verwendung zu überwachen. Letzteres empfand Philipp als Verstoß gegen seine Rechte als Souverän. Er mußte jedoch nachgeben, um das Geld zu bekommen.

Nach dem Frieden von Câteau-Cambrésis hatte Philipp es eilig, nach Spanien zurückzukehren; erstens weil er annahm, hier leichter an Geld zu kommen als in den Niederlanden; zweitens weil Spanien schon seit über fünfzehn Jahren von Regenten regiert worden war, seit nämlich Karl V. 1543 die Halbinsel verlassen hatte. Zu seinem Generalstatthalter der Niederlande ernannte Philipp auf den Rat von Granvelle und Alba seine Halbschwester Margarete, Herzogin von Parma. Ihre Ernennung wurde von den niederländischen Magnaten mit Unwillen aufgenommen, denn Margarete war zwar in den Niederlanden geboren, hatte aber den größten Teil ihres Lebens in Italien verbracht und wußte daher nur wenig über ihr Geburtsland. Das geistige Haupt der Magnaten, Wilhelm von Oranien, hätte statt Margarete lieber Philipps Cousine Christine, verwitwete Herzogin von Lothringen, auf dem Gouverneurssessel gesehen, deren Schwiegersohn er in Kürze zu werden hoffte. Aber weder Alba noch Granvelle hatten genügend Vertrauen zu dem ehrgeizigen jungen Prinzen und fürchteten, daß er sich in einer von Christine geführten Statthalterschaft zu viel Einfluß verschaffen würde. Oraniens ausgedehnter Besitz erstreckte sich von der Nordsee bis ins Rhônetal und besaß die Größe eines „mittleren Königreichs". Wer wollte sicher sein, daß der arrogante Fürst nicht eines Tages seine Macht gegen Philipp einsetzen würde? Aus diesem Grund sorgte Philipp dafür, daß Oraniens Bewerbung um die Hand einer Tochter Lothringens nicht angenommen wurde.

Mit Oranien, dem Führer der Opposition gegen Philipp, haben wir den Mann vor uns, der entscheidend zum Erfolg des Aufstands beigetragen hat. Er wurde 1533 in Dillenburg als ältester Sohn des Grafen von Nassau, einem Lutheraner, geboren. 1544 erbte er den großen Besitz seines Cousins Rainer von Oranien, trat wegen dieser Erbschaft zum Katholizismus über und kam an den Hof Karls V. Der Kaiser faßte bald eine große Zuneigung zu dem jungen hübschen Mann, der so angenehm wirkte. Bei seiner Abdankung stützte er sich denn auch auf Oranien, als er zu seinem Platz schritt. Oranien aber war irritiert, als nun nicht Christine die Statthalterschaft übertragen wurde. Er ärgerte sich, als er entdecken mußte, daß Margarete den Auftrag bekommen hatte, sich zuerst von Granvelle beraten zu lassen, und geriet außer sich, als er bemerkte, daß Philipp seine Heiratspläne zerstört hatte. Als wollte er sich rächen, bewarb er sich nun um die Hand der lutherischen Anna von Sachsen, der Tochter von Herzog Moritz, der sich 1531 gegen Karl V. aufgelehnt hatte. Dieser Schritt wurde tatsächlich von Philipp und Granvelle mit Entrüstung zur Kenntnis genommen, aber sie wagten nicht, ein zweites Mal die Heiratspläne des mächtigen Fürsten zu durchkreuzen.

In dem sich entwickelnden Konflikt zwischen den beiden Männern spielten also von Anfang an persönliche Divergenzen eine nicht zu unterschätzende Rolle. Seinem Charakter entsprechend hätte Philipp das nie zugegeben, sondern versteckte sich hinter der Würde seines Amtes. Wilhelm dagegen machte in seiner *Apologia* von 1580 aus seinem Groll gegen Philipp keinen Hehl, und zweifellos war er es, der sich von den beiden im Laufe der Jahre zu der sympathischeren Persönlichkeit entwickelte. Aber beiden war das Schicksal gemeinsam, daß die brennenden Fragen der Zeit sie dazu zwangen, einen ganz bestimmten Standpunkt einzunehmen, der sie zu politischen Gegnern machte.

Aufgrund von Philipps Instruktionen basierte Margaretes Regime auf einem geheimen Rat, der sogenannten *consulta*, dem Granvelle als Staatsrat, Graf Berlaymont als Präsident des Finanzrates und Viglius als Präsident des Justizrates angehörten. Alle diese Männer waren von den Meriten eines zentralisierten Herrschaftsregimes überzeugt: der Beamte Granvelle, der wie sein Vater sein Leben dem Staatsdienst geweiht hatte, der verarmte Adelige Berlaymont, der viele Kinder zu ernähren und unterzubringen hatte, und der Lateiner Viglius, der Fachmann des römischen Rechts.

Ein solches Regime aber erniedrigte nach Meinung seiner Gegner – Oranien und Egmont –, wo immer es praktiziert wurde, zum Beispiel in Neapel, Kastilien, Frankreich und England, den Adel zu unterwürfigen Statisten. Daher waren Oranien und Egmont entschlossen, mit allen Kräften zu verhindern, daß sich ein solches Regime in den Niederlanden durchsetzen könnte: Sie bestanden auf ihrem angestammten Recht, den Fürsten zu beraten, sowie auf ihrem Kontrollrecht über die Miliz und die Rechtsprechung in den Provinzen und verweigerten der Regierung die Aufstellung einer Armee in Friedenszeiten, da sie möglicherweise vom Herrscher dazu benutzt werden könnte, den eigenen Untertanen seinen Willen aufzuzwingen. Den Magnaten schlossen sich die bürgerlichen Delegierten der Generalstaaten an. Sie taten es aus eigenen Beweggründen, unter anderem, weil sie keine Steuern zahlen wollten. Granvelle zufolge übten sie sogar einen ziemlich starken Einfluß auf den Adel aus.[26]

Als daher Philipp bei seinem letzten Treffen mit den Generalstaaten in Gent im August 1559 verkündete, er wolle nach seiner Abreise nach Spanien eine Garnison von 3000 spanischen Veteranen in den Niederlanden belassen, kam es zum offenen Tumult. Angesichts der Drohung der Delegierten, ihm die neunjährigen Subsidien zu streichen, entschloß sich Philipp zu einem Rückzieher und versprach, die Truppen abzuziehen. Dieses tat er aber erst Ende 1560, als die Gefahr einer Thronbesteigung Maria Stuarts (mit Hilfe der Franzosen) abgewendet war und er die Truppen im Mittelmeer brauchte.

Am 23. August 1559 verließ Philipp zu Schiff die Niederlande. In der Retrospektive begann mit diesem Tag das Ende der burgundischen Blütezeit, die mit Philipp dem Kühnen begonnen, ihren Höhepunkt mit Philipp dem Guten und ihr Ende mit Philipp dem Vorsichtigen erreicht hatte. Als Karl V. sich einst nach Spanien einschiffte, dachten die Niederländer, daß ein gütiges Geschick ihnen ein Reich zu Füßen gelegt hatte, als rund vierzig Jahre später Philipp II. in See stach, hatten sie das beklommene Gefühl, daß sie in jenem Reich nur mehr eine untergeordnete Rolle spielten.

Kaum war Philipp fort, begannen kleinliche Streitereien wegen Protektion und Ämtervergabe die Brüsseler Regierung zu spalten: Granvelle, Berlaymont und Viglius standen Oranien und Egmont gegenüber. Aber diese kleinen Querelen wurden bald von einem größeren Problem in den Schatten gedrängt, einem Problem, das die Aufmerksamkeit der ganzen Bevölkerung in Anspruch nahm: die Reform der niederländischen Bistümer. Wegen dieser Streitfrage kam es 1566 zum ersten Ausbruch von Empörung.

Die Regierung hatte schon seit geraumer Zeit eine Vermehrung der Bistümer in den Niederlanden von vier auf achtzehn ins Auge gefaßt, um besser die Ketzerei bekämpfen zu können. Eine größere Kirche würde dem zentralistischen Regime, das ja die Bischöfe ernannte, zu mehr Einfluß im ganzen Land sowie in den Landtagen und Generalstaaten verhelfen, da ja die Bischöfe auch über Sitze verfügten. Um die Kontrolle der Regierung über die neuen Bischofssitze sicherzustellen, sollten die Niederlande zu einer einheitlichen Kirchenprovinz unter dem Primat des Erzbischofs von Mechelen umgestaltet werden. Früher waren sie Reims und Köln unterstellt gewesen. Nach geheimen Verhandlungen Philipps mit Rom gab der Papst 1560 und 1562 die für die Schaffung der vierzehn neuen Bistümer notwendigen Bullen heraus.

Auf der Stelle kam es zu massivem Widerstand auf breiter Basis. Die Magnaten und Gemeinderäte befürchteten, daß die neuen Bischöfe politischen Einfluß ausüben könnten, die Städte, die nun Bischofssitze werden sollten, sahen mit Sorge den Steuererhöhungen entgegen, welche die entstehenden Kosten zu decken haben würden, und die Äbte der niederländischen Klöster sahen verdrossen ihre Renten dahinschwimmen, die ebenfalls zum Aufbau der neuen Bischofssitze bestimmt waren. Vor allem aber verbaten die Privilegien Brabants, die als Norm für die Niederlande anzusehen waren, dem Fürsten ausdrücklich, ohne Zustimmung der Stände neue Bischofssitze und Klöster zu errichten.

Was aber den größten Unmut der Bevölkerung erregte, war der Plan, die Inquisition zu vergrößern, da jedes Domkapitel einen Stab von Inquisitoren bekommen wollte. Bisher hatte die Inquisition in den Niederlanden, die der Papst 1522 auf Wunsch Karls V. eingeführt hatte, unabhängig von den Bistümern agiert, war relativ klein und ineffektiv, auch wenn die (von Karl V.) auf Anschlägen publizierten Strafen für Häresie schwer waren und von einer langen Reihe von körperlichen Züchtigungen bis zum Tod durch Ertränken reichten. Bei mehreren Exekutionen unter diesen Anschlägen war es zu öffentlichen Unmutsbezeugungen gekommen.

Die Gegner der Reform der Bistümer richteten nun ihren konzentrierten Haß auf die Inquisition. Humanisten (Anhänger des Erasmus von Rotterdam), Juden, Christen jüdischer Abstammung, Lutheraner und Calvinisten verbreiteten, wo sie konnten, abschreckende Erzählungen über Grausamkeiten und Geheimprozesse der Inquisition (die sie natürlich „spanisch" nannten) unter den Niederländern, die als See- und Kaufleute im allgemeinen tolerant der Vielfalt von religiösen Überzeugungen gegenüberstanden, so lange sich die Gläubigen an das bestehende Recht hielten.

Philipp dagegen war der Meinung, daß sich die Toleranz schädlich auf den einzelnen und die Gemeinschaft auswirkte, und handelte, als gäbe es niemanden, der darüber anders denken könne. Als strenger Legalist glaubte er, daß niemandem Böses geschehen konnte, der sich an das Gesetz und an die katholische Lehre hielt und nichts zu verbergen versuchte. Und er sah einfach nicht die unheilvollen Effekte einer

Institution, die überall ihre Horcher hatte, und war sprachlos über den Abscheu, den die Inquisition in den Niederlanden erregte.

Da Philipp in diesen Monaten vorwiegend mit den Problemen im Mittelmeer beschäftigt war, überließ er die Einrichtung der neuen Bistümer Margarete von Parma und Granvelle, der Erzbischof von Mechelen wurde. Die Klagen der Magnaten, die fast jedes Jahr nach Madrid kamen, um dem König zu erklären, warum sie gegen seine Politik waren, hörte er nur an, ohne sie jedoch zu beantworten. Besonders verärgert war er 1562 über die Weigerung der Magnaten, der französischen Regierung mit Truppen gegen die Hugenotten zur Hilfe zu kommen; man hatte ihn nämlich darüber informiert, daß sie ihre Weigerung mit den Engländern abgesprochen hatten, und diese leisteten den Hugenotten aktiven Beistand.[27]

Die Opposition der Magnaten und Gemeinden gegen die Durchführung der päpstlichen Bullen hatte teilweise Erfolg. Tatsächlich wurden trotz wiederholter Aufforderung nicht alle Bistümer eingerichtet. Herzog Alba vertraute dem König an: „Jedes Mal, wenn ich die Briefe jener drei Herren aus Flandern (Oranien, Egmont und Hoorn) lese, werde ich so wütend, daß mich Eure Majestät für einen Rasenden halten würde, wenn ich mich nicht so zusammennähme." Philipp war nun aber klar, daß Granvelle, der von den Magnaten aus dem Rat herausgewählt worden war und in den Straßen verhöhnt wurde, nicht mehr länger im Amt bleiben konnte. Ende 1563 gab er ihm daher die Erlaubnis, seine Mutter in Besançon zu besuchen, und versetzte ihn zwei Jahre später nach Rom.

Wenn Philipp gedacht hatte, mit der Entfernung Granvelles der Opposition den Wind aus den Segeln zu nehmen, dann hatte er sich geirrt. Die Magnaten setzten ihre Verzögerungstaktik fort, indem sie darauf bestanden, daß Philipp in die Niederlande komme und sich von den Generalstaaten die Einwilligung zu seiner kirchlichen Reform hole. Außerdem forderten sie (durch Graf Egmont, der Anfang 1565 nach Madrid kam), daß die Strafen gegen die Ketzerei gemildert würden und die Brüsseler Regierung so umorganisiert würde, daß der Staatsrat, den die Magnaten beherrschten, über den Justiz- und den Finanzrat gestellt würde. Philipp, der auf die Offensive der Osmanen antworten mußte (im Mai war Malta angegriffen worden), bestimmte Ruy Gómez zum Verhandlungspartner von Egmont. Zusammen mit Gonzalo Pérez arbeitete Ruy Gómez eine Instruktion aus, die Egmont wissen ließ, ein Ausschuß von niederländischen Theologen werde die kirchlichen Probleme studieren. Dies war keine Antwort auf die vorgeschlagene Umorganisierung der Brüsseler Regierung. Trotzdem gewann Egmont im Gespräch mit Ruy Gómez und Philipp den Eindruck, daß man in Madrid zu gewissen Kompromissen bereit sei, und berichtete darüber in Brüssel. Aber kurz nach seiner Rückkehr kamen neue Instruktionen nach Brüssel, die von Philipps „flämischem" Sekretariat verfaßt worden waren, nämlich von Charles de Tisnacq und Josse de Courtewille. Diese aber hatten sich nicht mit Ruy Gómez und Pérez abgesprochen, und diese Instruktionen widersprachen nicht nur Egmonts Eindrücken, sie widersprachen auch Gómez' Instruktionen. Daraufhin bat Margarete von Parma, die sich ebenfalls nicht auskannte, Philipp um Klarstellung seiner Absichten.

Was wirklich in Madrid geschehen war, bleibt unklar. Gonzalo Pérez vermutete, daß Philipps Neigung, die Aufgaben an verschiedene Minister zu verteilen, ohne sie darüber zu informieren, der Grund für die Verwirrung war. Er läßt uns darüber im unklaren, ob Philipp dafür Gründe hatte oder nur einfach zerstreut war. Wie immer, die Folgen waren höchst unglücklich. Die Regierung in den Niederlanden stellte ihre Tätigkeit so lange ein, bis Philipp Klarheit geschaffen habe. In dieser gespannten Situation traten die religiösen Dissidenten nach jahrelanger Unterdrückung vor die Öffentlichkeit und verstanden es, durch ihre flammenden Reden den durch die Mißernten von drei Jahren sowieso schon aufrührerisch gestimmten Mob in Erregung zu versetzen.

Philipp ließ Margarete erst im Oktober, nach der Befreiung Maltas, eine Antwort zukommen. In dieser erneuerte er seine früheren Anweisungen, die Bischofssitze einzurichten, die Inquisition zu stärken und die bestehenden Strafen beizubehalten. Die Umbildung der Regierung verschob er auf „eine andere Zeit" und berief in den Staatsrat den Herzog von Aarschot, der als Rivale von Oranien und Egmont galt. Philipps Unbeugsamkeit ist umso seltsamer, als er genau wußte, daß die niederländischen Magnaten nicht bereit waren nachzugeben und er, angesichts der Entwicklung im Mittelmeer, durchaus nicht in der Lage war, Gewalt anzuwenden.

Tatsächlich antworteten die Magnaten mit Streik, indem sie sich weigerten, ihre Amtsgeschäfte zu erledigen. Eine Gruppe meist junger Adeliger, die provokativ ihren Protestantismus demonstrierte, setzte ihre Unterschrift unter einen „Kompromiß des Adels", der zur Gewissensfreiheit (die Egmont nie gewagt hätte, dem König vorzuschlagen), Abschaffung der Anschläge (mit den Strafen für Ketzerei) und der Inquisition aufrief. Im April legten mehrere hundert dieser Adeligen, welche die Regierung als „Konföderierte" bezeichnete, ihre Forderungen Margarete vor. Diese brach in Tränen aus, und einer ihrer Räte, der sie beruhigen wollte, bezeichnete die Aufrührer als miese „Bettler". Diese aber nahmen den Ausdruck begeistert auf und liefen mit dem Ruf „Lang leben die Bettler!" durch die Straßen. Da sie von Philipp keine Unterstützung bekam und viele ihrer Räte und Beamte Sympathisanten der „Bettler" waren, akzeptierte Margarete eine „Moderation" der Anschläge, die der Staatsrat ausarbeitete. Keine der beiden Seiten war jedoch zufriedengestellt: Den Katholiken gingen die Konzessionen zu weit, den Protestanten erschien der Kompromiß „tödlich".

Die lokalen Behörden gingen den Weg des geringsten Widerstands und tolerierten stillschweigend die öffentlichen Unmutsäußerungen, bei denen sich politische, religiöse und wirtschaftliche Motive miteinander mischten. Sogenannte „Heckenprediger" wetterten vor riesigen Menschenmengen gegen die Kirche Roms, die Anschläge gegen die Ketzerei und die „spanische" Inquisition. Der Staatsrat aber sandte erneut zwei seiner Mitglieder, Baron Montigny und Marquis von Bergen, zu Philipp, um ihn zu bitten, seine Instruktionen von Oktober zu modifizieren, damit die Ordnung wiederhergestellt werden könnte.

Philipp zeigte Verständnis und erklärte sich zu einigen kleinen Konzessionen bereit, gleichzeitig legte er vor einem Notar den Eid ab, daß er unter Zwang gehandelt habe. Die Konzessionen waren folgende: Die päpstliche Inquisition wurde aufgelöst (da die neuen bischöflichen Inquisitionen an ihre Stelle traten), Margarete von Parma bekam die Erlaubnis, die Anschläge nach ihrem Dafürhalten zu mildern, er selbst versprach, wo er nur konnte, großzügig Gnade walten zu lassen und sobald es der Krieg gegen die Türken erlaube, persönlich in die Niederlande zu kommen.

Bei Papst Pius V. entschuldigte sich Philipp für die Auflösung der päpstlichen Inquisition in den Niederlanden und beauftragte seinen Botschafter Requesens, dem Heiligen Vater folgende Zusicherung zu überbringen: „Bevor ich zulasse, daß der Religion und dem Dienst an Gott der kleinste Schaden zugefügt wird, möchte ich lieber alle meine Länder verlieren und hundert Leben, wenn ich sie besäße, denn ich habe nicht vor, ein Herrscher über Häretiker zu werden. Wenn möglich, will ich versuchen, die Religionsangelegenheiten (in den Niederlanden) zu regeln, ohne zu den Waffen zu greifen, weil ich fürchte, ein solches Tun würde den Ruin (der Niederlande) herbeiführen. Sollte ich jedoch nicht in der Lage sein, die Dinge so zu regeln, wie ich es mir vorstelle, nämlich ohne Gewalt, bin ich entschlossen, mich in persona in die Niederlande zu begeben, um die Verantwortung für alles zu übernehmen, und weder Gefahr noch die Zerstörung aller jener Provinzen und dessen, was ich sonst noch besitze, soll mich von diesem Ziel abhalten."[28]

Bevor noch Philipps Konzessionen in den Niederlanden bekannt wurden, hatten sich die Ereignisse verselbständigt. Am 3. September wurde Philipp die Nachricht überbracht, daß Banden von jungen Calvinisten Mitte August einen Bildersturm inszeniert hatten, katholische Kirchen entweiht, römisch-katholische Geistliche belästigt und die Prozessionen zu Mariä Himmelfahrt auseinandergejagt hatten. Die Stadt Valenciennes war von Calvinisten besetzt worden, ohne daß die überraschten katholischen Beamten und Bürger nennenswerten Widerstand leisten konnten. In den Niederlanden regierte das Chaos.

Philipp II. war tief betroffen. Zu Granvelle meinte er, nichts bekümmere ihn so, wie diese Ausschreitungen „gegen Unseren Herrn und Seine Bilder".[29] Auf ein Blatt, das eine Zusammenfassung der Briefe Granvelles über die Aufstände enthielt, kritzelte Philipp an den Rand: „Sie lasten auf meiner Seele, ich leide unter ihnen."

Wenige Wochen später erhielt Philipp die Nachricht vom Tod Suleimans des Prächtigen (wodurch eine osmanische Offensive für die nächsten zwei Jahre ziemlich unwahrscheinlich wurde) und faßte den Entschluß, in den Niederlanden entschiedene Gegenmaßnahmen zu ergreifen. Nachdem er seine Berater konsultiert hatte, akzeptierte er einen Plan Albas, nach dem zuerst ein Minister an der Spitze einer Armee in die Niederlande geschickt werden sollte, um Ordnung zu schaffen, bevor sich Philipp selbst dorthin begeben würde.[30] Wie vorauszusehen, wurde Alba mit dieser Aufgabe betraut. Philipp ernannte ihn zum Generalkapitän der Niederlande und instruierte ihn genauestens, wie er die Ordnung wiederherzustellen habe. Dabei setzte er sich über Nachrichten aus den Niederlanden hinweg, daß die Magnaten sich mit der Statthalterin verbündet hätten, um die Ordnung wiederherzustellen. Philipp schenkte diesen Gerüchten keinen Glauben, zumal Spione ihn wissen ließen, daß die Magnaten nur ihre eigene Position stärken wollten und daß Oranien mit den „Konföderierten" in dem Moment die Regierung und die katholische Kirche stürzen würde, in dem Philipp sich anschickte, in die Niederlande zu kommen.[31]

Philipp autorisierte den Herzog, ein Sondergericht für die Aufständischen und Bilderstürmer einzurichten und sogleich Oranien, Egmont, Hoorn und andere vor dieses Gericht zu bringen, die entweder die Aufständischen ermutigt oder ihre Pflicht vernachlässigt hatten, Philipps Instruktionen zu befolgen. Außerdem sollte der Herzog die Inquisition wieder beleben, die berüchtigten Anschläge wieder in Kraft treten lassen und die noch fehlenden Bischofssitze einrichten.

Albas Regime in den Niederlanden erwies sich als streng und militärisch. Kurz nach seiner Ankunft im August 1567 wurden Egmont und Hoorn festgenommen. Oranien war klüger gewesen und hatte die

Flucht ins Reich angetreten, wo er ebenfalls Ländereien besaß. Als die Statthalterin Margarete das Ausmaß von Albas Befugnissen erkannte, trat sie in der richtigen Erkenntnis zurück, daß Philipp II. ihr damit sein mangelndes Vertrauen ausdrücken wollte.[32] Kurzerhand ernannte Philipp daraufhin Alba zum Generalstatthalter der Niederlande, womit er eindeutig die Gesetze des Landes verletzte. Er entschuldigte die Ernennung eines Ausländers mit der Notsituation, in der das Land sich befand.

Das Gericht für die Unruhestifter wurde schon bald das „Blutgericht" genannt. Von ungefähr 18.000 verhörten Personen wurden nach überlieferten Berichten mindestens 1000 hingerichtet. Ein spanischer Bericht von 1573 gab an, daß während Albas Regierung 6000 Niederländer hingerichtet wurden. Das mag stimmen, da das „Blutgericht" ja nicht das einzige Gericht war.[33]

Der Widerstand der „Bettler" war schnell niedergeschlagen, und die Grafen Egmont und Hoorn wurden nach kurzer Einvernahme hingerichtet, um die Bevölkerung einzuschüchtern. (Alba hatte wohl insgeheim gehofft, die Grafen würden ihre Unschuld beweisen können; aber angesichts der Anklage – Nichtbefolgung direkter Befehle – war das unmöglich.[34]) Ein Versuch Oraniens, mit Hilfe der französischen Hugenotten und der deutschen Lutheraner die Niederlande von Albas „Tyrannei" zu befreien, wurde von Alba vereitelt.

Die Armee, die Alba in die Niederlande geführt hatte, wurde zunächst von der kastilischen Schatzkammer bezahlt, Alba hatte jedoch Instruktionen bekommen, daß die Niederlande selber für ihren Unterhalt aufzukommen hätten.[35] Um die Städte zum Zahlen zu erpressen, drohte Alba den Magistraten, sie wegen Versäumnissen während oder wegen Beteiligung an den Unruhen von 1566 vor Gericht zu bringen. 1569 rief er die Generalstaaten zusammen und legte ihnen einen Finanzreformplan vor, der die Finanzen der Regierung auf eine solidere Basis stellen und sie vor allem aus der Abhängigkeit von den Staaten befreien sollte. Auf eigene Initiative schlug Alba den Staaten vor, eine Steuer, die der kastilischen *alcabala* entspräche, einzuführen, nämlich eine permanente Verkaufssteuer von zehn Prozent bei allen geschäftlichen Transaktionen außer bei Liegenschaften, eine fünfprozentige Steuer bei allen Liegenschaftsverkäufen und eine einmalige Eigentumssteuer von einem Prozent. Das Steuerprojekt, das in den Niederlanden als „zehnter Pfennig" bekannt wurde, stieß auf allgemeine Empörung. Vor dem Widerstand der Generalstaaten gab der Herzog schließlich nach und akzeptierte die traditionellen Subsidien, die jedes Jahr bewilligt werden mußten. Er tat dies jedoch nicht, ohne die Warnung auszusprechen, er würde in nicht allzu ferner Zukunft auf sein Projekt zurückkommen.

Die durch Albas Versuch, den „zehnten Pfennig" einzuführen, wieder aufgeflammten Unruhen leiteten 1572 die zweite und entscheidende Phase des Aufstands ein. Nach 1568 hatten die „Bettler" unter Führung von Oranien in England, Frankreich und im Reich um Hilfe gebeten, und 1571 wurde Philipps Furcht vor einer englisch-französischen Allianz, die durch gewisse Gespräche zwischen Katharina Medici und Königin Elisabeth über Elisabeths Heirat mit einem Valois zusätzlichen Aufwind bekam, so groß, daß er seine Zustimmung zu dem erfolglosen Ridolfi-Komplott gegen Königin Elisabeth gab.

Anfang 1572 marschierte eine hugenottische Kolonne, die Oraniens Bruder, Ludwig von Nassau, anführte, in die südlichen Niederlande ein und nahm Mons ein. Alba schickte auf der Stelle mehr als 60.000 Mann an die französische Grenze, und Philipp gab Don Juan den schon erwähnten Stillhaltebefehl, damit er für den Fall eines Krieges mit Frankreich und England eine Armada im westlichen Mittelmeer einzusetzen hätte. Im April 1572 landeten die sogenannten „Seebettler", die von England wegen Seeräuberei vertrieben worden waren, in Zeeland, das, da Alba seine Truppen nach Süden geschickt hatte, leicht zu besetzen war, ebenso wie Holland. Auch hier stießen sie auf wenig Widerstand seitens der Bevölkerung. Die Unzufriedenheit mit Albas strengem Regime und vor allem mit seinem „zehnten Pfennig" wurde immer größer. Im Juli 1572 wählten die Vertreter Hollands und Zeelands (wo immer noch die meist calvinistischen Bettler regierten) Oranien zu ihrem Statthalter.

Auch in Madrid regte sich nun Widerstand gegen Alba: Seine Gegner forderten unter Ruy Gómez lauthals seinen Rücktritt, weil er sich durch seine falsche Steuerpolitik so unbeliebt gemacht habe, daß praktisch alle seine Beschlüsse von der Bevölkerung boykottiert würden. Die Religion spiele dabei nur eine untergeordnete Rolle. Diese Ansicht wurde durch private Briefe aus den Niederlanden bestätigt. Auch Arias Montano, der sich einmal sehr für Alba eingesetzt hatte, betrieb jetzt seine Abberufung. Als „Familialist" war er der Auffassung, daß in einer gemäßigteren Regierung auch die Inquisition weniger streng sein müsse. Wenn man die Menschen nicht in Gewissensnot bringe, würden sie sich der herrschenden Religion dankbar anpassen, und das sollte Philipp eigentlich genügen. Diese Ansicht ließ sich unter Hinweis auf Nicodemus rechtfertigen. Allerdings zogen die Calvinisten dabei nicht mit: Calvin hatte schon 1544 über die *Messieurs les Nicodemites* geschimpft, und seine Anhänger waren entschlossen, weiter um die Anerkennung auch der äußeren Formen ihrer Religion zu kämpfen.

Philipp nahm sich die verschiedenen Ratschläge zu Herzen und beschloß, Alba durch den Herzog von Medinaceli zu ersetzen. Er sandte ihn mit einer Armada in die Niederlande mit dem Auftrag, das Meer von seeräuberischen „Bettlern" zu reinigen. Die Armada aber wurde umgekehrt von den Seeräubern geplündert, und Alba weigerte sich, zurückzutreten, bevor er nicht die eingefallenen Hugenotten besiegt und Holland und Zeeland zurückerobert hätte. Daraufhin schloß sich Medinaceli der niederländischen „loyalen" Opposition gegen Alba an und bombardierte Madrid mit Klagen über den alten Herzog.

Nach der Bartholomäusnacht im August, der auch Coligny und viele hugenottische Führer zum Opfer fielen, war für Alba die Gefahr einer Invasion von Frankreich gebannt. Im September konnte er Mons zurückgewinnen und bereitete sich nun darauf vor, den „Bettlern" den entscheidenden Schlag zu versetzen. Aber schlechtes Wetter, schwierige geographische Verhältnisse und vor allem mangelnde Geldmittel (zur Bezahlung seiner Truppen) arbeiteten gegen ihn. So gelang es ihm nicht, Holland und Zeeland zurückzuerobern, worauf er, auch gesundheitlich am Ende, im November 1573 zurücktrat und von Don Luis de Requesens ersetzt wurde.

Schon im Winter 1572/73 war in Madrid registriert worden, daß offensichtlich weder Alba noch Medinaceli in der Lage waren, Philipps Autorität in den Niederlanden wiederherzustellen. Daraufhin bat Philipp seinen alten Spielgefährten aus Kindertagen, Luis de Requesens, die Situation zu retten, die sich trotz Albas Siegen in der offenen Schlacht ständig verschlechterte.[36] Anstelle von Albas Härte sollte jetzt eine Politik der Mäßigung und der Begnadigungen versucht werden, und Requesens war genau der richtige Mann, um diese Politik zu vertreten.[37]

Aber in den Monaten zwischen der Designierung Requesens' im Februar und dem Ende seiner Statthalterschaft in Mailand im Herbst gelang es der Madrider Regierung nicht, sich über die Details der neuen Mäßigungspolitik und über das Ausmaß der Begnadigungen zu einigen, da jeder am Hof darüber seine eigenen Vorstellungen hatte und nur wenige direkte Kenntnisse über die Situation in den Niederlanden besaßen. Selbst Philipp war, wie er Requesens anvertraute, total verwirrt und empfand den Wunsch, sich selbst an Ort und Stelle zu informieren; denn er könne ja niemandem trauen, dürfe das freilich nicht zugeben.[38]

Als Requesens daher in Brüssel ankam, besaß er weder genügende Vollmachten noch genaue Instruktionen, wie er nun vorzugehen habe. Alba, der verbittert war und nichts von der neuen Politik hielt, die Requesens einzuführen vorhatte, lehnte es ab, ihn zu beraten. Und es hätte auch wenig Sinn gehabt, sagte doch Requesens zu seinem Bruder, er müsse Albas Regime bei den Wurzeln ausreißen.[39]

Don Luis stand nun vor denselben unüberwindbaren Problemen wie vorher Alba und stellte bald fest, daß doch die Religion und nicht die Steuerreform, wie viele in Madrid glaubten, die Wurzel der Unruhen bildete.[40] Die Toleranz war zwar in aller Leute Munde, aber Philipp konnte sich nicht zu ihr durchringen. Requesens und seine Nachfolger mußten zudem die Erfahrung machen, daß den Calvinisten nicht zu trauen war. Denn dort, wo sie herrschten, verboten sie nun ihrerseits die Ausübung des Katholizismus, ließen allerdings, das soll betont sein, den Leuten ihre persönliche Überzeugung.

Als Requesens im März 1576 starb, brach in der Armee, die seit Philipps Staatsbankrott 1575 keinen Sold mehr gesehen hatte, eine Meuterei aus. Sie besetzte mehrere Städte und die Zitadelle von Antwerpen, plünderte die Bauern und belästigte die Städter. In diesem kritischen Moment gab Philipp Don Juan den Auftrag, sich vom Mittelmeer weg in die Niederlande zu begeben, in der Hoffnung, daß der Ruhm des Helden von Lepanto (und die Tatsache, daß er Karls V. Sohn war) dazu beitragen würde, die Niederländer zu besänftigen.

Aber es vergingen sechs Monate zwischen Requesens' Tod und Don Juans Ankunft in Luxemburg. Und während dieser Zeit gelang es Oraniens Anhängern, den Staatsrat in Brüssel von sämtlichen Spaniern und Niederländern zu säubern, die Philipps Politik unterstützt hatten. In Gent versammelten sich die von Brabant zusammengerufenen General-staaten, um die öffentliche Ordnung wiederherzustellen, sich gegen Philipps meuternde Armee zu verteidigen und Frieden mit den rebelli-schen Provinzen Holland und Zeeland zu schließen. Unter dem Eindruck der „spanischen Furie", der Plünderung Antwerpens am 4. November (die Stadt wurde verwüstet und 6000 Menschen starben) durch die meuternde Garnison entwarfen die Generalstaaten die Friedensurkunde von Gent, in der alle siebzehn Provinzen forderten, daß Philipp alle ausländischen Truppen abzuziehen und den religiösen Status quo zu akzeptieren habe – nämlich Calvinismus in Holland und Zeeland, Zulassung beider Religionen in zahlreichen Städten und Katholizismus in den meisten Landstrichen, zumindestens so lange, bis er selber in die Niederlande käme, um die religiöse Frage mit den Generalstaaten zu regeln.

Damit hatte die Rebellion ihren Höhepunkt erreicht. Die Staaten stellten nun ihre eigene Armee auf und zwangen Don Juan zur Anerkennung der Friedensurkunde, bevor sie seine Regierung anerkannt hatten. Er erfüllte diese Forderung durch das immerwährende Edikt vom Februar 1577, und die mit Beute beladene spanische Armee machte sich auf den Weg nach Italien. Von England aus wurden nun offizielle diplomatische Beziehungen mit den Generalstaaten angeknüpft: Königin Elisabeth, die sich geweigert hatte, mit den rebellischen „Bettlern" zu verhandeln, war der Auffassung, daß die in Gent zusammengetretenen Generalstaaten den Aufstand legitimiert hatten, ohne von Philipp abzufallen.[41]

Auch Philipp akzeptierte das immerwährende Edikt, welches ja das religiöse Problem nur aufgeschoben hatte. Er und auch Don Juan waren überzeugt, daß die Mehrheit der Staaten, wenn es darauf ankäme, sich für den Katholizismus als beherrschende Religion in den Niederlanden einsetzen würde. Weil aber auch die Calvinisten dieser Meinung waren, entfernten sie, wo sie nur konnten, alle Katholiken aus den städtischen und den Provinzregierungen. Ohne Erfolg verhandelte Don Juan mit Oranien über diesen Bruch des immerwährenden Edikts von calvinistischer Seite. Schließlich verlor er die Geduld, ließ im Juli 1577 die Zitadelle von Namur besetzen und die Armee zurückkommen.

Philipps Aufgabe war es nun, nicht nur zwei rebellische Provinzen zu unterwerfen, sondern die ganzen Niederlande wieder in seine Gewalt zu bringen. Alexander Farnese führte die spanische Armee zurück in die Niederlande, und Don Juan schlug die Armee der Staaten im Januar 1578 bei Gembloux. Es war ihm allerdings nicht möglich, seinen Sieg sinnvoll auszubeuten, da Philipp, der noch ganz mit der Sanierung seines Staatshaushaltes und mit der Nachfolge in Portugal beschäftigt war, nicht genügend Geld zur Verfügung stellte. So starb Don Juan im Oktober, ohne seinen Auftrag erfüllen zu können.

Sein Nachfolger Alexander Farnese konnte dank seiner militärischen und diplomatischen Fähigkeiten mit sparsamsten Mitteln erstaunliche Erfolge erringen. Während Philipp immer weniger Hoffnung in eine friedliche Lösung der Spannungen setzte und den geschickten sizilianischen Herzog von Terranova[42] zu einer von Kaiser Rudolf II. 1579 einberufenen Konferenz nach Köln schickte, wo auch eine Delegation der Staaten erschien, konnte Farnese Maastricht einnehmen und damit die Verbindungsstraße von Deutschland zu den südlichen und zentralen Niederlanden unterbrechen. In den Reihen der Niederländer war es zu ernsten Spaltungen gekommen. Der wallonische Hochadel entwickelte eine Aversion gegen die Calvinisten und war zunehmend beunruhigt durch das soziale Chaos, das unter dem Einfluß calvinistischer Revolutionäre in den südlichen Provinzen ausbrach.[43] In Gent wurde 1577 mit Hilfe deutscher calvinistischer Söldner, die von den Staaten und Königin Elisabeth von England bezahlt wurden, eine calvinistische Theokratie errichtet.

Im Laufe des Jahres 1579 unterstellten der Sohn Graf Egmonts und der Herzog von Aarschot zusammen mit anderen mächtigen Adeligen Philipp ihre Milizen. 1580 trat Graf Rennenberg mitsamt Friesland zu ihm über.

Farnese plädierte für eine Politik der „Spaltung und Eroberung", und Philipp versuchte auf der Konferenz in Köln zum letztenmal durch Verhandeln zu einer Regelung zu kommen. Hier aber wurde endgültig klar, daß es hauptsächlich um die Religion ging und daß es zwischen dem katholischen König mit seinen Verpflichtungen Rom, Spanien und Italien gegenüber und den Calvinisten keine Verständigung geben werde.

Im Mai 1579 unterzeichnete Farnese einen Vertrag mit der Union von Arras. In dieser verpflichteten sich die katholischen Staaten von Hainault, Arras und Wallonisch Flandern, die katholische Religion zu schützen. Farnese dagegen versprach, alle ausländischen Truppen von diesen Provinzen abzuziehen und dafür zu sorgen, daß ein Niederländer oder ein legitimer Habsburger zum Generalgouverneur ernannt würde.

In der Zwischenzeit gründeten die Aufständischen die Union von Utrecht (1579) und schworen 1581 Philipp II. ab. Zu ihrem neuen Herrscher wählten sie den Herzog von Anjou (den früheren Herzog von Alençon), den jüngeren Bruder von König Heinrich III. von Frankreich (1574–1589), einen Katholiken mit wirren Reformplänen.

Während Wilhelm von Oranien Holland und Zeeland fest in der Hand hielt, bemühte sich Anjou, die von Unruhen bewegten Provinzen Brabant und Flandern mit englischer Hilfe gegen Farneses Angriff zu wappnen.[44] Da ihm die calvinistische Theokratie in Gent, nach deren Muster eine weitere in Antwerpen errichtet werden sollte, gefährlich erschien, versuchte er Anfang 1583 mit Hilfe französischer Söldner Antwerpen und einige andere Orte in seinen Besitz zu bringen. Als ihm dies mißlang, war es mit seinem Kredit bei den Calvinisten vorbei. Er kehrte noch im gleichen Sommer nach Frankreich zurück, wo er ein Jahr später starb.

Im Juli 1584 wurde Wilhelm von Oranien, den Philipp 1580 für vogelfrei erklärt hatte und auf dessen Kopf ein Preis angesetzt war, von einem Mörder umgebracht. Aber anstatt den Widerstandswillen der Rebellen zu brechen (wie Philipp und Granvelle gehofft hatten), stärkte der Mord nur ihre Entschlossenheit. In ihrer Not sandten sie Agenten nach Frankreich und England, um um Hilfe anzusuchen.

Farnese war es inzwischen endlich gelungen, Philipp dafür zu gewinnen, die regelmäßige Besoldung seiner Armee sicherzustellen, und rückte nun stetig von den wallonischen Provinzen nach Norden vor. Ende 1584 hatte er fast ganz Flandern zurückerobert, im März 1585 ergab sich ihm Brüssel und am 17. August nach langer Belagerung Antwerpen.

Als Philipp II. diese Nachricht mitten in der Nacht überbracht wurde, stürzte der sonst so gefaßte König in das Zimmer der Infantin Isabella, um auszurufen: „Antwerpen ist unser!"[45]

Der Fall Antwerpens wird von vielen Historikern als der Höhepunkt von Philipps Regierung angesehen. Offensichtlich empfand auch Philipp selbst es so, auch wenn es sich nur um die Rückeroberung einer Stadt handelte, die ihm vorher verlorengegangen war. Immerhin aber hatte ihre Rückgewinnung zur Folge, daß auch die zehn wichtigsten Städte der Niederlande sich wieder Philipps Herrschaft unterstellten. Es war zu hoffen, daß die Rückeroberung Hollands, Zeelands und Utrechts nur mehr eine Frage der Zeit war. Denn zu diesem Zeitpunkt befand sich Portugal mit allen seinen Ländern schon in Philipps Besitz, und die steigenden Erträge aus der Neuen Welt ermöglichten die stetige Verstärkung der bewaffneten Kräfte in den Niederlanden.

Auch in dem zweiten kritischen Gebiet, wo einiges verlorengegangen war, nämlich in Nordafrika, konnte man erneut Fuß fassen, wenn man rechtzeitig Tunis und Tripolis wieder in spanische Gewalt brachte und Algier und Marokko eroberte, wie es sich die Spanier an Philipps Hof wünschten, oder wenn man durch die Flotte eine Quarantäne errichtete, was Kardinal Granvelle für die beste Lösung hielt.

Wenn man also annimmt, daß erstens Philipps Diplomatie in der Lage sein würde, eine Koalition westeuropäischer Staaten gegen ihn zu verhindern, und zweitens, daß die Türken in nächster Zeit mit anderen Dingen beschäftigt sein würden, dann stimmt Merrimans Feststellung: Zu keinem anderen Zeitpunkt stand Philipps Monarchie so erhaben und unbesiegbar da, und niemals schien die Welt ihm so zu Füßen zu liegen.[46]

Die Lage änderte sich jedoch entscheidend, als drei Tage nach dem Fall Antwerpens Königin Elisabeth und die holländischen Rebellen den Vertrag von Nonesuch schlossen. Durch diesen Vertrag und nicht durch die Flußbarriere ist, wie Charles Wilson in seinem Buch überzeugend darlegt, die holländische Republik gerettet worden.[47] Philipp konnte sich nicht länger der Illusion hingeben, daß der Aufstand der Niederlande eine interne Angelegenheit war. Der Vertrag zwang ihn nun zur offenen Konfrontation mit England, und er begann ab sofort mit den kostspieligen Vorbereitungen zu der Invasion Englands durch spanische Truppen.

Farnese und seinen Truppen war 1586 in ihren Kämpfen mit holländischen Rebellen und Engländern wenig Erfolg beschieden. 1587 kam der Befehl von Philipp, die Armee darauf vorzubereiten, um an Bord der nach England segelnden Armada zu gehen. Die Armada machte sich aber erst 1588 auf den Weg und wurde nach schweren Verlusten von

Engländern und Holländern in die Nordsee abgedrängt (um rund um Schottland und Irland nach Spanien zu segeln), ohne sich mit Farneses wartender Armee vereinigen zu können. Auf diese Weise gingen zwei Sommer verloren, und die Holländer konnten während dieser Zeit ihre Verteidigung verstärken. In dem jungen Moritz von Nassau, Wilhelm von Oraniens Sohn, fanden sie einen brillanten Oberbefehlshaber, der Farnese in jeder Hinsicht gewachsen war.

Als 1589 Heinrich III. von Frankreich mitten im Hugenottenkrieg ermordet wurde, befahl Philipp Farnese, zugunsten der Katholischen Liga in Frankreich zu intervenieren, um zu verhindern, daß Heinrich von Navarra König wurde. Farnese versuchte vergeblich, dem König klarzumachen, daß seine vordringliche Aufgabe die Wiedereroberung der rebellischen Provinzen sei, und stellte sich nur halbherzig an die Seite von Philipps französischen Verbündeten. Schließlich ließ sich Philipp von Don Cristóbal de Moura davon überzeugen, Farnese den Oberbefehl zu entziehen. De Moura hatte ihm suggeriert, Farneses italienische Berater kochten sich ihr Süppchen auf dem Feuer des Aufstands, indem sie es künstlich am Leben hielten. Im Dezember 1592 starb Farnese noch in Amt und Würden, in einer Schlacht gegen die Rebellen, just zu dem Moment, da Graf Fuentes, der gekommen war, ihn zurück nach Spanien zu holen, die Stadt Brüssel betrat. Die Brüsseler Regierung, die unter Farnese nur mehr eine reine Militärregierung gewesen war, wurde nun interimistisch Graf Peter Ernst von Mansfeld anvertraut, einem fünfundsiebzigjährigen Staatsrat, dem es als langjährigen Statthalter von Luxemburg gelungen war, daß Luxemburg nicht von Philipp abfiel. Sofort aber begann er nun mit dem zweiundsechzigjährigen Fuentes über ihre verschiedenen Machtbefugnisse zu streiten, und es geschah wenig mehr, als daß eine neue Ketzerverfolgung gestartet wurde (was Farnese vermieden hatte). In der Armee brach eine neue Meuterei aus, und die Holländer konnten die Provinzen im Osten der Zuidersee erobern. Auch in Frankreich sah es nicht besonders günstig für Philipp aus. In der Zwischenzeit hatte er sich zu einer neuen Strategie zur Beilegung des Aufstands in den Niederlanden entschlossen, der, wie Idiáquez meinte, sich zu einem verfressenen Monstrum entwickelt hatte, welches immer mehr spanische Soldaten und Reichtümer verschlang.[48] Philipp plante, die Niederlande von der katholischen Monarchie abzutrennen und sie der Herrschaft seiner Tochter Isabella Clara Eugenia und des Erzherzogs Ernst anzuvertrauen, den er 1593 zum Generalstatthalter ernannt und als zukünftigen Gatten für seine Tochter ins Auge gefaßt hatte.

Während der Heiratsverhandlungen mit Maria Tudor hatte Philipp noch 1553 hartnäckig die Rechte seines Sohnes Don Carlos auf die

Niederlande verteidigt. Auch jetzt hätte er lieber das ungeteilte Erbe seinem Thronfolger, der nach 1582 Prinz Philipp war, übergeben. Aber die sich häufenden militärischen und diplomatischen Mißerfolge sowie die seinen Untertanen nicht mehr zumutbaren Kosten des Krieges in den Niederlanden gaben Philipp zu denken. Offenbar scheint er auch den nationalen Charakter der Rebellion begriffen zu haben und war bereit, ihn als Faktum zu akzeptieren, auch wenn er ihn nicht guthieß.

Anfang 1594 traf Ernst in Brüssel ein, aber starb schon im nächsten Jahr. Nun wandte sich Philipp an seinen Lieblingsneffen, Kardinal Erzherzog Albrecht, Vizekönig von Portugal, der zur Zeit in Madrid weilte, und ernannte ihn zum neuen Generalstatthalter in Brüssel. Daß er Albrecht persönlich (wie 1576 Don Juan) in die Niederlande schickte, unterstreicht, wie wichtig sie ihm waren. Denn eigentlich brauchte er Albrecht dringend in Madrid, da er sich immer schwächer fühlte und der Erbe, Prinz Philipp, kaum achtzehn Jahre alt war. Bis dieser im regierungsfähigen Alter war, würde möglicherweise die Regierung der Monarchie eine Zeitlang von Albrecht allein getragen werden müssen.

Als Albrecht 1596 in den Niederlanden eintraf, konnte er zu seiner Erleichterung feststellen, daß Graf Fuentes die Armee übernommen und die Disziplin wiederhergestellt hatte.

Philipps Instruktionen zufolge wurde sie aber nicht zur Rückgewinnung der verlorenen Provinzen, sondern in Frankreich eingesetzt. Nachdem Albrecht einige Erfolge verbuchen konnte, wurde er 1597 vor Amiens geschlagen. Es war ihm nun klar, daß eine weitere Intervention in Frankreich, wo Heinrich von Navarra zum Katholizismus übergetreten war und von den meisten Franzosen als König akzeptiert wurde, ebenso sinnlos wie kostspielig war. Albrecht wollte Frieden und überredete Philipp, ihn zu Verhandlungen mit den Franzosen in Vervins zu bevollmächtigen. Hier wurde im Mai 1598 ein Vertrag unterzeichnet, der die Bedingungen von Câteau-Cambrésis erneuerte.

Philipp betrieb nun mit Nachdruck die Vorbereitungen für Isabellas Ehe mit Albrecht und holte sich aus Rom die notwendige Entbindung des Bräutigams von den niederen Weihen. Zusammen mit Philipp unterzeichnete er die Urkunden, in denen die Niederlande und die Franche-Comté an die „Erzherzöge", wie Albrecht und Isabella genannt wurden, übergeben wurden, mit der Bedingung, daß im Falle der Kinderlosigkeit des jungen Paares die Niederlande und die Grafschaft beim Tode Albrechts an Prinz Philipp oder seine Nachkommen fallen würden, wie es dann tatsächlich auch 1621 geschah.

Die Erwartung allerdings, daß die Abtrennung der Niederlande zu einer friedlichen Wiedervereinigung der Provinzen führen würde, erwies sich als falsch. Die Holländer setzten den Aufstand fort, und die „gehorsamen" Provinzen erfreuten sich, da sie ja auf das Geld und die Soldateska der Monarchie angewiesen waren, nur einer nominellen Unabhängigkeit.[49]

Westeuropa

Das Reich, das Philipp II. erbte, unterschied sich, da die österreichischen Herzogtümer und damit die Möglichkeit, die Kaiserkrone zu erringen, fehlten, sehr deutlich von dem Reich seines Vaters Karl V. Die Probleme, mit denen sich Philipp II. herumschlagen mußte, hatten mit Mitteleuropa viel weniger zu tun, als es noch bei Karl V. der Fall gewesen war. Das heißt nicht, daß es nicht Berührungspunkte gab, namentlich zwischen den Niederlanden und dem Heiligen Römischen Reich Deutscher Nation existierten noch alte, wenn auch brüchig gewordene Bande.

Philipps Diplomatie in Deutschland konzentrierte sich nach dem Aufstand in den Niederlanden darauf, die Besorgnisse der Deutschen hinsichtlich der militärischen Vorgänge in den Niederlanden zu zerstreuen. Philipp betonte, daß seine Armeen nicht gegen die Ketzer, sondern gegen die Aufständischen angetreten seien. Und er bat seine Verwandten, die habsburgischen Kaiser in Wien, den deutschen Fürsten zu verbieten, die Aufständischen zu unterstützen. Dies bereitete den Kaisern insofern wenig Schwierigkeiten, als die deutschen Fürsten nach einem Zeitalter der religiösen Auseinandersetzungen ängstlich bedacht waren, Ärger zu vermeiden. Und wegen dieser Einstellung und weniger wegen der kaiserlichen Bannsprüche hielt sich die Hilfe für die Holländer in Grenzen.

Philipps politisches Interesse hatte sich immer mehr auf seine europäischen Nachbarn im Westen gerichtet. Von Anfang an erschien Frankreich als der wichtigste aller Nachbarn, aber unter Elisabeth entwickelte sich auch England zu einer Macht ersten Ranges, die sich außerdem zum Vorkämpfer des Protestantismus herauskristallisierte.

England

Philipps Beziehungen zu England waren nach dem Tod Maria Tudors (1558) einerseits von den alten politischen Vorstellungen seiner Dynastie geprägt, wo es vor allem um das Legitimitätsprinzip ging, andererseits von einer neuen religiösen Ideologie. Während von Rom ständig Druck auf Philipp II. ausgeübt wurde, religiösen Erwägungen Vorrang vor allen anderen zu geben, wurde Elisabeth von England (die zwar nicht so langsam wie Philipp, aber sonst diesem sehr ähnlich war) von den englischen Protestanten gedrängt, jeden Schritt Philipps oder Frankreichs als gegenreformatorische Aggression auszulegen. In England spielten aber auch (wie in Spanien und den Niederlanden) kommerzielle Motive eine wichtige Rolle. Während die Kastilianer das Monopol in der Neuen Welt behaupteten, die Niederländer eine begünstigte Position im Handel mit den Kastilianern einnahmen und aufgrund alter Verträge einen gewinnbringenden Handelsaustausch mit England pflegten, unterhielten die Engländer keine nutzbringenden Handelsbeziehungen mit Spanien, außer daß sie während Philipps kurzer Regierungszeit als Titularkönig von England durch an Private verliehene Lizenzen einen Begriff von den Möglichkeiten bekamen, die ein Anteil an dem Handel mit der Neuen Welt eröffnen würde. Während der zweiten Hälfte des 16. Jahrhunderts bemühten sie sich daher in zunehmendem Maße, in das kastilische Monopol einzudringen, sei es als friedliche Schmuggler, sei es als Piraten und Plünderer, so daß Philipp gezwungen war, zu kostspieligen Maßnahmen zu greifen, um die Neue Welt Kastiliens zu verteidigen.

Philipp wollte in Westeuropa vor allem den *Status quo* von Câteau-Cambrésis aufrechterhalten. 1559/60 aber schien dieser Zustand durch die ungeregelte englische Thronfolge stark gefährdet. Philipp führte sich während dieser Zeit als der Beschützer Elisabeths auf, deren Thron von Maria Stuart, Königin der Schotten, beansprucht wurde. Im Juli 1559 wurde Marias Mann als Franz II. König von Frankreich, und um ihre Position in England zu stärken, sandten ihre Onkel, Herzog Guise und der Kardinal von Lothringen, französische Truppen nach Schottland. Hier hatten sich nämlich die „Lords of the Covenant" unter der geistigen Führung des Calvinisten John Knox gegen die Regentschaft ihrer Mutter, Maria von Lothringen, aufgelehnt. Da Elisabeth von England sie unterstützte, gelang es den Rebellen, die Regentin zu besiegen und Maria zur Unterschrift unter den Vertrag von Edinburgh (Juli 1560) zu zwingen, der Marias Macht drastisch beschnitt und den Abzug aller französischen Truppen forderte. Da im Dezember Franz II. starb und damit Guise und Lothringen alle Macht verloren, war es mit Marias Chance, England mit französischer Hilfe zu erobern, vorbei, und Philipp konnte seine 3000 spanischen Soldaten aus dem Norden zurückrufen.

Seine Position als Beschützer Elisabeths geriet zwei Jahre später ins Wanken, als Elisabeth sich im ersten Religionskrieg in Frankreich (1562/63) auf die Seite der Hugenotten stellte. Als Grund gab sie die Zurückgewinnung von Calais an, aber Philipp mußte es so erscheinen, als verteidigte sie die protestantische Sache. Zwar kam er der Bitte

Katharina Medicis nicht nach, Elisabeth den Krieg zu erklären, aber Granvelle, der Elisabeth in Verdacht hatte, eine Liga mit den niederländischen Rebellen zu bilden, verhängte ein Embargo über den englisch-niederländischen Handel. Das gleiche tat Philipp als Antwort auf Klagen Sevillas über englische Schmuggelei in der Karibik. 1564 aber stoppte Elisabeth ihre Intervention in Frankreich, und die Embargos wurden wieder aufgehoben. Philipps Beziehungen zu Elisabeth von England normalisierten sich wieder für eine Zeitlang.

Zu einer erneuten Verschlechterung dieser Beziehungen kam es drei Jahre später, nämlich 1567, als Alba an der Spitze einer mächtigen Armee in den Niederlanden einmarschierte. Die Gegenreformation, die nach dem Konzil von Trient neuen Schwung bekommen hatte, hatte die Beziehungen zwischen den beiden Herrschern bereits vergiftet, so daß Elisabeth ihrem einstigen Verbündeten nicht mehr traute, trotz aller Beteuerungen von seiner Seite, Alba habe den Auftrag, die Rebellen zur Räson zu bringen und sonst nichts.

Elisabeths erste gegen Alba gerichtete Maßnahme war höchst seltsam. Ein Historiker hat sie „ein sinnloses Piratenstück"[50] genannt; denn sie verärgerte damit den Herzog, ohne seiner Macht den geringsten Abbruch anzutun. Ende 1568 ließ sie nämlich vier Schiffe festnehmen, die der Sturm in englische Häfen getrieben hatte. Diese Schiffe waren von genuesischen Bankiers, die mit Philipp einen Vertrag abgeschlossen hatten, mit 400.000 Dukaten für Herzog Alba beladen worden. Elisabeth nahm das Geld an sich und traf ihre eigenen Abmachungen mit den Bankiers. Alba aber ordnete ein Embargo für den englisch-niederländischen Handel an, worauf Elisabeth mit einem gegen die Spanier gerichteten Embargo antwortete. Als Alba einlenkte, weil die Niederländer sich über ihre geschäftlichen Verluste beklagten, und Verhandlungsbereitschaft zeigte, bemühte sich Elisabeth um einen Vertrag, der England den Handel mit allen Ländern der spanischen Krone gestatten und englische Seeleute vor Kontrollen schützen sollte. Alba besaß aber keine Vollmachten für den Abschluß eines derartigen Vertrages, und Philipp, der die Unruhen unter den *moriscos* den Protestanten in die Schuhe schob, zeigte sich nicht sehr entgegenkommend. Infolgedessen stagnierte der englisch-niederländische Handel, wobei die Niederländer die größeren Verluste zu beklagen hatten. Erst 1573, als sich Elisabeth nach den Schrecken der Bartholomäusnacht aus der Entente mit Frankreich gelöst hatte, unterzeichneten sie und Alba eine Vereinbarung, die „Konvention von Nijmwegen", die den Handel wieder von allen Beschränkungen befreite und darüber hinaus Elisabeth und Philipp verpflichtete, nicht den Rebellen zu helfen. Inzwischen aber hatten die rebellischen Seebettler Holland und Zeeland überrannt, und Elisabeth hatte der Rebellion der Earls im Norden und dem Ridolfi-Komplott erfolgreich getrotzt.

Philipp vermutete nun, daß Elisabeth den Seebettlern geholfen hatte. In der Tat hatte sie ihnen Asyl geboten wie schon so vielen, die vor Albas Verfolgungen geflohen waren. Sie hatte sie nur von England vertrieben, weil sich ihre eigenen Untertanen über das rücksichtslose Piratentum der Flüchtlinge beklagt hatten. Was nun den Aufstand der Earls anging, so handelte es sich hierbei um ein unglückliches Unternehmen, an dem weder Philipp noch Alba beteiligt waren, obwohl der Papst sie darum gebeten hatte. Zu allem Überfluß fiel der Aufstand zeitlich mit der Exkommunikation Elisabeths durch Papst Pius V. zusammen, die aber erst im Januar 1570 publik wurde, also einen Monat nach der Niederschlagung des Aufstands. Das Scheitern der Earls nahm Philipp die Möglichkeit, sich zu einem passenderen Termin für seine eigenen Zwecke einer mächtigen Liga von Adeligen zu bedienen, so wie es ihm in Frankreich und anderen Herrschern in den Niederlanden gelungen war.

Infolgedessen blieben ihm, wenn er der englischen Königin Schwierigkeiten bereiten wollte, nur zwei Möglichkeiten: in Irland zu intervenieren[51] oder sich an einer der Verschwörungen zu beteiligen, in die nach 1568 wissentlich oder unwissentlich die in England inhaftierte Maria Stuart, in die Isolierung gedrängte katholische Magnaten und fanatische oder ehrgeizige Ausländer involviert waren. 1571 zettelte Ridolfi, ein in London tätiger Florentiner Geschäftsmann, zusammen mit dem Herzog von Norfolk eine Verschwörung gegen die Regierung Elisabeths an, die ihre Entthronung und, wenn nötig, ihre Ermordung zum Ziel hatte, damit der Thron für Maria Stuart frei würde. Alba, hofften die Verschwörer, würde mit seiner Armee über den Kanal kommen, und am Ende würde man in England wieder den katholischen Glauben in seine alten Rechte einsetzen können. Alba selbst hielt wenig von der Verschwörung und noch weniger von Ridolfi, aber da der Papst den Plan guthieß, schickte er Ridolfi nach Madrid.

Philipp hatte sich gerade der Heiligen Liga und damit zu einem Krieg gegen die Türken verpflichtet. Eine englisch-französische Annäherung, die durch den Plan Katharina Medicis, einen ihrer jüngeren Söhne mit Elisabeth zu verheiraten, im Raume stand, erschien ihm jedoch als echte Bedrohung für die Niederlande. Wenn die Ridolfi-Verschwörung jedoch gelänge, wäre diese Gefahr durch die Eliminierung Elisabeths gebannt. Philipp und seine Räte gaben daher der Verschwörung grünes Licht, waren doch die Risiken und Kosten gering im Vergleich zu dem eventuellen Gewinn. Kurz bevor ihn die Nachricht vom Sieg von Lepanto erreichte, hörte Philipp, daß die Verschwörung fehlgeschlagen war. Sein Gesandter am Hofe Elisabeths, der durch seine Arroganz Philipp in England sehr geschadet hatte, Don Gerau de Spes, wurde des Landes verwiesen. Erst 1578 sollte Elisabeth wieder einen Gesandten Philipps an ihrem Hof empfangen.

Sie sandte im Herbst 1576 ihrerseits Gesandte zu den Generalstaaten in Gent, lieh ihnen Geld und unterstützte die Regelung von Gent.[52] Damit stellte sie sich eindeutig auf die Seite der Rebellen und gab Philipp den Rat, religiöse Toleranz walten zu lassen. Er antwortete, weder sie noch irgendein anderer europäischer Fürst handle so (außer unter Zwang wie in Frankreich), warum sollte er es also tun.

Don Juans militärische Operationen gegen die Staaten und vor allem sein Sieg bei Gembloux ließen die Dinge wieder anders erscheinen. Bisher hatte Elisabeth mit den Staaten als einer Regierung Philipps verhandelt, nun aber führten sie Krieg gegen seinen Generalstatthalter. Sie hörte daher auf, ihnen offiziell zu helfen, sondern unterstützte nur noch die Söldner, die der calvinistische Fürst, Johann Kasimir von der Pfalz, anführte. Ohne daß sie es beabsichtigt hätte, trug sie dadurch ihren Teil zum Auseinanderbrechen der Einheit der Staaten bei, da Johann Kasimirs Unterstützung der calvinistischen Theokratie in Gent die niederländischen Magnaten und Katholiken zurück in Philipps Lager trieb.

Auch die letzten Jahre der offiziellen Beziehungen zwischen Philipp und Elisabeth (1577–1584) standen unter dem Zeichen vielfältiger Spannungen. Auch wenn sie offiziell den holländischen Rebellen ihre Unterstützung versagte, so hielt sie doch nicht ihre Untertanen davon zurück, den Rebellen beizustehen oder in der Neuen Welt zu schmuggeln und Piraterie zu betreiben. So konnte Drake bei seinem Raubzug rund um die Welt (1578–1581) auf königliche Unterstützung zählen und wurde nach seiner Rückkehr von Elisabeth zum Ritter geschlagen. Sie empfing Dom Antonio und teilte ihm mit, sie werde zusammen mit Katharina Medici etwas gegen Philipps Annexion von Portugal unternehmen, während sie sich gefallen ließ, daß Franz von Anjou erneut um ihre Hand anhielt. Mit einem englischen Geschwader fuhr er 1582 nach Antwerpen, um die Verteidigung der Niederlande in die Hand zu nehmen.

Philipps letzter Botschafter in England, Don Bernardino de Mendoza, stellte sehr schnell fest, daß sich Elisabeth von ihrer provokativen Politik nicht so leicht abbringen ließ, schon gar nicht dadurch, daß man ihr warnend Philipps Macht ins Gedächtnis rief. Wie sein Vorgänger versuchte er sich daraufhin als Verschwörer und wurde nach der Aufdeckung des Throckmorton-Komplotts von 1583 im Januar 1584 des Landes verwiesen.

Wie vorher erwähnt worden ist, schickten die Holländer nach der Ermordung Oraniens 1584 eine Delegation zu Königin Elisabeth und Heinrich III., die um Unterstützung bat und ihnen dafür die Herrschaft über die Niederlande anbot. Unter dem Druck Philipps II. und der Katholischen Liga lehnte Heinrich III. ab. Mit dem Führer der Liga, dem Herzog Heinrich von Guise, hatte Philipp Ende 1584 einen Geheimvertrag geschlossen, in dem er sich einverstanden erklärte, die Liga zu unterstützen, unter der Bedingung, daß beide Seiten sich für den Schutz der katholischen Religion in Frankreich und in den Niederlanden einsetzten.

Elisabeth bekam im Frühling 1585 Wind von diesem Vertrag und befürchtete nun, daß Philipp und das Haus Guise gemeinsam England erobern wollten, um Maria Stuart zu befreien, womöglich mit der stillschweigenden Zustimmung Heinrichs III. Überzeugt, daß England sich zum erstenmal in tödlicher Gefahr befand, begann sie daraufhin, ernsthaft mit den holländischen Rebellen zu verhandeln.

Hatte sie recht mit ihren Vermutungen? Der Vertrag selber sagt nichts über eine Invasion Englands, und es fällt schwer zu glauben, daß sich Philipp zu diesem Zeitpunkt in ein solches Abenteuer stürzen wollte. Er wollte eigentlich nur verhindern, daß Elisabeth den holländischen Rebellen beistand und ihren Untertanen weiterhin die Piraterie in seinen Herrschaftsgebieten erlaubte. Gerade in dieser Angelegenheit hatte er bisher großzügig über alles hinweggesehen, was nicht direkt seine „Reputation" schädigte und nicht ernsthaft seine Position in den Niederlanden gefährdete. Aber auf ihre Verhandlungen mit den Holländern reagierte er jetzt prompt mit dem Befehl zur Konfiszierung aller englischen Schiffe und Waren in seinen Häfen.

Im August unterzeichnete Elisabeth den Vertrag von Nonesuch mit den Rebellen, in dem sie die Entsendung von 6000 Soldaten zum Kampf gegen Farnese versprach, sowie einen Kredit, für den sie als Sicherheit Flushing und The Brill erhielt. Dies war nun ein direkter Affront gegen Philipp. Im Oktober folgte der Angriff Drakes auf den spanischen Hafen von Vigo, seine Besetzung Santo Domingos und die Plünderung Cartagenas.

Philipp II. beauftragte den Marquis von Santa Cruz, eine Armada von vierunddreißig Schiffen zusammenzustellen, um damit Drake zu verfolgen und zu bestrafen, und forderte Farnese und Santa Cruz auf, ihm detaillierte Pläne für eine Invasion Englands auszuarbeiten. Farneses Vorschlag hielt das Risiko relativ klein: Er wollte mit seiner flandrischen Armee unter Ausnützung günstiger Wetterverhältnisse den Kanal auf kleinen Schiffen und Barken überqueren. Santa Cruz dagegen wollte mit einer großen Armada – wobei nicht feststand, ob Spanien und Italien überhaupt so viele Schiffe liefern konnten – 60.000 Mann von Spanien nach England und Irland transportieren.

Die Pläne für das „Unternehmen England" wurden am Madrider Hof von Zúñiga, Granvelle, Idiáquez und Moura studiert und mit dem König durchdiskutiert. Da die ersten beiden 1586 starben, waren es nur noch die beiden letzteren und besonders Idiáquez, mit denen Philipp sich beriet. Für Moura war das Unternehmen ein heiliger Kampf, für Idiáquez war es ein vernünftiger politischer Schachzug. Schon Granvelle, unter dessen Einfluß Idiáquez gestanden war, hatte vor langer Zeit die Invasion Englands für die beste Lösung gehalten, um mit den Rebellen fertig zu werden. Dieser Gedanke aber war längst nicht mehr aktuell. England war nicht mehr die Macht zweiter Klasse, die sie zur Zeit Karls V. gewesen war. England war eine aufsteigende Großmacht, die 1585 durchaus in der Lage war, eine aktive Außenpolitik zu betreiben. Alba hat dies als Generalstatthalter der Niederlande offenbar erkannt, ebenso wie sein Sohn Don Hernando; denn diese beiden waren die einzigen unter Philipps Räten, die ernsthafte Bedenken gegen das Unternehmen hatten. Die Mehrheit der Minister schien sich jedoch gute Erfolgschancen auszurechnen und Philipp offenbar auch. Als 1588 die Reste seiner geschlagenen Armada heimwärts segelten, machte er das Wetter, nämlich die Stürme, für die Niederlage verantwortlich und nicht die Engländer und Holländer. Tatsächlich scheint Philipp gehofft zu haben, daß allein schon die Vorbereitungen für das Unternehmen Elisabeth so schrecken würden, daß sie ihre Truppen aus den Niederlanden zurückzöge.[53] Dabei erhebt sich die Frage, ob Philipp nicht dann trotzdem das Unternehmen gestartet hätte, und zwar wegen der römischen Kirche, so wie Elisabeth es befürchtete. Philipps Verhalten zu jener Zeit schien sich tatsächlich immer mehr an moralischen Imperativen und immer weniger an der Vernunft zu orientieren. Mit seinen sechzig Jahren schien er 1587 eine besondere Eile empfunden zu haben, die Dinge so ins Lot zu bringen, daß sie seinen Vorstellungen entsprachen, im Vertrauen auf seine zunehmenden Ressourcen und die Erfolge seiner Armee.

Der Plan, auf den man sich schließlich einigte, stellte eine Verbindung von Farneses und Santa Cruz' Vorschlägen dar. Der Marquis sollte eine Armada in Lissabon ausrüsten, während Farnese 35.000 Mann von der flandrischen Armee auf die Überquerung des Kanals vorbereitete. Die Armada, welche weitere 10.000 Mann an Bord haben würde, sollte die Überquerung und die Invasion abstützen.

1586 beteiligte sich Don Bernardino de Mendoza, den Philipp 1584 an den Hof von Frankreich gesandt hatte, an einer weiteren Verschwörung (am sogenannten Babington-Komplott) gegen Königin Elisabeth. Mit dieser Verschwörung hätte er, wenn sie erfolgreich verlaufen wäre, Philipp viel Geld ersparen können. Aber auch diese Verschwörung wurde entdeckt und zum Anlaß genommen, über Maria Stuart das Todesurteil zu sprechen. Am 8. Februar 1587 wurde sie hingerichtet.

In Madrid beschleunigte man gerade das Tempo der Vorbereitungen, als am 23. März die Nachricht von der Hinrichtung eintraf. Philipp dachte jedoch nicht daran, das Unternehmen abzublasen, sondern fügte den Instruktionen für Botschafter Graf Olivares, der Papst Sixtus V. um Geld für das Unternehmen bitten sollte, eine Liste seiner Anrechte auf den englischen Thron bei, inklusive eines Briefes Maria Stuarts an Mendoza, in welchem sie erklärte, daß sie ihre Rechte in England und Schottland an Philipp II. abtreten würde, in dem Fall, daß ihr Sohn Jakob VI. nicht vor ihrem Tod in den Schoß der katholischen Kirche zurückkehre. Philipp konnte diesen Brief unmöglich ernst nehmen, da es sich ja nur um eine Absichtserklärung und nicht um ein Testament handelte, aber er versprach für alle Fälle, daß er seine Rechte an die Infantin Isabella weitergeben würde. Im Juli stimmte Sixtus einem Vertrag zu, indem er Philipp das Geschenk von einer Million Kronen versprach, die Philipp nach seiner Landung in England in Empfang nehmen könnte. Philipps Ansprüche auf den englischen Thron erkannte er nicht an, aber sprach ihm das Recht zu, einen neuen König zu nominieren, der allerdings die päpstliche Zustimmung finden müßte.

Philipps Vorbereitungen für das Unternehmen erlitten einen Rückschlag im April 1587, als Drake eine Flotte in der Bucht von Cádiz angriff und zerstörte. Philipp hoffte noch immer, das Unternehmen Ende 1587 starten zu können, aber nun wurde auch noch die Armada, die die Schatzflotten von den Azoren nach Spanien begleitete, durch Stürme schwer beschädigt, so daß er sich von Santa Cruz überzeugen ließ, daß der 15. Februar 1588 das frühest mögliche Datum war.

Diese Verzögerung sollte sich für Farneses Armee katastrophal auswirken. 1587 grassierten in den Niederlanden Hungersnöte und Krankheiten, so daß sich während des Winters 1587/88 die Reihen seiner Armee gefährlich zu lichten begannen. Im Frühjahr 1588 waren seine Truppen auf die Hälfte zusammengeschrumpft, und er mußte viel Zeit und Energie aufbieten, um neue zu rekrutieren.

Am 9. Februar 1588 starb Santa Cruz in Lissabon und hinterließ eine Armada, die sich noch in einem völlig chaotischen Zustand befand. Philipp hatte, da er von der tödlichen Krankheit des Marquis wußte, bereits seinen Nachfolger ernannt: den Herzog Medina Sidonia. Dieser hatte Santa Cruz bereits zwei Jahre lang assistiert und versuchte jetzt, das

Kommando wieder loszuwerden. Denn er zweifelte am Erfolg des Unternehmens und verspürte wenig Lust, seinen guten Ruf und womöglich sein Leben zu verlieren. Philipp gab aber nicht nach, so daß der Herzog kapitulierte. Mitte März traf er in Lissabon ein und konnte Ende Mai nach harter Arbeit die Armada in See stechen lassen. Aber das Wetter und unzureichende Vorräte zwangen die Armada, Zuflucht im Hafen von La Coruña zu suchen. Verzagt bat der Herzog Philipp II., das Unternehmen abzusagen.[54] Er kannte ja die Schwachstellen des in Madrid ausgearbeiteten Plans und hielt es für weiser, mit den Engländern zu verhandeln und die Armada lediglich als Druckmittel, oder wenn die Verhandlungen scheitern sollten, einzusetzen.

Der schwächste Punkt des Plans war der, daß Farnese über keinen Tiefseehafen verfügte, wo die Armada Schutz suchen und ihre Vorräte und Munition hätte auffrischen können. Der Herzog war ja nur mit dreimal so viel Pulver ausgerüstet, als Santa Cruz in einem Tag in den Azoren verschossen hatte, so daß, als er in den Kanal einfuhr, seine erste Bitte an Farnese lautete: „Mehr Munition." Auf diesen Mangel war Philipp mehrere Male aufmerksam gemacht worden. Bei einer Gelegenheit war der Historiker Cabrera als Zeuge anwesend. Philipp beachtete die Warnungen jedoch nicht. So kann man verstehen, daß Garrett Mattingly den Eindruck hat, der König habe sich 1586/87 beinahe wie ein Schlafwandler benommen.[55] Auch in seiner Korrespondenz scheinen religiöse Überzeugungen in zunehmendem Maße alle rationalen Berechnungen vom Tisch gefegt zu haben. 1584 hatte er die sterblichen Hüllen Karls V., seiner Mutter und seiner toten Kinder sowie Don Carlos' und Don Juans zur Bestattung in den Escorial überführen lassen. Der Tod scheint in seinem Denken einen immer breiteren Platz eingenommen zu haben, während er sich immer hektischer um die Regelung seiner weltlichen Angelegenheiten bemühte.

Seine Kommandanten führten, so gut sie konnten, seine Befehle aus. Medina Sidonia plante, vor der Insel Wight vor Anker zu gehen, bis Farnese seine Truppen eingeschifft hatte. Farnese hatte jedoch bereits den Glauben an den Erfolg des Unternehmens verloren. Seitdem er wußte, daß die Armada in La Coruña vor Anker gegangen war, hatte er alle Hoffnung aufgegeben, sie je wiederzusehen.

Als Medina Sidonia Ende Juli mit seiner Armada in den Kanal einfuhr, warteten dort zu seiner Überraschung bereits die Engländer auf ihn. Er hatte erwartet, daß er sie erst vor Dover treffen würde, und in der Tat hatten sie auch dort ein kleineres Geschwader stationiert. Bei Beginn der Schlacht befehligte der Herzog fünfundsechzig Galeonen und bewaffnete Handelsschiffe, vier Galeassen, vierzig Hulks mit Vorräten und ungefähr zwanzig kleine Schiffe. Admiral Lord Howard von Effingham verfügte über ungefähr sechzig Schiffe, während der Schlacht kam das Geschwader von Dover dazu, so daß die englische Flotte der Armada eindeutig überlegen war. Vor der flämischen Küste warteten vierzig holländische Kriegsschiffe darauf, daß Farneses Barken ablegten, um über sie herzufallen.

Von den schnelleren und mit besseren Kanonen ausgerüsteten englischen Schiffen den Kanal hinaufgetrieben, drängte sich die Armada vor Calais zusammen, wo sie in der Nacht vom 8. August von den Engländern unter Beschuß genommen wurde. Schwer beschädigt, rettete sie sich in totaler Auflösung in die Nordsee. Da alle Munition verbraucht war, entschloß sich der Herzog, den Rückweg nach Spanien um Schottland und Irland anzutreten. Vor der Küste Nordirlands jedoch geriet er in böse Stürme, die weitere Zerstörungen anrichteten, so daß die Armada nur mehr mit der Hälfte ihrer Schiffe am 23. September vor Santander eintraf, und auch diese waren so schwer mitgenommen, daß nur noch wenige von ihnen wiederbenützt werden konnten.

Philipp nahm die Nachricht mit gewohntem Gleichmut auf. Er erlaubte Medina Sidonia, sich auf seine Besitzungen zurückzuziehen, beauftragte eine Kommission, die Gründe des Scheiterns herauszufinden, und ließ auf der Stelle neue Schiffe bauen. Beschuldigt wurde also nicht Medina Sidonia (der noch nie eine Flotte befehligt hatte), sondern eher sein nautischer Berater Diego Flores de Valdés. Aber auch dieser wurde nur für kurze Zeit festgenommen. Die eigentliche Schuld lag bei dem alten König selbst und seinem engsten Stab, dem für die Koordination zuständigen Idiáquez und seinem geistigen Beistand Moura. Die diplomatischen Intrigen von Lissabon und Genua und die Hofintrigen in Madrid waren wohl nicht die adäquate Ausbildung für die Planung der größten militärischen Expedition zur See, die je ein christlicher Staat unternommen hatte. Schon Don Hernando de Toledo, den die beiden aus guten Gründen von Philipp fernhielten, meinte sarkastisch zum venezianischen Gesandten, es müsse ja alles schlecht ausgehen, wenn der König sich von Unerfahrenen beraten ließe.[56]

Die große Armadaschlacht war der dramatische Höhepunkt des englisch-spanischen Krieges, der 1585 begonnen hatte und über Philipps Tod hinweg andauerte, bis er 1604 endlich beendet wurde. Philipp II. war es weder gelungen, sein Hauptziel, nämlich die Allianz zwischen Engländern und Holländern, aufzubrechen, noch sein Nebenziel, England selber zu erobern, zu erreichen. Aber auch der englische Gegenangriff, der im Jahr darauf erfolgte, brachte nicht den gewünschten Erfolg: Die Engländer hatten gehofft, Portugal gegen Philipp aufwiegeln zu können, und hatten Drake mit Dom Antonio nach Portugal geschickt. Nach diesem Fehlschlag konzentrierte sich England darauf, den Spaniern die Seewege abzuschneiden, auch hier ohne Erfolg, selbst wenn es ihnen gelang, Philipp beträchtliche Schwierigkeiten zu bereiten. Als Philipp sich in den französischen Bürgerkrieg einmischte und 1590 ein *tercio* seiner Infanterie in die Bretagne schickte, um hier eine Basis für ein neues Unternehmen England zu erobern, schickte auch Elisabeth ein Truppenkontingent in die Bretagne, dem es gelang, die Spanier zurückzudrängen. Elisabeth unterzeichnete darauf ein Abkommen mit Heinrich IV.

Philipp baute inzwischen seine verschiedenen Armadas wieder auf. 1591 vertrieb die ozeanische Armada die englischen Blockadeschiffe, die hier auf eine Schatzflotte warteten, aus den Azoren; 1594 begann die „indische" Armada, ihre regelmäßigen Fahrten von Cádiz zur *Tierra Firme*, also in das nördliche Südamerika aufzunehmen. Daß Philipp seine Position zur See wieder stärken konnte, lag teilweise auch daran, daß Elisabeth zu diesem Zeitpunkt mehr an Frankreich interessiert war und daher ihre Flotte in den heimatlichen Gewässern ließ, so daß nur noch Freibeuter die spanischen Konvois belästigten. Da England also im Moment seine Aufmerksamkeit nicht beanspruchte, konnte Philipp diese auf die aufsteigende holländische Seemacht richten und ließ in Spanien alle holländischen Handelsleute festnehmen, die hier weiter ihren Geschäften nachgingen und dabei reich wurden, obwohl sich ihre Heimatprovinzen gegen ihren einstigen Herrscher erhoben hatten. Sogleich aber beschwerte sich Sevilla bei Philipp, daß die Festnahme seine eigenen Untertanen schlimmer träfe als die Rebellen, und Herzog Medina Sidonia warnte ihn, daß die aus Spanien vertriebenen Holländer nun Philipps überseeische Besitzungen angreifen würden, wie es die Engländer ja bereits getan hatten.

Während er also den Holländern die Geschäfte in Spanien verdarb (die Festnahmen wurden allerdings nach einigen Monaten bereits großzügiger gehandhabt) und die Abenteuerlustigeren in die Neue Welt oder nach Portugiesisch-Ostindien vertrieb, zeigte die Maßnahme auch politische Folgen: Die Holländer vergaßen ihre Differenzen mit den englischen Verbündeten und starteten im Sommer 1596 eine gemeinsame Expedition mit den Engländern. Unter dem Kommando von Admiral Lord Howard und dem Earl von Essex fielen die verbündeten Truppen über Cádiz her, plünderten es und hielten es zwei Wochen gegen Lösegeld besetzt. Eine im Hafen zum Auftakeln liegende „indische" Flotte wurde erbeutet und verbrannt (aber von den eigenen Mannschaften und den Mannschaften der spanischen Galeeren, die sich an der Plünderung beteiligt hatten, wie das Kriegsgericht später feststellte).

In seiner Wut auf Königin Elisabeth[57] befahl Philipp seinem neuen Kommandanten der ozeanischen Armada, dem *adelantado mayor* von Kastilien, mit einer hastig zusammengestellten Flotte gegen Irland zu segeln. Das Ergebnis schildert der Sekretär Andrés de Prada in lakonischen Worten: „Gott hat es gefallen, einen Sturm gegen die Armada am Cap Finisterre zu schicken und ein Geschwader von Flaggschiffen und dreizehn anderen zu vernichten."[58] Nur wenige Wochen später mußte Philipp den dritten Staatsbankrott seiner Regierung erklären.

Trotzdem gab er das Unternehmen England nicht auf. 1597 wurde eine wesentlich größere Armada ausgerüstet und im Frühherbst nach England geschickt. Ohne daß sie auf Widerstand stieß, konnte sie an der englischen Küste aufkreuzen, bis ein heftiger Nordostwind aufkam, die Schiffe auseinandertrieb und den *adelantado* zwang, schnellstens Zuflucht in einem Hafen zu suchen, diesmal gab es nur geringe Verluste.

Im Frühjahr 1598 segelte wieder eine kleine Armada den Kanal hinauf, um Verstärkung nach Calais zu bringen, das Philipp von 1596–1598 besetzt hielt. Heinrich IV. von Frankreich war über diese Machtdemonstration Spaniens so beeindruckt, daß die Verhandlungen zwischen ihm und Philipp endlich durch den Frieden von Vervins abgeschlossen werden konnten. England jedoch war nicht willens, den Krieg gegen Spanien zu beenden. Im Gegenteil: Elisabeth war nun nicht mehr länger auf das Bündnis mit Frankreich angewiesen, was zeigt, wie sehr das Selbstvertrauen Englands gewachsen war und wie sehr es sich auf die Macht zu Lande und zur See seines anderen Verbündeten, nämlich Hollands, verlassen konnte.

Frankreich

Nicht mehr die alten Rivalitäten mit den französischen Königen bestimmten Philipps Verhältnis zu Frankreich nach 1559, sondern die Sorge vor dem militanten Calvinismus, der das katholische Frankreich zu bedrohen schien. Wie berechtigt diese Sorge war, offenbarte sich im März 1560, als die französische Regierung unter Herzog Guise und dem Kardinal von Lothringen die Verschwörung von Amboise aufdeckte, die von den Hugenotten angezettelt worden war, um die beiden Regenten zu ermorden und Franz II. in ihren Gewahrsam zu bringen. An dieser Verschwörung war auch Prinz Ludwig von Condé beteiligt, ein Mitglied des mächtigen Hauses Bourbon in der zweiten Linie (nach Antoine, König von Navarra). Dieser war ebenfalls ein überzeugter Calvinist.

Als im Dezember 1560 Franz II. starb, verlagerte sich die Macht von Guise und Lothringen auf die Königinmutter, Katharina von Medici, die nun im Namen ihres zehnjährigen Sohnes, Karls IX., die Regentschaft führte. Die Königinmutter aber war auch Philipps Schwiegermutter; die Verhandlungen mit ihr konnte er daher oftmals über seine junge Königin, ihre Tochter Elisabeth, führen. Abgesehen von dem politischen Kalkül, das sein Verhältnis zu Frankreich bestimmte, besaß Philipp also auch persönliche Gefühle gegenüber der königlichen Familie. Heinrich II. hatte sie ihm zudem auf dem Totenbett ans Herz gelegt. Nur mußte er jetzt sehr schnell erkennen, daß die Königinmutter alles andere als eine trostbedürftige Witwe war, sondern eine sehr gerissene Gegnerin, die überzeugt davon war, daß sie allein am besten wußte, was ihren Kindern und Frankreich frommte (das war die Reihenfolge, in der sie dachte), und ihre Ansichten unterschieden sich beträchtlich von Philipps Vorstellungen.

In ihrem Kampf um die Macht in Frankreich war sie bereit, alle zu benutzen, die ihr helfen wollten, auch die Hugenotten. Ihr politisches Ziel war die Bewahrung des Friedens. Aber um den Frieden ging es weder dem kriegerischen Adel noch den militanten Katholiken und Calvinisten. Philipp wußte es zwar zu schätzen, daß sie keinen Krieg gegen ihn führen wollte, aber er war ganz und gar nicht davon überzeugt, daß sie mit der Politik, die sie in Frankreich verfolgte, ihre eher kriegerisch gesinnten Untertanen im Zaum halten und die Regierung davor beschützen konnte, von den Hugenotten gestürzt zu werden, denen sie nur begrenzte Toleranz gewährte. Ein protestantisches Frankreich könnte sich aber für die Niederlande zur größten Gefahr entwickeln.

Um sie zu seinen Ansichten zu bekehren, benutzte Philipp neben den gewöhnlichen Botschaftern auch immer wieder außerordentliche Gesandtschaften, an deren Spitze seine vertrautesten Berater wie Don Antonio de Toledo, Don Juan Manrique de Lara und 1565 auch Herzog Alba standen.[59] Ihrer Bitte allerdings, ihn persönlich zu treffen, kam er nicht nach, da Alba in einem Gespräch mit ihr zu der Erkenntnis gekommen war, daß sie sich nicht davon abhalten lassen würde, ihre Politik fortzusetzen.

Kurz nach Albas Gespräch mit der Königinmutter verschlechterten sich Philipps Beziehungen zum französischen Hof durch die Nachricht, daß Philipps *adelantado* von Florida, Pedro Menéndez de Avilés, die gefangengenommenen Verteidiger einer französischen Hugenottenkolonie in Florida massakriert hatte. Gaspard de Coligny hatte 1562 mit dem Aufbau dieser Kolonie begonnen, von der auch die Königinmutter wußte. 1564 aber waren mehrere Kolonisten vom Gouverneur von Kuba wegen Piraterie festgenommen worden. Daraufhin beauftragte Philipp 1564 den *adelantado*, die Kolonie zu zerstören. Katharina von Medici wollte aber sein Argument nicht gelten lassen, er schütze nur die kastilische Neue Welt vor Eindringlingen, die zudem noch Ketzer seien. Sie dagegen vertrat die Ansicht, daß die *Terre des Bretons* (das heutige Küstenland von New Jersey bis New York) französisches Territorium sei, da es 1524 von Giovanni da Verrazanno für die französische Krone beansprucht worden sei, Philipp allerdings war nicht willens, diesen Anspruch anzuerkennen.

Albas Marsch in die Niederlande 1567 erregte in Frankreich besonders unter den Hugenotten verständliches Mißtrauen. Als Albas Kolonnen von den Savoyer Alpen in die Franche-Comté hinunterzogen, stellten die Hugenotten in aller Eile Truppen auf, um sich und Genf zu verteidigen. Es kam auch zu einzelnen Zusammenstößen, aber nicht mit Albas Truppen, sondern zwischen den Hugenotten und den katholischen Regierungstruppen, aus denen sich zwischen 1567 und 1570 zwei kurze heftige Bürgerkriege entwickelten.

Katharinas Beziehungen zu Philipp veränderten sich aber erst 1568 entscheidend, als die französische Monarchie nach einer Epoche des bemühten Verstehens zu der traditionellen antihabsburgischen und antiburgundischen Politik zurückkehrte. Im Oktober 1568 starb nämlich Philipps junge Frau, Elisabeth von Valois, und anstatt sich mit Katharinas jüngster Tochter, Marguerite, zu vermählen, verlobte sich Philipp II. mit Anna von Österreich. Katharina, die sehr viel Wert auf Heiratsdiplomatie legte, war tief verletzt. Philipp hatte nicht nur einer Tochter des französischen Königshauses schnöde einen Korb gegeben, er beleidigte durch seine Verlobung mit Anna auch den König von Frankreich, Karl IX., dem Anna eigentlich versprochen war. Karl mußte sich jetzt mit Annas jüngerer Schwester Elisabeth begnügen. Es war nur ein schwacher Trost, daß Philipp versprach, er wolle versuchen, Marguerite mit Dom Sebastian von Portugal zu verheiraten. Er hatte ja auch nicht vor, dieses Versprechen zu halten, da ihm ja wenig daran gelegen sein dürfte, in Portugal den französischen Einfluß zu verstärken.

Als Katharina merkte, daß Philipp sich verstellt hatte, eröffnete sie 1570 den „kalten Krieg" gegen ihn. Als erstes ließ sie den Kardinal von Lothringen in Ungnade fallen, der, auch wenn er kein Freund von Philipp war, inzwischen Philipps Führerrolle bei der Verteidigung des römischen Glaubens akzeptiert hatte. Da die anderen führenden katholischen Minister aus Heinrichs II. Tagen, nämlich Montmorency (dem Philipp traute), und Herzog Franz von Guise (dem Philipp nicht traute) inzwischen verstorben waren, behauptete das Feld nun der Hugenotte Coligny, der die Beratung der Königinmutter übernommen hatte und dabei war, das Vertrauen des jungen Karl IX. zu gewinnen, Coligny war nun der Ansicht, daß ein Krieg gegen die spanische Monarchie die Franzosen, nämlich die katholische Mehrheit und die protestantische Minderheit, ihre eigenen Differenzen vergessen lassen und sie miteinander versöhnen würde. Es würde auch den Hugenotten als Anführer die Chance geben, weiteren Einfluß in Frankreich zu gewinnen und als Mitglieder einer internationalen protestantischen Entente eine Allianz gegen Philipp II. und die Gegenreformation zusammenzubringen.

Einen Anlaß zur kriegerischen Auseinandersetzung lieferte Cosimo de Medici, der sich um ein Bündnis mit Frankreich bemühte, um seine neue Großherzogswürde gegen Philipp II. und Maximilian II. zu verteidigen. Karl IX., der ein genauso großer Kriegsheld wie Franz I. und Heinrich II. werden wollte, war entzückt von der Möglichkeit, die sich ihm hier bot, und vertraute sich Coligny an. Dieser schlug ihm vor, nach dem Vorbild seiner Vorgänger Philipp gleichzeitig in Italien und in den Niederlanden anzugreifen. Sofort wurden die französischen Garnisonen in Saluzzo verstärkt, und Karl empfing Ludwig von Nassau, der für 1572 einen hugenottischen Angriff gegen Alba in den Niederlanden plante.

Zugleich verfolgte Katharina das Projekt, einen ihrer Söhne mit Königin Elisabeth zu verheiraten und Marguerite mit dem jungen hugenottischen König Heinrich von Navarra. Beunruhigt sah Philipp daher die mittelmeerischen Geschwader und die Armada der Heiligen Liga unter dem Kommando Don Juans in die Levante entschwinden und befahl 1572 Don Juan nach seiner siegreichen Rückkehr, vor Messina vor Anker zu gehen und sich auf den französischen Angriff vorzubereiten.

Das Massaker der Bartholomäusnacht (23./24. August 1572) entfernte aber Coligny und Tausende seiner Anhänger von der politischen Bühne. Philipp vertraute seinem Gesandten in Frankreich an, daß dies eine der willkommensten Nachrichten gewesen sei, die er in seinem Leben erhalten habe, und überall in Spanien und Italien wurden *Tedeums* zur Danksagung abgehalten.

Die Legende, Alba und Katharina hätten das Massaker in Bayonne geplant, ist längst ad acta gelegt worden. Die Historiker sind sich heute im allgemeinen einig, daß das Massaker eine Verzweiflungstat Katharinas gewesen ist, die fürchtete, ihren Einfluß über Karl IX. an Coligny verloren zu haben. In der Tat hatte dieser vor, gleich nach Beendigung der Festlichkeiten anläßlich der Heirat Navarras mit Marguerite (18. August) Alba anzugreifen. Katharina mußte nun befürchten, daß ein solcher Angriff zu einem offenen Krieg mit Philipp II. führen würde. Krieg aber wollte sie nach wie vor unbedingt vermeiden.

Während das Massaker für Philipp positive Auswirkungen hatte, jedenfalls vorübergehend, war dies bei Katharina nicht der Fall. Die

Hugenotten griffen in ihren Festungen in Südfrankreich zu den Waffen und fanden bald einen hervorragenden Heerführer, Heinrich von Navarra (der während des Massakers zum Katholizismus übergetreten war, um sein Leben zu retten, aber bald darauf widerrufen hatte). Karl IX. starb 1574, worauf Katharinas Lieblingssohn König Heinrich III. wurde. Ihr jüngster Sohn Franz versuchte sich erfolgreich als Vermittler zwischen der Krone und den Hugenotten, die ihn zu ihrem Sprecher bei Hof ernannten, obwohl er selbst Katholik blieb. 1576 handelte er die Bedingungen für eine friedliche Regelung aus („Paix de Monsieur"), die den Bürgerkrieg beendete, den Hugenotten ihre Religionsfreiheit zurückgab und ihm den früheren Titel seines Bruders einbrachte, Herzog von Anjou.

Der ehrgeizige Anjou wandte daraufhin seine Aufmerksamkeit den Niederlanden zu, wo er sich mit seiner Anhängerschaft von Hugenotten und Abenteurern entweder von Philipp die Statthalterschaft oder von den Rebellen die direkte Herrschaft über die Niederlande übertragen lassen wollte. Sowohl seine Schwester Marguerite als auch seine Mutter Katharina und Königin Elisabeth zeigten sich zeitweilig an seinen Intrigen höchst interessiert. Schließlich wurden 1581 seine Bemühungen belohnt, als ihn die Staaten der Utrechter Union zu ihrem Herrscher wählten, nachdem sie Philipp abgeschworen hatten. Obgleich Heinrich III. froh war, seinen rastlosen Bruder los zu sein, gewährte er ihm keinerlei offizielle Hilfe und hielt seine Beziehungen zu Philipp unter dem Zeichen bemühter Neutralität aufrecht.

So verhielt sich auch Philipp Heinrich III. gegenüber wohlwollend freundlich, auch wenn er es Katharina übelnahm, daß sie Ansprüche auf Portugal stellte und später Dom Antonio unterstützte und er gegen Anjous Aktivitäten selbstverständlich Protest erheben mußte. Santa Cruz' Massaker unter den französischen Anhängern des Dom Antonio in den Azoren und Menéndez' Metzelei der Hugenotten in Florida ließen im französischen Volk Haßgefühle gegen die Spanier aufkeimen.

1584 kam es wieder einmal zu einem jener „Unfälle" in der Geschichte, die die weitreichendsten Folgen haben sollten. Im Juni starb plötzlich Franz von Anjou, wodurch der voraussichtliche Thronfolger des kinderlosen Heinrich III. der hugenottische Bourbone Heinrich von Navarra wurde. Dieser regierte das französische Navarra (Fürstentum Béarn) und erhob Ansprüche auf das spanische Navarra.

Philipp II. war fest entschlossen, Heinrich von Navarra daran zu hindern, König von Frankreich zu werden, und unterschrieb trotz einer historischen Feindschaft zwischen seiner Dynastie und dem Haus Guise mit Herzog Heinrich von Guise, dessen Bruder Karl von Mayenne und anderen Mitgliedern des Hauses Guise den Geheimvertrag von Joinville. Dieser am 31. Dezember 1584 abgeschlossene Vertrag verpflichtete Philipp, der französischen katholischen Liga (La Ligue Sainte)[60] eine monatliche Summe von 50.000 Kronen zu bezahlen, und beide Parteien, einander bei der Verteidigung des römischen Katholizismus beizustehen, die Ketzerei in Frankreich und in den Niederlanden zu unterdrücken und Heinrich von Navarra daran zu hindern, König zu werden. Als Nachfolger Heinrichs III. einigten sie sich auf Navarras betagten, unverheirateten Onkel Kardinal Karl von Bourbon.

Mit Hilfe der Liga konnte Philipp II. nun erfolgreich taktieren und zum Beispiel Heinrich III. daran hindern, Verhandlungen mit den holländischen Delegierten zu führen, die ihm die Herrschaft über die Niederlande antragen wollten. Die katholische Liga konnte ihrerseits mit Hilfe Philipps Heinrich III. dazu zwingen, den Kardinal von Bourbon zu seinem Erben einzusetzen und den Protestantismus in Frankreich für ungesetzlich zu erklären, was sofort einen neuen Hugenottenkrieg zur Folge hatte. Die *consultas* des Staatsrats in Madrid zeigen, daß Philipp dieses Ergebnis mehr als recht war, denn es gab ihm, da die Franzosen mit sich selbst beschäftigt waren, freie Hand in seiner Politik mit den Niederlanden und England, dem Verbündeten der Holländer seit dem Vertrag von Nonesuch. Die Hinrichtung Maria Stuarts im Februar 1587 setzte einen Schlußstrich unter Guises Pläne, in England zu intervenieren, und während die Armada 1588 nach England segelte, besetzte Guise mit der Liga Paris und nahm Heinrich III. in Gewahrsam. Da die Liga nun auch schon Nord- und Ostfrankreich unter Kontrolle hatte, brauchte sich Farnese während seiner Vorbereitungen zur Kanalüberquerung keine Sorgen über eine französische Intervention machen.

Aber nach dem Scheitern des Unternehmens England, als Philipp gezwungen war, sich defensiv zu verhalten, um seine Flotte wieder aufzubauen, gelang es Heinrich III., die Initiative wieder an sich zu reißen. Er floh aus Paris, rief die französische Generalversammlung in Blois zusammen und ließ hier im Dezember Guise und seinen Bruder Ludwig, Kardinal von Lothringen, ermorden. Mayenne gelang es aber schon bald, mit Hilfe Mendozas die Heilige Liga wieder aufzubauen, während Papst Sixtus V. den König von Frankreich wegen der Ermordung eines Kardinals exkommunizierte. Von den meisten französischen Katholiken im Stich gelassen, wandte sich Heinrich III. nun an Navarra und die Hugenotten und versprach, Navarra zu seinem Nachfolger zu machen. Zusammen belagerten sie nun Paris, dessen Verteidigung Mendoza leitete. Heinrich III. forderte nun Philipp auf, Mendoza abzuberufen, und Philipp, vorsichtig, wie er war, und außerdem in

Schwierigkeiten durch seinen Krieg mit England, kam der Aufforderung nach. Bevor jedoch Mendoza Paris verließ, wurde Heinrich III. am 1. August 1589 von einem fanatischen Mönch erdolcht. Im königlichen Heerlager wurde Heinrich von Navarra zum König von Frankreich ausgerufen. Aber trotz seines Edikts, in dem er die privilegierte Stellung der Kirche Roms respektierte, brachen viele katholische Royalisten ihre Zelte ab und zogen sich auf ihre Besitzungen zurück. Zu Heinrich IV. hielten bald nur noch seine Hugenotten und eine Handvoll von katholischen Royalisten, die an die Toleranz und die Einheit Frankreichs glaubten.

Die katholische Liga rief den Kardinal von Bourbon als Karl X. zum König von Frankreich aus, aber sowohl der venezianische Gesandte als auch der florentinische legten ihre Beglaubigungsschreiben Heinrich IV. vor.

Philipp und seine Berater beschlossen, daß der Kampf gegen Heinrich auf zwei Schlachtfeldern ausgefochten werden sollte: in Frankreich, wo die Liga die Hauptlast des Krieges zu tragen haben würde, und in Rom, wo Philipps Botschafter und die Emissäre der Liga den Papst davon zu überzeugen haben würden, Heinrich von Navarra (für die Spanier war er der Prinz von Béarn) als rückfälligen Ketzer für immer den französischen Thron zu verweigern und Italien gegen ihn zu verbünden. Tatsächlich stellte Sixtus V. auch eine italienische Armee zur Unterstützung der Liga auf, aber zur selben Zeit verhandelte er mit Heinrichs Agenten in der Hoffnung, Heinrich zum Katholizismus zu bekehren, und lehnte es ab, alle jene französischen Katholiken zu exkommunizieren, die an Heinrichs Seite kämpften.

In Frankreich erwies sich inzwischen Mayenne als ein unfähiger Feldherr, der trotz der Hilfe einer Reitertruppe von Farnese auch die entscheidende Schlacht von Ivry im März 1590 gegen Heinrich IV. verloren hatte, der prompt Paris belagern ließ. Philipp und seine Berater entschlossen sich daraufhin, nun die Armeen der Monarchie einzusetzen, obgleich Farnese davon abriet, einmal, weil es sich als nutzlos erweisen würde, und zweitens sogar als schädlich, weil damit die Fremdenfeindlichkeit der Franzosen neuen Auftrieb bekäme. Wegen der Unruhen in Aragonien mußte Philipp aber seine *tercios* aus Kastilien dort einsetzen, und war nun gezwungen, Truppen aus den Niederlanden abzuziehen und sie zusammen mit den Truppen des verbündeten Herzogs von Savoyen, der ein Auge auf die Provence und die Dauphiné geworfen hatte, in Frankreich einzusetzen. Die dringendste Aufgabe war die Befreiung von Paris.

Farnese löste diese Aufgabe erfolgreich, indem er Navarra ausmanövrierte, Savoyen jedoch machte in den Alpen kaum Fortschritte. Um in den Besitz von Brest zu kommen, schickte Philipp nun doch ein *tercio* in die Bretagne, um dort die Liga zu verstärken, die von Herzog von Mercoeur befehligt wurde. Von Brest hoffte er eines Tages einen neuen Versuch unternehmen zu können, nach England überzusetzen. Aber wie bereits erwähnt, schickte Elisabeth 3000 Soldaten über den Kanal und unterzeichnete eine Allianz mit Heinrich IV. Durch ihr Eingreifen gelang es den Spaniern nicht, Brest zu erobern.

Ganz neue Aspekte tauchten auf, als plötzlich 1590 der König der Liga, Karl X., starb. Durch seinen Tod stellte sich nun erneut die Nachfolgefrage für alle jene Katholiken, die Heinrich IV. ablehnten. Philipp II. besann sich nun auf die Ansprüche seiner Tochter Isabella Clara Eugenia als der ältesten Tochter der ältesten Tochter Heinrichs II. und instruierte seine Agenten und Beamten, das Thema mit gebotener Diskretion anzuschneiden. Zugleich gab er seine Ansicht über die Rechte der anderen Bewerber zum besten. So lehnte er Kardinal Vendôme entschieden ab, weil er die Ketzerei unterstützt habe, und fand dafür den jungen Karl von Guise akzeptabel. (Vielleicht weil dieser sich in der Hand Heinrichs von Navarra befand?) Außerdem setzte er sich dafür ein, daß die Thronfolge von dem katholischen und konservativen Parlament von Paris geregelt würde und nicht von den Generalständen, die man nicht so unter Kontrolle hatte.

Philipps Agenten in Paris waren geteilter Ansicht über die Chancen der Infantin. Viele hielten sie für gleich Null und waren zudem der Überzeugung, daß die offene spanische Intervention gegen sie und gegen Philipps Einfluß auf die Thronfolge sprechen würde. Andere waren optimistischer und glaubten, daß die Infantin zumindest als Braut des jungen Guise oder eines anderen Kandidaten der Generalversammlung willkommen sein würde, da spanische Soldaten und Gelder im Kampf gegen Heinrich IV. dringend nötig waren. Auf französischer Seite wurden die Ansprüche der Infantin fast einstimmig abgelehnt. Das Salische Recht, daß für die meisten Bestandteil der Verfassung war, verbat zudem die weibliche Thronfolge. Bedeutende Juristen wurden eigens nach Madrid geschickt, um die Gültigkeit dieses Gesetzes zu erklären, das Philipp für ein Märchen hielt.[61] Nur die Pariser Liga begünstigte unter dem Einfluß einiger Jesuiten, die die Angelegenheit von einem internationalen Gesichtspunkt aus betrachteten, die Kandidatur der Infantin.

Der Einfluß, über den die religiösen Orden bei der Liga verfügten, war ein weiterer Grund, warum Philipp so großen Wert darauf legte, daß der jeweilige Papst seine politischen Ziele unterstützte. Nach dem Tod von Sixtus V. im August 1590 war Philipp daher viel daran gelegen, daß sein Nachfolger sich mehr für diese Ziele einsetzte als Sixtus, nämlich auch für die Thronfolge der Infantin in Frankreich. Zwischen 1590 und Ende 1591 tyrannisierten seine Botschafter in Rom, Graf Olivares und der vierte Herzog von Sessa, drei nacheinander stattfindende Konklaven, damit sie einen Papst nach Philipps Geschmack wählten. Keiner dieser Päpste lebte jedoch lange, und im Januar 1592 befreiten sich die Kardinäle von der Tyrannei des katholischen Königs und wählten den unabhängigen Clemens VIII. Dieser war für seine diplomatischen Talente bekannt, und schon bald begannen seine und Philipps außenpolitische Vorstellungen zu divergieren.

1592/93 bekam Philipps Politik zum ersten Mal einen imperialen Anflug. Es war ihm gelungen, zu seinen Gunsten die Ansprüche seiner Verbündeten, nämlich der Herzöge Savoyen und Lothringen, sowie einiger Ligamitglieder auf Frankreich oder Teile Frankreichs abzuwehren, und überredete nun Mayenne, die Infantin zu seiner „persönlichen" Königin zu ernennen und als Generalleutnant von Frankreich die Generalversammlung einzuberufen. Um Mayenne die nötige Unterstützung zu gewähren, ließ Philipp ein zweites Mal Farnese nach Frankreich kommen. Wieder kam dieser nur unwillig dem Befehl nach. Aber er rettete, obwohl er selber verwundet wurde, die Liga davor, von Navarra besiegt zu werden.

Sein mangelnder Glaube jedoch an die Politik seines Onkels veranlaßte diesen, Farneses Rücktritt ins Auge zu fassen. Aber bevor es dazu kam, starb er am 2./3. Dezember 1592. Er hinterließ eine total gelähmte Regierung in Brüssel und eine Armee, deren Disziplin nach seinem Tod schlagartig zusammenbrach. Als die Generalversammlung endlich Anfang 1593 erneut zusammentrat, fehlte Philipp die militärische Stärke, die Liga vor Navarra zu beschützen oder irgendwelchen Druck auf die Generalversammlung auszuüben.

Trotzdem wurde Philipps politisches Konzept den Delegierten durch Philipps außerordentlichen Gesandten, den zweiten Herzog von Feria, vorgestellt. Die Generalversammlung sollte die Infantin zur Königin von Frankreich ausrufen und ihr gestatten, sich ihren Mann selbst auszusuchen. Dieser sollte nach Philipps Willen sein Neffe Erzherzog Ernst sein, der präsumptive Nachfolger seines kinderlosen Bruders, Kaiser Rudolfs II. Philipp würde der Infantin die Niederlande übertragen. So würden Ernst und Isabella eines Tages das Reich Karls des Großen wieder aufbauen. Mit ihrer großen Macht würden sie die holländischen Rebellen unterwerfen, Deutschland mit starker Hand regieren und die deutschen Protestanten wieder zu Katholiken machen.

Philipp war sich klar darüber, daß dieser sein großer Plan für die Franzosen möglicherweise unannehmbar sein würde, da sie „wegen ihrer übertriebenen Liebe zu ihrer eigenen Zunge"[62] auf einem König französischer Abstammung bestehen könnten. In diesem Fall sollte Feria sich für die Wahl Karls von Guise einsetzen (der aus Heinrichs Lager geflohen war) und sicherstellen, daß er die Infantin heiraten würde.

Nichts verlief jedoch so, wie Philipp es sich gewünscht hatte. Die von der Liga dominierten Stände bestanden auf einem Franzosen, aber konnten sich auf keinen einigen. Und Feria kämpfte viel zu lang auf verlorenem Posten für die Infantin, bevor er sich voll hinter den jungen Guise stellte. Zu diesem Zeitpunkt aber hatte Heinrich von Navarra der Liga bereits eine weitere militärische Niederlage bereitet und war am 25. Juli 1593 in Saint Denis zum römisch-katholischen Glauben überge- treten. Das französische Volk begann sich um seinen beliebten und siegreichen König zu scharen, und damit war es mit Philipps Chancen, ihn daran zu hindern, offiziell anerkannter König von Frankreich zu werden, vorbei. Im Mai 1595 erhielt Heinrich IV. die Absolution und Anerkennung Roms. Aber selbst jetzt gab Philipp nicht auf und kämpfte an der Seite seiner halsstarrigen Liga-Verbündeten weiter gegen Hein- rich IV. Im Januar 1595 erklärte daher Heinrich IV. Philipp II. offiziell den Krieg und bildete 1596 einen Dreierbund mit England und der holländischen Republik gegen den katholischen König.

Zunächst fühlte sich Philipp ermutigt durch die Einnahme Calais' (1596) und Amiens' (1597) durch seine Truppen, aber Heinrichs Rückeroberung von Amiens noch im selben Jahr, die Plünderung von Cádiz (1596) und die Niederlagen der beiden Armadas (1596 gegen Irland und 1597 gegen England) sowie sein dritter Bankrott (1597) überzeugten den katholischen König endlich, daß er mit dem König von Frankreich Frieden zu schließen hatte.

Er akzeptierte die Vermittlung von Clemens VIII. und beauftragte seinen Generalstatthalter der Niederlande, Erzherzog Albrecht, die Verhandlungen mit Heinrich IV. aufzunehmen. Der Friede von Vervins vom 2. Mai 1598 bestätigte im großen und ganzen den *Status quo* von Câteau-Cambrésis. Calais fiel zurück an Frankreich.

Das Faktum, daß Frankreich katholisch blieb, half Philipp mit der Situation fertig zu werden. Aber es erhebt sich die Frage, ob Philipps Intervention überhaupt notwendig gewesen ist, um zu diesem Ergebnis zu kommen (es scheint eher nicht). Und sicher hat seine Einmischung eine Verschlechterung seiner Position an allen anderen Orten zur Folge gehabt. In den neunziger Jahren war nicht nur die *Pax Hispanica* in Italien brüchig geworden, das Osmanische Reich war zur Offensive auf dem Balkan und in Türkisch-Ungarn angetreten, die Korsaren der Barbaresken-Staaten machten weiter das westliche Mittelmeer unsicher, die ketzerischen Holländer setzten ihren Aufstand gegen ihn fort, und ihre Republik war von anderen Staaten bereits anerkannt worden; holländische Abenteurer waren in das kastilische Monopol in Westindien und das portugiesische in Ostindien eingebrochen; die Engländer suchten den Atlantik und die Karibik heim, indem sie Schiffe und Städte attackierten, und es mußte sich erst ein neues Regime in England bilden und die Holländer einige Rückschläge hinnehmen, bevor Philipps Nachfolger, Philipp III., Frieden schließen konnte oder wollte. Philipp III. übernahm 1598 jedenfalls von seinem Vater die gleiche Erbmasse von Kriegen und zerrütteten Finanzen, die Philipp II. 1556 aus den Händen seines Vaters, Karl V., entgegengenommen hatte.

Epilog

Nachdem sich sein Zustand während des Sommers 1598 ständig verschlechtert hatte, starb Philipp II. am 13. September 1598 im Escorial. Er war einundsiebzig Jahre und vier Monate alt geworden und hatte zweiundvierzig Jahre lang die Monarchie regiert. Was läßt sich nun über ein so langes Leben und eine so lange Regierung zusammenfassend sagen?

Wenn wir nach seinen eigenen Maßstäben urteilen, dann waren ihm Erfolge wie auch Mißerfolge beschieden. Sein vordringliches Ziel war es, sein väterliches Erbteil ungeschmälert seinem Sohn weiterzugeben, seine Länder dem katholischen Glauben zu bewahren und sie gut zu regieren. Aber er verlor die sieben nördlichen Provinzen der Niederlande an die protestantischen Rebellen und verbrauchte im Kampf mit diesen die wertvollen Kräfte Kastiliens. Durch die Rebellion wurde die Friedensregelung von Câteau-Cambrésis zunichte und brach das alte Bündnissystem zusammen, so daß Philipps Monarchie bei seinem Tod nicht nur gegen die eigenen Untertanen, sondern auch gegen das mächtige England, seinen einstigen Verbündeten, Krieg führte. Diese Konflikte führten auch dazu, daß Philipp nicht dazu kam, seine Reformpläne innerhalb der Regierung und besonders der Justiz zu verwirklichen. Dieses Versäumnis lag ihm schwer auf der Seele, mehr noch aber bedauerte er, daß seine Kriege Kastilien so viel Geld gekostet hatten, war doch Kastilien das „erste" seiner Königreiche und das Land, in dem er sich am liebsten aufhielt. Er starb jedoch im festen Glauben, daß die Opfer notwendig gewesen waren und einem frommen Zweck gedient hatten.

Abgesehen von den nördlichen Niederlanden ging ihm von seinem Erbteil nichts verloren, und außer im Fall Kastiliens und der südlichen Niederlande, die als Kriegsschauplatz herhalten mußten, besteht kein Anlaß zu glauben, daß die wirtschaftliche Stagnation, die sich in seiner Monarchie bemerkbar machte, von seiner Politik unmittelbar verschuldet war.

Was die Religion angeht, so blieb die katholische Monarchie eine treue Tochter Roms, und in den südlichen, den „spanischen" Niederlanden wurde alles getan, um die kirchlichen Institutionen (zum Beispiel Bistümer, Klerus, Universitäten) für ihre Auseinandersetzung mit dem Protestantismus der rebellischen nördlichen Provinzen, Englands und Deutschlands zu stärken. Der Katholizismus des heutigen Belgien und selbst der holländischen Provinzen Brabant und Limburg (welches die Republik im 17. Jahrhundert eroberte) bestätigt den Erfolg der spanischen Politik.

Ein großer Triumph für Philipp II. war der Erwerb Portugals. Die unerwartete Gelegenheit ergriff er schnell und entschlossen, und Portugal war mit seiner Herrschaft zufrieden. Erst nach seinem Tod begannen seine Feinde, die holländischen Rebellen, das portugiesische Reich zu zerstückeln, was dann im 17. Jahrhundert zu einer allgemeinen Unzufriedenheit mit der „kastilischen" Regierung führte.

Kriege wollte Philipp im großen und ganzen vermeiden, sie waren ihm zu gefährlich und zu kostspielig. Aber die Interessen seines Riesenreiches ließen ihn nicht um die Kriege herumkommen. So litten seine Untertanen unter den Überfällen der Korsaren von den Barbaresken-Staaten, und so wünschte er um ihretwillen und um seiner Reputation willen, die Raubstaatenküste unter seine Herrschaft zu bringen. Aber hier stieß er auf die Osmanen, die ihrerseits die Küste in ihren Besitz bringen wollten, und so wurde er in den Krieg mit dem Osmanischen Reich getrieben. Wegen des Aufstands in den Niederlanden jedoch war er gezwungen, die Barbaresken-Staaten den Türken zu überlassen, und konnte nur auf diplomatischem Weg versuchen, die türkische Herrschaft in diesen Staaten zu schwächen, indem er zum Beispiel Marokkos Drang nach Unabhängigkeit unterstützte. Die Korsaren Algiers und der anderen Barbaresken-Staaten erlaubten sich freilich weiter, Philipps Küsten heimzusuchen und den Handel seiner Untertanen empfindlich zu stören. Das letztendliche Scheitern der Türken in der Beherrschung der Barbaresken-Staaten macht dadurch Philipps Mißerfolg bei seinem Kampf gegen die Piraterie im westlichen Mittelmeer nicht geringer. Dieser Konflikt blieb ungelöst.

Auch die anderen ausländischen Kriege, die Philipp II. führte, brachten keine neuen Ergebnisse und veränderten nicht den *Status quo* von Câteau-Cambrésis. Sein Krieg gegen England kann mit Recht als ein Defensivkrieg bezeichnet werden, da sein vordringliches Ziel darin bestand, die Engländer aus den Niederlanden zu entfernen. Sein Krieg mit Frankreich jedoch, der ursprünglich zur Verteidigung des Katholizismus diente, verwandelte sich in den neunziger Jahren, als seine

Intervention offiziell wurde, in einen klaren Eroberungskrieg, der zum Ziel hatte, Frankreich in das habsburgische System einzugliedern. Aber dieser große Plan war von Anfang an zum Scheitern verurteilt und erscheint in der Retrospektive als die kostspielige Narrheit eines alten Mannes.

Allgemein gesagt, gelang es Philipp, seine Absicht zu verwirklichen, den *Status quo* zu erhalten. Der Verlust der nördlichen Niederlande konnte 1598 noch für vorübergehend gehalten werden und wurde gewiß durch den Erwerb Portugals wieder wettgemacht. Ein großes politisches Konzept wird man bei Philipp II., außer man hält den Plan mit Frankreich für ein solches, vergeblich suchen.

Wenn es ein Projekt gab, dessen Realisierung ihm absolut nicht gelang, dann waren es die innenpolitischen Reformen, die er zu Anfang seiner Regierung geplant hatte. Aber die Gründe für dieses Versagen, nämlich die Kriege „zur Verteidigung der Religion, seines Erbes und seiner Reputation", waren nicht nur für ihn selbst, sondern auch für seinen Hof und die meisten seiner Zeitgenossen überzeugend genug.

Was die Beurteilung Philipps vom moralischen Standpunkt aus angeht, so fällt es schwer, Verständnis dafür aufzubringen, daß er sich so leicht verstellte, wenn die Politik es erforderte, daß er Menschen wegen ihrer religiösen Überzeugungen verfolgen ließ, sich nicht scheute, in den Ländern seiner Feinde das Feuer der Rebellion zu schüren, und wenn es sein mußte, seine Feinde sogar ermorden ließ. Letzteres war allerdings in seiner Zeit und nicht nur in seiner durchaus üblich.

Sympathisch dagegen erscheint seine Liebe für seine Familie und sein Wunsch, seinen Untertanen mit einer angemessenen Rechtsprechung und einer guten Regierung zu dienen. Daß er diese sich selbst gestellte Aufgabe nicht erfüllte, lag einerseits an den Realitäten des 16. Jahrhunderts und andererseits daran, daß er anderen Aufgaben Priorität einräumte.

Während seiner Regierung setzte, im Rückblick bereits klar erkennbar, der Niedergang des mächtigsten christlichen Reiches seiner Zeit ein. Es verlor nicht nur seine uneinnehmbare Position im Machtkampf der Staaten, sondern überließ seine Untertanen auch einer zunehmenden wirtschaftlichen Not und Demoralisierung. Untersucht man Philipps Schuld an dieser Entwicklung, dann muß man auf seine religiöse (und ideologische) Kompromißlosigkeit in religiösen und ideologischen Dingen verweisen. Dies war wohl die größte Schwäche seines phantasielosen Konservatismus. Er selbst allerdings fand diese Kompromißlosigkeit richtig und heldenhaft.

Anmerkungen

I.
Karl und Philipp:
Die Erziehung eines christlichen Prinzen

1 Juan Ginés de Sepúlveda, *De rebus gestis Caroli Quinti et Regis Hispaniae,* in: *Opera* (Madrid 1780) I–II; II, S. 401.

2 J. C. Davis, Hrsg., *Pursuit of Power: Venetian Ambassadors' Reports on Turkey, France and Spain in the Age of Philipp II, 1560–1600* (New York, London 1970), S. 67.

3 Die Hochzeit von Karl und Isabella fand im März 1526 statt. Über Karl V. siehe Karl Brandi, *The Emperor Charles V* (London 1939); Royall Tyler, *The Emperor Charles V* (London, New York 1956; die dt. Ausgabe: Kaiser Karl V. Werden und Schicksal einer Persönlichkeit [1979]; und Manuel Fernández Alvarez, *Carlos V,* XVIII der *Historia de España,* hrsg. v. R. Menéndez Pidal (Madrid 1965), und ders., Charles V (London 1975).

4 Der Name geht auf den Königstitel *Rey católico* zurück, der Ferdinand und Isabella vom Papst verliehen worden war. Er wird von der modernen spanischen Geschichtsschreibung anstelle des „Spanischen Reiches" oder der „Spanischen Monarchie" benutzt, um Philipps spanische und süditalienische Besitzungen zu bezeichnen: Alle diese Länder waren sein persönlicher Besitz und nicht etwa Besitz des spanischen Nationalstaates.

5 *Reina proprietaria* nannte die Bevölkerung Segovias 1474 ihre Königin Isabella. Damit war klar, daß sie und nicht ihr Gatte Ferdinand von Aragonien Kastilien regierte.

6 Siehe Townsend Miller, *The Castles and the Crown; Spain 1451–1555* (New York, London 1963).

7 Über die politischen Vorstellungen Karls V. siehe Manuel Fernández Alvarez, *Política Mundial de Carlos V y Felipe II* (Madrid 1966).

8 R. B. Merriman, *The Rise of the Spanish Empire in the Old World and the New,* 4 Bde. (New York 1918–1934, Neuaufl. 1962) Bd. IV, „Philip the Prudent", S. 19, Anm. 3.

9 J. M. March, *La Niñez y juventud de Felipe II,* 2 Bde. (Madrid 1941) I, S. 46.

10 Ebd., II, S. 335.

11 Ebd., I, S. 48.

12 Merriman, IV, S. 30.

13 Gregorio Marañón, *Antonio Pérez,* 2 Bde., (Madrid, 7. Aufl. 1963).

14 March, *Niñez,* II, S. 175–352.

15 Ebd., II, S. 29f.

16 Luis Cabrera de Córdoba, *Felipe II, Rey de España* (1619) 4 Bde. (Madrid 1876/77) I, S. 4.

17 Claudio Sánchez Albornoz, *España: un enigma histórico,* 2 Bde. (Buenos Aires 1956) II, S. 518–528.

18 Ein Beispiel für Philipps Lateinkenntnisse findet man in Public Records Office, *Calendar of State Papers, Foreign* (Regierung Maria Tudors) 1554, S. 84f., 17. Mai 1554.

19 Maximilian war auf Anordnung Karls V. Ende 1550 nach Deutschland abgereist, um an einem Familientreffen der Habsburger teilzunehmen. Vgl. M. Fernández Alvarez, *Karl V.* (London 1975).

20 Vgl. Ralph Giesey, *If Not, Not* (Princeton 1968), S. 203–215.

21 Siehe March, *Niñez,* II, S. 7–37.

22 Henry Kemen, *The Spanish Inquisition* (New York, London 1965), S. 78f.

23 A. W. Lovett, „A New Governor for the Netherlands: the Appointment of Don Luis de Requesens, Comendador Mayor de Castilla", in: *European Studies Review,* I, Nr. 2 (April 1971), S. 102.

24 Über Kastiliens wirtschaftliche Nöte siehe John Elliott, *Imperial Spain* (London, Toronto 1963) 5. Kap., Teil 3–5; Jaime Vicens Vives, *Manuel de Historia económica de España* (Barcelona, 3. Aufl. 1964), S. 301–374; Antonio Dominguez Ortiz, *The Golden Age of Spain 1516–1659* (London 1971, Übers. d. spanischen Aufl. von 1963) 12. u. 13. Kap.

25 Über die Finanzen der Krone vgl. Ramón Carande, *Carlos V y sus banqueros,* 3 Bde. (Madrid 1943–1967); Modesto Ulloa, *La Hacienda real de Castilla en el reinado de Felipe II* (Rom 1963). In diesem Buch sind alle Währungen auf die Dukatenwährung umgerechnet worden, also auch die alten kastilischen *maravedís,* und zwar im Verhältnis: 375 maravedí = 1 Dukaten. Die unter Philipp im Umlauf befindliche Goldmünze, die fast ebenso wertvoll wie der Dukaten war, war der *escudo,* dessen Wert Philipp 1566 von 350 mrs auf 400 erhöhte. Der *escudo* hatte ungefähr den gleichen Wert wie andere europäische Goldmünzen, wie z. B. der französische *écu* oder die Krone, die überall im Umlauf war. Das englische Pfund Sterling, das hier ein- bis zweimal vorkommt, entsprach ungefähr vier Dukaten. Henri Lapeyre, *Simon Ruiz et les „asientos" de Philippe II* (Paris 1953), behandelt auf S. 8f. die Währungen, mit denen Philipp II. am meisten zu tun hatte.

26 Siehe Fernández Alvarez, *Política,* S. 127–163.

27 Zit. n. Fernand Braudel, *La Méditerranée et le monde méditerranéen à l'époque de Philippe II,* 2 Bde. (Paris 1949, 2. erw. Aufl. 1966) II, S. 233.

28 Siehe E. Harris Harbison, *Rival Ambassadors at the Court of Queen Mary* (Princeton, Oxford 1940).

29 Über das alte Bündnis siehe Garrett Mattingly, *Renaissance Diplomacy* (London, Boston 1955); R. B. Wernham, *Before the Armada; the Emergence of the English Nation 1485–1588* (London, New York 1966).

30 Harbison, S. 224, 258f.

31 Über die französisch-aragonische Rivalität in Neapel siehe S. 76ff.

32 Siehe Manuel Fernández Alvarez, *Tres embajadores de Felipe II en Inglaterra* (Madrid 1951).

33 Siehe William S. Maltby, *The Black Legend in England; the Development of Anti-Spanish Sentiment, 1558–1660* (Durham, N. C. 1971).

II.
Philipp II.:
Charakter, Familie, Interessen

1 R. M. Hatton, „Louis XIV and his Fellow Monarchs", in: *Louis XIV and the Craft of Kingship* (Columbus, Ohio 1970), hrsg. v. John C. Rule, S. 163.

2 Siehe María Teresa Oliveros de Castro und Eliseo Subiza Martín, *Felipe II, estudio médico-histórico* (Madrid 1956); R. B. Merriman, IV, S. 21f.; C. D. O'Malley, *Don Carlos of Spain, a Medical Portrait* (Berkeley and Los Angeles 1969).

3 Philipp erkannte keine unehelichen Kinder an.

4 Siehe British Museum (BM) Add. Mss. 28, 363. Fol. 54, 55.

5 *Calendar of State Papers, Venetian* (im folgenden CSPV) (P. R. O. London) IX, 13. Mai 1595.

6 O'Malley, Don Carlos, S. 2.

7 CSPV, IX, 17. 5. 1598.

8 Zit. n. H. G. Koenigsberger, „The Statecraft of Philipp II", in: *European Studies Review I*, Nr. 1 (1971), S. 1–21.

9 Publiziert 1884 in Paris.

10 Siehe Bibliographie S. 229.

11 Marañón, I, S. 46.

12 Maurice van Durme, *El Cardenal Granvela* (Barcelona 1957, Übers. der fläm. Ausg. von 1953, Brüssel), S. 354.

13 Cabrera de Córdoba, I, S. 354; Balthasar Porreño, *Dichos y Hechos del Rey D. Felipe II* (1628) (Madrid 1942), S. 293.

14 Cabrera de Córdoba, I, S. 337 wegen des vergilbenden Papiers, die Widmungsseite wegen des Vergleichs mit Philipp II. von Mazedonien.

15 Marañón, I, 3. Kap.; und S. 217.

16 A. W. Lovett, „Don Luis de Requesens and the Netherlands: a Spanish Problem in Government, 1573–1576" (unveröffentlichte Dissertation, Cambridge 1968). Zit. S. 24, „yo me he hallado bien confuso".

17 Siehe BM Add. Mss. 28, 263, Fol. 91, 424; und 28, 366, Fol. 471.

18 Siehe Marañón, Bibliographie (zu den Veröffentlichungen von Pérez).

19 Siehe Philipp W. Powell, *The Tree of Hate* (London, New York 1971).

20 H. Wansink, Hrsg., *The Apologie of Prince William of Orange against the Proclamation of the King of Spain,* nach der engl. Ausg. v. 1581 (Leiden 1969).

21 Fernández Alvarez, *Política,* stellt dieses und Philipps andere Testamente zur Debatte und behandelt das Problem der Autenthizität, S. 205–210.

22 Ebd., S. 208, 211.

23 Zit. nach Koenigsberger, „Statecraft", S. 3.

24 Z. B. Fernández Alvarez, *Tres embajadores,* S. 184.

25 Fernández Alvarez, *Política,* S. 210.

26 Siehe Brief Karls V. an die Regentin Juana in: Kamen, *The Spanish Inquisition,* S. 78f.

27 Enthalten in Wansink, Hrsg., *Apologie.*

28 Siehe J. H. Parry, *The Spanish Seaborne Empire* (London, New York 1966), S. 193f.; Merriman, IV, S. 27.

29 Fernández Alvarez, *Política,* S. 211.

30 Cabrera de Córdoba, II, S. 169.

31 Fernández Alvarez, *Política,* S. 214f.

32 Ebd., S. 178f.

33 BM Add. Mss. 28, 263, Fol. 432.

34 Fernández Alvarez, *Política,* S. 212f.

35 Ebd., S. 213.

36 Fernández Alvarez, *Economía, Sociedad, Corona* (Madrid 1963), S. 212ff.

37 Fernández Alvarez, *Política,* S. 212.

38 Duque de Alba, Hrsg., *Epistolario del III duque de Alba, Don Fernando Álvarez de Toledo,* 3 Bde. (Madrid 1952) III, S. 538–542, und Cabrera de Córdoba, II, S. 206f.

39 Cabrera de Córdoba, II, S. 588.

40 Zit. nach Gabriel Maura y Gamazo, duque de Maura *El Designio de Felipe* II (Madrid 1957), S. 57.

41 Wegen seiner Beziehungen mit Königin Elisabeth siehe S. 190ff.

42 Auch Cabrera de Córdoba war der Ansicht, daß Philipp II. prominentere Untertanen lieber im verborgenen strafte und hinrichtete, um den öffentlichen Skandal zu vermeiden: II, S. 171.

43 Porreño, *Dichos,* S. 294.

44 Über Philipps Moral auf sexuellem Gebiet siehe González de Amezúla, *Isabel de Valois, Reina de España, 1546–1568,* 3 Bde. (Madrid 1949) I, 10. Kap.

45 Cabrera de Córdoba, IV, S. 367. Der Autor gibt zu, daß Doña Isabella diesen Anspruch erhoben hatte, läßt aber durchblicken, daß sie nicht ganz bei Sinnen war.

46 González de Amezúa, *Isabel de Valois.*

47 Siehe Gaspar Muro, *Vida de la Princesa de Eboli* (Madrid 1877, franz. Übers. 1878); Marañón, *Antonio Pérez,* I, 8. u. 9. Kap.

48 Annas Schwester Elisabeth wurde nicht für eine angemessene Partie für Philipp gehalten; abgesehen von ihrer Jugend (geb. 1558), stand sie in der Rangfolge tiefer als Anna (geb. 1549).

49 Fray José Sigüenza, *Historia de la Orden de San Jeronimo* (1605) (Madrid 1909), S. 425–430.

50 Louis-Prosper Gachard, Hrsg., *Lettres de Philippe II à ses filles* (Paris 1884), S. 187.

51 Der Erbe des kastilischen Thrones trug den Titel Prinz von Asturien und wurde *el príncipe* genannt. Die anderen königlichen Kinder waren die *infantes* und *infantas.*

52 Ulloa, *La Hacienda real,* S. 61.

53 Siehe BM Add. Mss. 28, 361.

54 Über Don Juan d'Austria siehe Sir Charles Petrie, *Don John of Austria* (London, New York 1967).

55 Gonzalez de Amezúa, *Isabel de Valois,* III, S. 106–120.

56 L.-P. Gachard, *Lettres.*

57 O'Malley, *Don Carlos of Spain;* Cabrera de Córdoba (der zu jener Zeit als Jugendlicher mit seinem Vater Hofdienst tat), I, S. 343–349, 426, 459, 525, 556–563, 590ff.: „Ich schreibe, was ich sah und hörte, da ich Zugang zu den Zimmern der Prinzen hatte."

58 Fernández Alvarez, *Política,* S. 268.

59 Archivo General de Simancas (AGS), Estado Roma, legajo 906, 20. 1. 1568.

60 Ebd., Don Juan de Zúñiga (Botschafter in Rom) an Philipp, 5. 3. 1568.

61 O'Malley, *Don Carlos,* S. 20.

62 In der katholischen Monarchie und in den Niederlanden existierte kein Gesetz gegen die weibliche Nachfolge, erfahrungsgemäß aber waren männliche Thronfolger häufiger erfolgreich als weibliche, und es bestand die Gefahr, daß über die weibliche Thronfolge die Regierung eines Landes an eine ausländische Familie überging. Beispiele weiblicher Thronfolge waren Isabella und Johanna in Kastilien, Petronilla (1137–1162) in Aragonien, Konstanze von Sizilien (1189–1198), Johanna II. von Neapel (1414–1435) und Maria von Burgund (1477–1483).

63 Cabrera de Córdoba, II, S. 616.

64 Siehe Charles Terlinden, *L'Archiduchesse Isabelle* (Brüssel 1943); M. de Villermont, *L'Infante Isabelle, gouvernante des Pays-Bas,* 2 Bde. (1912).

65 Archiv der Herzöge von Medina Sidonia, Sanlúcar de Barrameda Mss., „Cartas de los reyes y sus secretarios" Juan de Ibarra an den siebenten Herzog von Medina Sidonia, 6. 12. 1589. Der Prinz, um den sich bisher die Kaiserin Maria gekümmert hatte, schien über diesen Wechsel nicht sehr glücklich zu sein.

66 Diese Bemerkung, zit. nach Modesto Lafuente, *Historia General de España,* 30 Bde. (Madrid 1850–1867) XI, S. 77f., ist häufig zitiert worden, obwohl man nicht weiß, woher sie eigentlich stammt. Moura, Philipps engster Berater in den letzten zwölf Jahren seiner Regierung, wurde durch den Günstling Philipps III., den Herzog von Lerma, aus seiner Stellung bei Hof gedrängt und mit dem Vizekönigtum von Portugal abgespeist.

67 Siehe José Fernández Montana, *Felipe II el prudente, Rey de España en relacion con artes y artistas, con ciencias y sabios* (Madrid 1912). Der Autor vertraut allzusehr der Anekdote, um seinem Thema gerecht zu werden.

68 Patrimonio nacional, *El Escorial: octava maravilla del mundo* (Madrid 1967). George Kubler, *Building the Escorial* (Princeton 1982).

69 BM Add. Mss. 28, 355, Fol. 24, 43, 63. Fol. 24 berichtet, daß er eine Bibelkonkordanz las, bevor er ins Bett ging.

70 Es gibt Aufnahmen von Musikstücken von Victoria (1548–1611), z. B. *Requiem Mass* und vier *motets,* Chor des St. John's College, Dir. George Guest. (Argo ZRG 570, London); *Music from the Chapel of Philipp II of Spain:* Auswahl aus Werken von Victoria, Cristóbal de Morales

(1500–1555), Antonio Cabezón (1510–1566) und Alonso Mudarra (1510–1580), Roger Blanchard Ensemble, Organist Pierre Froidebose (Nonesuch H71016, New York).

71 Siehe B. Rekers, *Benito Arias Montano 1527–1598* (London, Leiden 1972).

72 Fernández Alvarez, *La Sociedad española del Renacimiento* (Salamanca 1970), S. 249f.

73 O'Malley, *Don Carlos*, S. 9.

74 D. C. O'Malley, *Andreas Vesalius of Brussels 1514–1564* (Berkeley und Los Angeles 1964), S. 296–308.

75 Fernández Alvarez, *Política*, S. 236f., Philipp an Prinzessin Juana, 21. 6. 1559.

76 Domínguez Ortiz, *Golden Age*, S. 235–245; Marcelino Menéndez y Pelayo, *Heterodoxos españoles* (1880–1882); M. Bataillon, *Erasme et l'Espagne* (Paris 1937); Kamen, *The Spanish Inquisition*, S. 82f., 99–102, und 16. Kap.

77 Richard Kagan, „Universities in Castile 1550–1700", in: *Past and Present*, Nr. 49 (1970), S. 44–71.

III.
Die katholische Monarchie Philipps II.

1 Fernández Alvarez, in: Biblioteca de Estudios Madrilenos, *Madrid en el siglo XVI* (Madrid 1962) I, S. 1–24.

2 Der alte *alcázar real* brannte Anfang des 18. Jahrhunderts ab. An seiner Stelle wurde der Palacio Real errichtet.

3 BM Add. Mss. 28, 263, Fol. 89, Gabriel de Zayas an Mateo Vázquez, 21. 5. 1587.

4 Cabrera de Córdoba, II, S. 574.

5 Bevölkerungszahlen bleiben für das 16. Jahrhundert Schätzwerte. Über die Bevölkerung in Philipps Ländern siehe Vicens Vives, *Manuel;* Braudel, *Méditerranée,* und das 1. Kap. in seiner: *Civilisation materielle et capitalisme XVe–XVIIIe siècle* (Paris 1967).

6 J. H. Parry, *The Spanish Seaborne Empire,* 3. Kap. „Demographic Catastrophe".

7 Diese Bezeichnung setzte sich erst im 17. Jahrhundert durch. Zu Philipps Zeiten wurden diese Beamten generell Gouverneure genannt, auch wenn die einzelnen Provinzen verschiedene Titel führten, z. B. in Brabant *ruward,* in Hainault *grand bailiff.*

8 Medina Sidonias Einkommen habe ich aufgrund der mir bekannten Einnahmen aus seinen verschiedenen Besitzungen geschätzt. Über seine Miliz siehe AGS, Guerra Antiqua (G.A.), leg. 302, „relación de la gente . . .", zirka 1590.

9 Beide Zitate aus Elliott, *The Old World and New* (Cambridge, New York 1970), S. 76.

10 Parry, *The Spanish Seaborne Empire,* S. 208.

11 Pierre Vilar, „1598–1620: the Crisis of Spanish Power and Conscience", in: J. Kaplow, Hrsg., *Western Civilization: Mainstream Readings and Radical Critiques* (New York 1973) I, S. 373–383 (Nachdruck aus *L'Europe,* 34, 1956); v. dems. „Les Temps des Hidalgos", in: *L'Espagne au temps de Philippe II* (Paris 1965).

12 AGS, Est. Roma, leg. 603, „relación de lo que scriven los cardenales siguentes", 1566.

13 J. M. March, *El Comendador Mayor de Castilla, Don Luis de Requesens, en el gobierno de Milán 1571–1573* (Madrid, 2. Aufl. 1946), S. 247.

14 Antonio Marongiu, *Medieval Parliaments* (London, New York 1968). Übers. v. *Il Parlamento in Italia nel medioevo e nell' etá moderna* (1949, bearbeitet 1962), S. 148–157, bes. 155ff.

15 Rosario Villari, „Neapel: the Insurrection in Naples of 1585", in: Eric Cochrane, Hrsg., *The Late Italian Renaissance* (New York, London 1970).

16 H. G. Koenigsberger, *The Practice of Empire* (Ithaca N. Y. 1970); Marongiu, S. 157–170.

17 Ebd., S. 129 und 155.

18 Marongiu, S. 131–148.

19 Fernández Alvarez, *Política,* S. 223–228. Hier ist von dem berühmten Bericht des Luis de Ortiz, einem Buchhalter der Stadt Burgos aus dem Jahr 1560, die Rede, in welchem er sich über die wirtschaftliche Stagnation beklagt und Vorschläge zur Verbesserung der Lage macht.

20 Eine Arbeit neueren Datums beschäftigt sich mit der Wirtschaft unter Berücksichtigung größerer Zusammenhänge: H. Van der Wee, *The Growth of the Antwerp Market and the European Economy*, 3 Bde. (Den Haag 1963). Über die Franche-Comté siehe Lucien Febvre, *Philippe II et la Franche-Comté* (Paris 1911, Neuaufl. 1970).

21 Geoffrey Parker, *The Army of Flanders and the Spanish Road* (Cambridge, New York 1972). Für Madrid waren die Niederlande der Vorposten der Monarchie: S. 127–135.

22 Zit. nach H. R. Rowen, Hrsg., *The Low Countries in Early Modern Times* (New York, London 1972), S. 27ff.

23 Oranien bekam das Amt 1561–1567 übertragen, aber Granvelle hinderte ihn bis 1564 daran, es auszuüben, und schon 1567 wurde es ihm wiederabgenommen. Siehe Febvre, S. 243–277.

24 Cabrera de Córdoba, III, S. 596.

25 Carlos Riba García, Hrsg., *Correspondencia privada de Felipe II con su secretario Mateo Vázquez* (Madrid 1959), S. 152.

26 Koenigsberger, *The Practice of Empire*, S. 48.

27 H. Wansink, Hrsg., *Apologie of Prince William*, S. 71.

IV.
Der Hof von Madrid
und die Regierung der Monarchie

1 Cabrera de Córdoba, I, S. 1ff., gibt uns eine Vorstellung von der Bedeutung, die die Monarchie für einen Höfling hatte, und das ist meiner Ansicht nach interessanter als die Theorien der Gelehrten. Diese betreffend siehe Bernice Hamilton, *Political Thought in Sixteenth Century Spain* (Oxford 1963).

2 A. W. Lovett, „A Cardinal's Papers: the Rise of Mateo Vázquez de Leca", in: *English Historical Review*, LXXXVIII Nr. 347 (April 1973), S. 241–261. Der Autor ist der Ansicht, daß Philipp gerne *ad hoc juntas* bildete, damit sie sich mit wichtigen Staatsangelegenheiten befaßten.

3 Fernández Alvarez, *Política*, S. 211.

4 Ebd., S. 217.

5 G. Parker, *Guide to the Archives of the Spanish Institutions* (Brüssel 1971).

6 CSPV, VII, S. 256 (1560).

7 Cabrera de Córdoba, II, S. 125.

8 Ebd., II, S. 238–243.

9 Zit. nach Luciano Serrano, *La Liga de Lepanto*, 2 Bde. (Madrid 1918–1920) I, S. 104.

10 Fernández Alvarez, *Tres embajadores*, S. 277, Anm. 49.

11 Braudel, *Méditerranée*, I, S. 326 (Absatzüberschrift).

12 Eugenio Albèri, Hrsg., *Relazioni degli ambasciatori veneti al Senato durante il secolo decimosesto*, 15 Bde. (Florenz 1839–1862), Reihe I, Bd. III, S. 333–378.

13 Leopold von Ranke, *Die Osmanen und die Spanische Monarchie im 16. und 17. Jahrhundert* (Hamburg 1827). Siehe auch die Bibliographie dieses Buches.

14 BM Add. Mss. 28, 263, Fol. 129, Zayas an Mateo Vázquez, 13. 8. 1587.

15 CSPV, VIII, T. Contarini, 23. 12. 1589; Lippomano, 6. 12. 1588.

16 Alba starb 1591. Sein Nachfolger war Estéban de Ibarra.

17 Siehe G. Parker, *Army of Flanders and the Spanish Road*, 8. Kap.

18 Medina Sidonia Archives, Medina Sidonia an Philipp, 17. 6. 1587.

19 G. Parker, „Spain, her Enemies and the Revolt of the Netherlands", in: *Past and Present*, Nr. 49 (1970), S. 72–95.

20 Ulloa, *La Hacienda real*, S. 62ff., 533f.

21 Z. B. in den Randbemerkungen auf dem Resümee der Briefe von Margarete von Parma Ende November 1566: AGS Est. Flandes, leg. 530.

22 Koenigsberger, „Statecraft", S. 7.

23 AGS Est. Flandes, leg. 569, Philipp an Requesens, 23. 2. 1576.
24 Eine Notiz auf dem Bericht eines Beamten in Flandern, vom 4. 12. 1592, AGS Est. Flandes, leg. 603.
25 Siehe Ulloa, *La Hacienda real.*
26 A. W. Lovett, „Juan de Ovando and the Council of Finance (1573–1575)", in: *Historical Journal* XV (1072) I, S. 21.
27 A. W. Lovett, „Francisco de Lixalde: a Spanish Paymaster in the Netherlands (1567–1577)", in: *Tijdschrift voor Geschiedenis* (1971) I, 14–23, S. 23.
28 Gordon Griffiths, Hrsg., *Representative Government in Western Europe in the Sixteenth Century* (Oxford, New York, 1968), S. 175, bes. S. 4–6, 30–40.
29 Ulloa, S. 302.
30 Medina Sidonia Archive, Mss., Philipp an den Herzog, 29. 5. 1586.
31 AGS Patronato Real, S. 29–46.
32 Koenigsberger, *Practice,* 3. Kap.
33 Siehe Alfonso María Guilarte, *El Régimen señorial en el Siglo XVI* (Madrid 1962), S. 51–56.
34 Siehe John Lynch, *Spain Under the Habsburgs,* 2 Bde. (Oxford 1963–1969) I, S. 257–270: über Philipps Beziehungen zum Vatikan.
35 Braudel, *Méditerranée,* II, S. 315.
36 Ulloa, Kap. V, XIX–XXI, die Einnahmen durch die Kirche betreffend.
37 Lynch, I, S. 257.
38 Die konziliare Bewegung entwickelte sich während des Schismas (1378–1415) und erreichte ihren Höhepunkt mit dem Konzil von Konstanz (1414–1417), das das Supremat der Konzile über den Papst bei gewissen entscheidenden Problemen beschloß. Der Vatikan aber, der sich dem allgemeinen Trend entsprechend immer mehr absolutistischer Regierungsformen bediente, wollte keinesfalls seine Macht über die Kirche verlieren, fürchtete er doch, daß diese ohne eine straffe zentralistische Regierung ein leicht zu handhabendes Instrument für so mächtige weltliche Herrscher wie Philipp II. werden könnte.
39 Fernández Alvarez, *Política,* S. 238ff.
40 Bohdan Chudoba, *Spain and the Empire 1519–1643* (Chicago 1952), S. 105–124.
41 Lynch, I, S. 266.
42 Koenigsberger, „Statecraft", S. 4.
43 Medina Sidonia Archive, Zayas an den Herzog, 27. 10. 1581.
44 AGS Est. Roma, leg. 906, auf einem Brief von Zúñiga an Philipp, 19. 9. 1568.
45 Zit. v. Parker, *Guide to the Archives,* S. 27.
46 Cabrera de Córdoba, II, S. 126.
47 A. W. Lovett, „A Cardinal's Papers: The Rise of Mateo Vázquez de Leca", in: *English Historical Review,* S. 241–261.
48 Riba García, *Correspondencia privada,* S. 39ff.
49 Léon van der Essen, *Alexandre Farnèse,* 5 Bde. (Brüssel 1933–1939) V, S. 380.
50 Marañón, *Antonio Pérez,* Kap. III, etc.
51 Alba war unter Hausarrest (in Uceda bei Madrid) gestellt worden, weil er eine Heirat seines Sohnes Don Fadrique unterstützt hatte, die Philipp verboten hatte. Der König hatte befohlen, daß er die Hofdame eheliche, die er verführt hatte.
52 Siehe I. A. A. Thompson, „Appointment of the Duke of Medina Sidonia to the Command of the Spanish Armada", in: *Historical Journal* XII, Nr. 2 (1969), S. 197–216; Peter O'Malley Pierson, „A Commander for the Armada", in: *Mariner's Mirror* 55, Nr. 4 (1969), S. 383–400.
53 CSPV, IX, F. Soranzo, 27. 9. 1598.

V.
Europa und die Welt

1 Albèri, *Relazioni degli ambasciatori veneti al Senato durante il secolo decimosesto*, Reihe I, Bd. III, S. 379.
2 Gonzáles de Amezúa, II, S. 223.
3 BM Add. Mss. 28, 262, Fol. 23.
4 Siehe Mattingly, *Renaissance Diplomacy* (London, Boston 1955).
5 G. Parker, *Army of Flanders.*
6 AGS Est. Castilla, leg. 178, 16. 1. 1598.
7 Siehe C. R. Boxer, „Portuguese and Spanish Projects for the Conquest of South East Asia, 1580–1600“, in: *Journal of Asian History,* 3, Nr. 2 (1969).
8 Riba García, Hrsg., *Correspondencia privada,* S. 39.
9 Medina Sidonia Archive, Mss. „Cartas“, 12. 8. 1590.
10 Cabrera de Córdoba, II, S. 552, stellt die Behauptung auf, daß zweiundzwanzig Erben Emanuels des Glücklichen durch ihren Tod Philipp II. den Weg zum Thron freigemacht hätten. Philipp mußte daher annehmen, daß Gott es so wollte.
11 Andrew C. Hess, „The Moriscos: an Ottoman Fith Column in Sixteenth-Century Spain“, in: *American Historical Review,* LXXIV (1968), S. 1–25.
12 Zit. von Henry Kamen, *Spanish Inquisition,* S. 123.
13 Zit. von A. Sicroff, *Les controverses des statuts de „Pureté de Sang“ en Espagne de XVᵉ au XVIIᵉ siècle* (Paris 1960), S. 138 Anm.
14 Außer den in der Bibliographie angegebenen Werken habe ich zu diesem Thema auch K. Garrad, „The Causes of the Second Rebellion of the Alpujarras“ (unveröffentlichte Diss. Cambridge 1956) verwendet.
15 Siehe Bernard Vincent, „L'expulsion des morisques du royaume de Grenade et leur répartition en Castile (1570–1571)“, in: *Mélanges de la casa de Velázquez* (1970) VI, S. 211–246.
16 Bevor er in Peniche bei Lissabon an Land ging, hatte Drake La Coruña angegriffen, wo er die restlichen Schiffe der „Unbesiegbaren Armada“ zu zerstören hoffte. Diese befanden sich aber in Santander. Drakes Angriff konnte abgewehrt werden, und er mußte sich mit schweren Verlusten zurückziehen. Dies führte dazu, daß er bald darauf in Ungnade fiel.
17 Ranke, *Die Osmanen und die Spanische Monarchie.*
18 CSPV, VIII, Contarini, 24. 5. 1589.
19 Braudel, II, S. 501.
20 Siehe Alberto Tenenti, *Piracy and the Decline of Venice, 1580–1615* (London, Berkeley 1967, Übers. aus dem Ital., Bari 1961).
21 Mehr darüber im Museo Naval, Madrid, Mss. 496, und in CSPV, VIII–IX für die Zeit 1590–1596.
22 Braudel, II, S. 319.
23 Auch Braudel erwähnt diese Angelegenheit, aber das meiste einschlägige Material befindet sich in dem Archiv der Herzöge von Medina Sidonia: „Cartas de los Reyes y sus secretarios a los duques de Medina Sidonia y copías de unas repuestas.“
24 A. C. Hess, „The Battle of Lepanto and its Place in Mediterranean History“, in: *Past and Present,* Nr. 57 (1972), S. 53–73. Hier wird der osmanische Standpunkt erläutert.
25 Braudel, Überschrift des 6. Kap.
26 Rowen, S. 27ff. Granvelle schlug Philipp vor, den Magnaten Pensionen und Ämter außerhalb der Niederlande zu geben. Was Philipp ihnen 1559 zugestand, befriedigte sie nicht, wie der venezianische Botschafter Tiepolo berichtet (CSPV, VII, 10. 8. 1559). Don Hernando de Toledo fand die Haltung der Magnaten undankbar, da Philipp seiner Ansicht nach ihnen nicht nur schöne Geschenke gemacht hatte, sondern ihnen auch die Regierung des Landes überlassen hatte (BM Add. Mss. 28, 539, Fol. 279, Brief an Philipp, 17. 12. 1576).
27 Siehe Fernández Alvarez, *Tres embajadores,* S. 177–212.

28 Luciano Serrano, *Correspondencia diplomática entre España y la Santa Sede,* 4 Bde. (Madrid 1914) I, S. 316.

29 AGS Est. Roma, leg. 903, „lo que contienen cuatro cartas de Cardenal Granvela a su Md, de XV, XV, XVII, XXVII, Y XXIX de setiembre 1566".

30 Philipp hatte vor, später in die Niederlande zu fahren, aber als Alba Ende 1568 die Ordnung wiederhergestellt hatte, hatte Philipp inzwischen Don Carlos und seine Frau verloren, mußte eine neue Ehe eingehen und das Problem mit den *moriscos* lösen. Danach beschäftigten ihn die Heilige Liga (1570–1573) und die damit in Zusammenhang stehende Finanzkrise (1573–1575). Schließlich brach durch Requesens' Tod erneut das Chaos in den Niederlanden aus. Philipp war es sicher ernst mit seiner Absicht gewesen, nur fand er nie die richtige Gelegenheit, Spanien und die Zentralregierung zu verlassen, die seine Länder verwaltete und die Steuern eintrieb.

31 Über diese Auskunft siehe AGS Est. Flandes, leg. 530 u. passim.

32 Margarete zog sich nach Parma zurück. 1580 erwog Philipp, sie erneut zur Statthalterin zu ernennen, in der Hoffnung, daß sie den Frieden wiederherstellen könnte, was mehrere Militärstatthalterschaften nicht geschafft hatten. Aber der Aufstand hatte zu jenem Zeitpunkt bereits derart um sich gegriffen, daß es unmöglich schien, eine friedliche Lösung zu finden, es sei denn, der König akzeptierte die Teilung der Niederlande. Die Statthalterschaft wurde daher weiter von ihrem Sohn Alexander geführt, der zugleich Kommandant der flandrischen Armee war.

33 A. L. E. Verheyden, *Le Conseil des Troubles: Liste des condamnés* (Brüssel 1961). Danach wurden 12.302 Personen abgeurteilt und 1105 hingerichtet, 1567–1573; Cabrera de Córdoba, I, 540, nennt 1700 Hingerichtete; AGS Est. Flandes, leg. 559, item 39, gibt 6000 an.

34 *Epistolario...de Alba,* I, 678, 18. 9. 1567. Zusätzlich zu erwiesenem Hochverrat und Pflichtversäumnis während der Unruhen von 1566 besaß Madrid Informationen, daß Egmont mit England korrespondiert hatte (Fernández Alvarez, *Tres embajadores,* S. 208) und die Anspielung Maximilians II., „gewisse große Herren der Niederlande" seien an einer Verschwörung in Sachsen beteiligt (die Grumbach-Verschwörung von 1567).

35 A. W. Lovett, „Appointment of Don Luis de Requesens", S. 90.

36 Alba klagte (*Epistolario,* III, S. 538–548), daß die einzige erfolgversprechende Maßnahme gegen die Aufständischen die Verwüstung des flachen Landes und die Einquartierung der Landbevölkerung in befestigte Städte sei. Denn kaum hatte er die Aufständischen in der Schlacht besiegt, tauchten sie nach Abzug seiner Armee wieder auf und trieben von der Landbevölkerung Steuern und Lebensmittel ein.

37 Wegen der exzellenten Behandlung dieses Themas siehe A. W. Lovetts „Appointment of Don Luis de Requesens" und „Francisco de Lixalde: an Spanish Paymaster".

38 Lovett, „Appointment", S. 96f.

39 Ebd., S. 102.

40 Lovett setzt die Schilderung der Karriere von Requesens fort mit „The Governorship of Don Luis de Requesens, 1573–1576. A Spanish View", in: *European Studies Review* (1972) 2, Nr. 3.

41 Charles Wilson, *Queen Elizabeth and the Revolt of the Netherlands* (London, Berkeley 1970), S. 42–62.

42 Vielleicht entsandte Philipp Terranova, einen sizilianischen Granden, um den Niederlanden zu zeigen, daß die Monarchie multinational war.

43 Siehe Tibor Wittman, *Les Gueux dans les „Bonnes Villes" de Flandres* (Budapest 1969).

44 Sein Bruder, Heinrich III., tat wenig für ihn und war nur froh, ihn aus Frankreich draußen zu haben, wo er sich mit den Hugenotten verbündet hatte.

45 Merriman, IV, S. 514, Anm. 3, zit. n. CSPV, VIII, item S. 284.

46 Merriman, IV, S. 515.

47 Charles Wilson, *Queen Elizabeth.*

48 Maura, *El Designio de Felipe II,* S. 167f. Idiáquez nannte den Aufstand *gomia* (verfressenes Untier).

49 Siehe Geyls, *Netherlands in the Seventeenth Century,* Bd. I; Henri Pirenne, *Histoire de Belgique,* 7 Bde. (Brüssel 1900–1932) IV.

50 George Unwin, zit. n. Charles Wilson, *Queen Elizabeth,* S. 25.

51 Siehe John K. Silke, *Kinsale: the Spanish Intervention in Ireland at the End of the Elizabethan Wars* (Liverpool, New York 1970), 1. u. 2. Kap. über die Zeit Philipps II.

52 Obgleich die Lage nicht danach war, wollte Don Juan England überfallen, und Elisabeth war darüber informiert. Sie setzte also ihren ganzen Einfluß ein, damit die Generalstaaten Don Juan zwangen, abzurüsten. Siehe O. de Törne, *Don Juan d'Autriche et les projets de conquête de l'Angleterre,* 2 Bde. (Helsinki 1917–1928).

53 I. A. A. Thompson, „The Appointment of the Duke of Medina Sidonia to the Command of the Spanish Armada", in: *Historical Journal,* S. 200–205.

54 Maura, *El Designio,* S. 259–261; Cesareo Fernández Duro, *La Armada Invencible,* 2 Bde. (Madrid 1884–1885) II, 134–137.

55 Mattingly, *The Defeat of the Spanish Armada* (London 1959), in den USA publiziert als *The Armada* (Boston 1959) S. 81.

56 CSVP, VIII, Contarini, 23. 12. 1589.

57 CSVP, IX, A. Nani, 23. 7. 1596, berichtet, daß Philipp zum ersten Mal seine Fassung verlor, einen Kandelaber hochhob und schwor, selbst diesen, wenn es sein mußte, zu verpfänden, um sich an ihr zu rächen.

58 Medina Sidonia Archive, Mss. „cartas", 25. 12. 1596.

59 Über diese Gesandtschaften und die Konferenz von Bayonne siehe González de Amezúa, Bd. II.

60 Die katholische Liga tauchte 1576 zum ersten Mal auf und wurde 1584 erneut ins Leben gerufen. Siehe De Lamar Jensen, *Diplomacy and Dogmatism* (Cambridge, Mass. 1964).

61 Das Salische Recht wurde zum ersten Mal von den Valois-Königen von Frankreich im 14. Jahrhundert angewendet, um die Ansprüche der englischen Könige auf den französischen Thron abzuwehren. Philipp II. hielt das Recht wie auch die Engländer für eine Erfindung der Valois.

62 L.-P. Gachard, *Lettres,* S. 178.

Bibliographie

Die genaue Angabe aller Quellen die Regierung Philipps II. betreffend würde Buchformat erreichen. Aber auch schon die sechzig Seiten Quellenangaben des zweibändigen Werkes von Fernand Braudel, *La Méditerranée et le monde méditerranéen à l'époque de Philippe II.* (Paris 1949, erw. Aufl. 1966), geben eine Vorstellung von der Fülle des archivischen und publizierten Materials, behandelt doch der Autor lediglich den mittelmeerischen Teil des spanischen Imperiums.

Die meisten bibliographischen Angaben über die Regierung Philipps II. findet man bei Benito Sánchez Alonso, *Fuentes de la historia espanola e hispanoamericana,* 3 Bde. (Madrid, 3. Aufl. 1952). Alonsos Werk ist von der Universität Barcelona mit der Zeitschrift *Indice histórica espanol* fortgesetzt worden, welche alle neu erschienenen Werke, die sich mit der spanischen Geschichte beschäftigen, kritisch kommentiert anzeigt.

Man beginnt am besten mit R. B. Merriman, *The Rise of the Spanish Empire in the Old World and the New,* 4 Bde. (New York 1918–1934, nachgedruckt 1962). Eine kritische Übersicht über die bisher erschienene Literatur bringt Bd. IV. Der erste, der sich um eine Revidierung der gewöhnlich negativen Darstellung Philipps II. durch protestantische Historiker bemüht hat, war der Däne Carl Bratli mit seinem Buch *Philippe II, Roi d'Espagne* (1911, franz. Übers. 1912). Diese Linie verfolgten auch Léon Halkin, „La physionomie morale de Philippe II", in: *Revue Historique,* Bd. 89 (1937), S. 355–367; R. Konetzke, „Zur Biographie Philipps von Spanien", in: *Historische Zeitschrift,* Bd. 164 (1941), S. 316–333; und Henri Lapeyre, „Autour de Philippe II", in: *Bulletin Hispanique,* Bd. 59 (1957), S. 152–175. Eine Auswahl der verschiedenen Sichtweisen bringen auch John C. Rule und John J. TePaske, Hrsg., *The Character of Philip II: the Problem of Moral Judgements in History* (Boston 1963); dieses Werk enthält auch eine sehr gute Bibliographie.

Eine exzellente Einführung in die archivalischen Quellen und in die gedruckten Sammlungen von Dokumenten und zeitgenössischen Publikationen ist C. H. Carter, *The Western European Powers 1500–1700* (London, Ithaca, N.Y. 1971). Informative Details bringt G. N. Parker, *Guide to the Archives of the Spanish Institutions in or concerned with the Netherlands, 1556–1706* (Brüssel 1971).

Die beste Dokumentensammlung ist die *Colección de documentos inéditos para la historia de España,* 112 Bde. (Madrid 1842–1895) mit dem unentbehrlichen Katalog von Julian Paz, 2 Bde. (Madrid 1930/31). Vergleichbare Sammlungen sind: *Memorial histórico espanol,* 50 Bde. (Madrid 1851f.); *Nueva colección de documentos inéditos para la historia de Espana y de sus Indias,* 6 Bde. (Madrid 1892–1896), *Archivo histórico espanol: colección de documentos inéditos...* 8 Bde. (Madrid, Valladolid 1927–1934); und seit 1936/1942 eine neuerliche Reihe von *Documentos inéditos para la historia de España.* Neben diesen Sammlungen gibt es auch andere Werke mit ausführlichen Quellenangaben: J. M. March, S. J., *La Niñez y juventud de Felipe II,* 2 Bde. (Madrid 1941); Carlos Riba Garcia, *Correspondencia privada de Felipe II con su secretario Mateo Vázquez* (Madrid 1959); Luciano Serrano, *Correspondencia diplomatica entre España y la Santa Sede,* 4 Bde. (Madrid 1914); u. ders., *La Liga de Lepanto,* 2 Bde. (Madrid 1918–1920); C. Fernández Duro, *La Armada Invencible,* 2 Bde. (Madrid 1884–1885); Gabriel Maura y Gamazo, duque de Maura, *El Designio de Felipe II* (Madrid 1957) enthält die Korrespondenz des Königs mit dem Herzog von Medina Sidonia; und duque de Alba, Hrsg., *Epistolario del III duque de Alba, Don Fernando Alvarez de Toledo,* 3 Bde.

(Madrid 1952). In Französisch, aber mit den spanischen Originalen ist erschienen L.-P. Gachard, *Lettres de Philippe II à ses filles* (Paris 1884). Eine Auswahl und Übersetzung von Dokumenten aus dem Archiv von Simancas bringt A. S. Hume, *Calendar of State Papers, Spanish* (4 Bde.) die Regierung Elisabeths I. von England betreffend. Über die Regierung Philipps und Maria Tudors siehe *Calendar of State Papers*, in den Reihen *Foreign, Spanish* und *Domestics.*

Eine reiche Quelle an Material sind auch die beiden Sammlungen von Dokumenten des Kardinals Granvelle: Charles Weiss, Hrsg., *Papiers d'État du Cardinal de Granvelle,* 9 Bde. (Paris 1841–1852), die auch in der *Collection de documents inédits relatifs à l'histoire de France* enthalten sind; sowie Edmund Poullet und Charles Piot, Hrsg., *Correspondence de Cardinal de Granvelle,* 12 Bde. (Brüssel 1877–1896).

Die meisten Dokumente gibt es über den Aufstand der Niederlande. Die bekanntesten Materialsammlungen sind: *Correspondance de Marguerite d'Autriche, Duchesse de Parme, avec Philippe II,* 6 Bde. (Brüssel, Utrecht 1867–1942), und *Correspondance de Philippe II sur les affaires des Pays-Bas (1558–1577),* 9 Bde. (Brüssel 1848–1879/1940–1953). Bei beiden Sammlungen fungierte zu Beginn L.-P. Gachard als Herausgeber; siehe auch Joseph Kervyn de Lettenhove und L. Gilliodts van Severen, *Relations politiques des Pays-Bas et de l'Angleterre sous le règne de Philippe II,* 11 Bde. (Brüssel 1882–1900).

Faszinierende Einsichten bieten uns auch die Berichte ausländischer Gesandter, die bekanntesten sind die der Venezianer in: Albèri, Hrsg., *Relazione degli ambasciatori veneti al Senato durante il secolo decimosesto,* 15 Bde. (Florenz 1839–1862) und der *Calendar of State Papers, Venetian.* Eine interessante Auswahl aus beiden Werken bringt J. C. Davis, Hrsg., in: *The Pursuit of Power: Venetian Ambassadors' Reports on Turkey, France and Spain in the Age of Philip II, 1560–1600* (New York, London 1970). Die Korrespondenz des wichtigsten französischen Botschafters an Philipps Hof erscheint in: A. Vitalis, Hrsg., *L'Ambassade en Espagne de Jean Ébrard, seigneur de Saint-Sulpice* (Albi 1903); C. Douais, Hrsg., *Dépêches de M. de Fourquevaux, ambassadeur du Roi Charles IX en Espagne, 1556–1572,* 3 Bde. (Paris 1896–1904), und A. Musset, Hrsg., *Dépêches diplomatiques de M. de Longlée* (Paris 1912). Das meist übersehene Wechselspiel der Interessen in Marokko wird in de Castries, Hrsg., *Les Sources inédites de l'histoire du Maroc de 1530 à 1845,* 21 Bde. bisher (Paris 1905ff.) dargelegt.

Über die Beziehungen Philipps zu den Cortes gibt es die einschlägigen *Actas de las Cortes de Castilla, 1563–1627,* 39 Bde. (Madrid 1861–1925) und Bd. V der *Cortes de los antiquos reinos de León y Castilla* (Madrid 1903). Es gibt nur wenige Auflagen der *Nueva Recopilación de las leyes,* die letzte stammt von 1775. Über Philipps Rechtspflege siehe auch die *Novisima Recopilación de las leyes de Espana,* 6 Bde. (Madrid 1805–1829). Ausgewählte und kommentierte Dokumente, die die kastilischen und katalonischen Cortes betreffen sowie das Parlament von Sizilien und die Generalstaaten der Niederlande zur Zeit Philipps II. befinden sich in englischer Übersetzung zusammen mit den Originalen (außer den französischen und lateinischen, die in der Originalsprache wiedergegeben werden) bei G. Griffiths, Hrsg., *Representative Government in Western Europe in the Sixteenth Century* (Oxford, New York 1968).

Wer sich mit Philipp II. beschäftigen will, muß selbstverständlich die historischen Werke konsultieren, die sich mit dem Spanien seiner Zeit auseinandersetzen oder, was meistens der Fall ist, die gesamte Monarchie behandeln. Ein englisches Standardwerk ist in dieser Hinsicht R. B. Merrimans *The Rise of the Spanish Empire in the Old World and the New,* IV, „Philip the Prudent", der die Biographie des Königs mit der Geschichte Spaniens, seines Reiches, seiner nichtspanischen Länder und Europas verwebt. So nüchtern wie Merrimans Stil erscheint uns auch sein Philipp, aber seine Charakterisierung ist plausibel. Merriman hält Philipp für „klug", aber engstirnig und übermäßig mißtrauisch. Wenn er jedoch Philipps Politik in Frankreich 1593 darlegt, muß Merriman zugeben, daß „einen der Eindruck nicht losläßt, der König habe nicht wirklich geglaubt, daß sich einer seiner Alternativvorschläge durchsetzen könne" (S. 638), was wiederum vermuten läßt, daß Merriman den alten Philipp vielleicht nicht mehr gar so „klug" gefunden haben mochte. Nach meiner Ansicht ist Merrimans Philipp auch viel zu bestimmend, und das liegt daran, daß Merriman Philipps Mitarbeitern wenig Beachtung schenkte. Geoffrey Parker, Philip II. (Boston 1978), liefert uns ein hervorragendes persönliches Porträt des Königs, ein wesentlicher Teil davon basiert auf Quellen, die bisher zuwenig beachtet wurden. Parker verdeutlicht, was manchesmal angedeutet wurde, daß Philipp in Krisenzeiten wiederholt in sein Schlafgemach floh mit Migräne und anderen Beschwerden...

Ein eindringliches Porträt Philipps hat dagegen Garrett Mattingly in *The Armada* (Boston 1959) geliefert (in der engl. Ausg. *The Defeat of the Spanish Armada*). Mattinglys Philipp unterscheidet sich nicht wesentlich von Merrimans (S. 409), aber Mattingly arbeitet die Persönlichkeit Philipps schärfer heraus: das Zaudern, als Resultat seiner Klugheit, die Flucht vor der Welt in die Welt der Akten. 1587/88 erscheint Philipp Mattingly jedoch als Asket mit einer alles beherrschenden Vision, als ein Mann, der sich mit der Sicherheit eines Schlafwandlers vorwärtsbewegte (S. 81).

Wer sich über Philipp und sein Spanien Spezialkenntnisse aneignen will, muß Luis Cabrera de Córdobas *Felipe II, Rey de España* (1619), 4 Bde. (Madrid 1876/77), studieren. Wer schon in spanischen Archiven gearbeitet hat, wird bald bemerken, daß Cabrera, der dem Herzog von Osuna in Neapel und Alexander Farnese in den Niederlanden als Sekretär gedient hatte, bevor er an den Hof kam, Zugang zu Staatspapieren besaß und sie des öfteren bei seiner Arbeit benutzte. Er wurde sowohl von Osuna als auch von Farnese mit wichtigen Botschaften zu Philipp geschickt und wurde bei mindestens zwei Gelegenheiten vom König direkt empfangen. Er war über die Ansichten des Hofes und das ausgezeichnete Nachrichtenmaterial der spanischen Agenten in ganz Europa bestens informiert, und seine Angaben haben sich nach einigen Stichproben als korrekt erwiesen. Cabrera läßt keinen Zweifel darüber aufkommen, daß Philipp immer den Rat und die Zusammenarbeit mit seinen Ministern suchte, wobei er sich allerdings nicht immer an die besten hielt. Philipp steht zwar im Mittelpunkt von Cabreras Geschichtswerk, er sieht ihn aber immer im Zusammenhang mit seinem Hof, von dem er sich genauso beeinflussen ließ, wie er ihn selber beeinflußte.

Dieser Hof wird höchst lebendig dargestellt in Agustín González de Amezúas Arbeit *Isabel de Valois, Reina de España, 1546–1568*, 3 Bde. (Madrid 1949). Die umfangreichen Quellenangaben im Anhang dieses Buches enthalten reiche Informationen über Philipps Beziehungen zu Frankreich in den sechziger Jahren.

Eine unentbehrliche Informationsquelle ist auch trotz kleiner Fehler Henri Fornerons *Histoire de Philippe II*, 4 Bde. (Paris 1881–1882), wo die Komplexität von Philipps außenpolitischen Beziehungen besser als bei Merriman dargestellt wird. Bei Forneron wird Philipp allerdings eindeutig als machiavellistischer Feind Frankreichs geschildert.

Von den moderneren Arbeiten über Philipp II. ist als die bedeutendste Fernand Braudels *Méditerranée* zu nennen. Braudels Philipp ist ein Mann, der unter schwierigen Bedingungen versucht, sein Bestes zu geben: Er ist weder gut noch böse, sondern ein gewöhnlicher Sterblicher mit gewissen Ambitionen. Der Protagonist von Braudels Arbeit ist nicht so sehr Philipp als der Mittelmeerraum, wie der spanische Gelehrte Manuel Fernández Alvarez richtig feststellt. Alvarez hat selber zwei bedeutende Arbeiten über Philipp II. verfaßt: „Felipe II, Semblanza de Rey Prudente", in: *Economia, Sociedad, Corona* (Madrid 1963), und *Politica Mundial de Carlos V y Felipe II* (Madrid 1966). Letztere konzentriert sich hauptsächlich auf Karl V., zeigt aber doch die Kontinuität der Politik von Vater und Sohn und stellt die wenig bekannten politischen Testamente Philipps II. heraus.

Ein faszinierendes Porträt Philipps präsentiert Gregorio Marañóns *Antonio Pérez*, 2 Bde. (Madrid, 7. Aufl. 1963). Für Marañón, der auch medizinisch ausgebildet ist, war Philipp ein schwacher, unsicherer Mann von mittelmäßiger Intelligenz, der immer unter dem Druck stand, seinem Vater nicht das Wasser reichen zu können. Etwas weniger anspruchsvoll erscheint Rafael Altamiras *Felipe II, Hombre de Estado* (Mexiko 1950). Zwischen den beiden Philipps von Marañón und Merriman steht der Philipp von John H. Elliotts *Imperial Spain* (London, Toronto 1963): ein Mann, der zwischen Entschlußlosigkeit und eisernem Pflichtgefühl hin und her gerissen wird und sich nur durch die Unterdrückung seiner Gefühle zu einem so perfekten Herrscher entwickeln konnte. Aber wie viele andere Historiker hat Elliott sich nur mit dem reifen Philipp beschäftigt und nicht die Entwicklung dieses Charakters vom Kind zum Greis nachgezeichnet. Ebenfalls zu empfehlen ist: John Lynch, *Spain under the Habsburgs*, 2 Bde. (Oxford 1963–1969), sowie Antonio

Domínguez Ortiz, *The Golden Age of Spain 1516–1659* (1963, ins Engl. übers. 1971), das sich auf die Ökonomie und Sozialgeschichte beschränkt. Domínguez sieht Philipp als Herrscher, dessen Hauptinteresse der Außenpolitik galt, die er nur kurz behandelt, da ihr nicht sein Hauptinteresse galt. Kurz, provokant und überzeugend ist H. G. Koenigsberger, *The Statecraft of Philip II*, in: *European Studies Review*, I, Nr. I (1971), S. 1–21. Koenigsberger sieht Philipp wie Elliott auch als Menschen mit Gefühlen, sein eigentliches Interesse aber gilt seinem Denken. Wie viele, die dieses erforschen wollten, hatte er nur wenig Material zur Verfügung. Während von vielen Philipps Regierung als gescheitert eingestuft wird, ist sie für Koenigsberger, wenn man sie an ihren Zielvorstellungen mißt, ein Erfolg.

Zwei moderne Beurteilungen Philipps II. findet man in: Antonio Ballesteros y Beretta, *Historia de España*, 12 Bde. (Barcelona, 2. Aufl.), Bd. VI (1950) und Bd. VII (1953), wo Philipp als kluger spanischer König geschildert wird, und: Ferand Soldevila, *Historia de España*, 8 Bde. (Barcelona, 2. Aufl. 1963), wo Philipp vom katalanischen Standpunkt aus gesehen als engstirniger kastilischer Herrscher dasteht. Ein interessantes Porträt entwirft auch der mexikanische Historiker José Miranda in: *España y Nueva España en la época de Felipe II* (Mexiko 1962), der zu ähnlichen Folgerungen wie Elliott kommt, aber mehr Aufmerksamkeit Philipps geistigen Interessen zuwendet. *L'Espagne au temps de Philippe II* (Paris 1965) ist eine bei Hachette erschienene Essay-Sammlung angesehener französischer Wissenschaftler mit einem Vorwort von Fernand Braudel. Besonders zu erwähnen ist Pierre Chaunus Essay über „Indien" und Henri Lapeyres Essay über „La dernière croisade" im Mittelmeer. Michel Devèze hat eine sehr klare Darstellung der nordeuropäischen Politik Philipps II. beigesteuert.

Eine Kategorie für sich nehmen die Polemiken jener ein, die Philipp entweder als Heiligen oder als unmoralischen Tyrannen darstellen. Mit diesem Problem beschäftigen sich J. C. Rule und J. TePaske als Herausgeber von *The Character of Philip II*. Dennoch müssen einige Werke speziell erwähnt werden. C. J. Cadoux, *Philip of Spain and the Netherlands* (London 1947), porträtiert Philipp als monstruösen Tyrannen, quasi als Antwort auf die beiden Arbeiten von W. T. Walsh und R. Trevor Davies: *Philip II* (Camden, N. J., London 1937) und *The Golden Century of Spain* (London, Toronto 1937), in denen Philipp II. allzu positiv erscheint. Das schlimmste Produkt dieser Reihe ist P. Luis Fernández y Fernández de Retana, *Historia de España en el tiempo de Felipe II*, Bd. XIX einer allgemeinen Geschichte Spaniens, ein langweiliges Kompendium wohlbekannter anekdotischer Details.

Von allen größeren Werken, die sich mit Philipp beschäftigen, erscheint mir Leopold von Rankes superbes Buch *Die Osmanen und die spanische Monarchie im 16. und 17. Jahrhundert* (Hamburg 1827, ern. Aufl. Berlin 1857 u. Leipzig 1887) am besten die Politik des Königs in Zusammenhang mit der jeweiligen Zusammensetzung seines Kabinetts zu stellen.

Die Zusammenarbeit Philipps II. mit seinen Ministern wird, wie mir scheint, am besten in dem kurzen Artikel von A. W. Lovett, „A New Governor for the Netherlands: the Appointment of Don Luis de Requesens, Commendador Mayor de Castilla", in: *European Studies Review*, I, Nr. 2 (1971), S. 89–103 gezeigt. Lovett ist minutiös den Reaktionen Philipps auf gewisse Ereignisse und seiner Rolle beim Fällen von Entscheidungen innerhalb des Kabinetts nachgegangen. Daher erscheint in diesem Artikel Philipp wesentlich menschlicher als bei anderen Wissenschaftlern, Mattingly und Marañón ausgenommen. Lovett zeigt Philipp II. als unsicheren und zögernden Menschen, der immer auch alternative Handlungsweisen in Erwägung zog: Mit Philipp, sagt Lovett, wurde „Unentschlossenheit ein Instrument der Staatskunst" (S. 95).

Gute populärwissenschaftliche Biographien sind: Sir Charles Petrie, *Philip II of Spain* (London 1963); Orestes Ferrara, *Philippe II* (Paris 1961), eine ausbalancierte Darstellung der Regierung Philipps II.; Ludwig Pfandl, *Philipp II: Gemälde eines Lebens und einer Zeit* (München 1938), und Reinhold Schneider, *Philipp der Zweite: Oder Religion und Macht*. Die letzteren Werke sind in der romantischen Tradition eines Schillers geschrieben, auch wenn beide Autoren Philipp wesentlich positiver gegenüber stehen als Schiller.

Über Philipps Mitarbeiter gibt es nur wenig Literatur, was mit dazu geführt hat, daß Philipp eine so dominierende Figur geworden ist. Zu empfehlen sind: Gregorio Marañón, *Antonio Peréz;*

Maurice van Durme, *El Cardenal Granvela* (Barcelona 1957); Martin Philippson, *Ein Ministerium unter Philipp II.: Kardinal Granvella am spanischen Hofe 1579–1586* (Berlin 1895); Sir Charles Petrie, *Don John of Austria* (London, New York 1967), besser als sein *Philip II;* Léon van der Essen, *Alexandre Farnèse, Prince de Parme, gouverneur géneral des Pay-Bas 1545–1592,* 5 Bde. (Brüssel 1933–1937); Francisco Caeiro, *O Archiduque Alberto de Austria* (Lissabon 1961); Alfonso Dánvila y Burguero, *Don Cristobal de Moura* (Madrid 1900); William S. Maltby, *Alba. A Biography of Fernando Alvarez de Toledo, Third Duke of Alba* (Berkeley and Los Angeles 1983), ist eine hervorragende Arbeit, die eine große Lücke schließt. A. González Palencia, *Gonzalo Pérez, secretario de Felipe II,* 2 Bde. (Madrid 1946); J. M. March, *El Comendador Mayor de Castilla, Don Luis de Requesens, en el Gobierno de Milán 1571–1573* (Madrid 1943, 2. Aufl. 1946); A. W. Lovett, „The Governorship of Don Luis de Requesens, 1573–1576. A Spanish View", in: *European Studies Review,* II, Nr. 3 (1972). Über Ruy Gómez de Silva ist keine angemessene Biographie geschrieben worden, und auch die Arbeit von Fidel Pérez Mínguez *Don Juan de Idiáquez* (San Sebastian 1935) wird dieser bedeutenden Persönlichkeit nicht gerecht. Ein provokanter Artikel ist A. W. Lovetts „A cardinal's Papers: the Rise of Mateo Váquez de Leca", in: *English Historical Review,* LXXXVIII, Nr. 347 (April 1973), der dem „Erzsekretär" eine größere politische Rolle zuschreibt, als er meiner Meinung nach besessen hat. J. A. Escudero bringt in seiner Arbeit *Los Secretarios de Estado y del Despacho 1474–1724,* 4 Bde. (Madrid 1969) wichtige Unterlagen über Philipps bedeutendere Sekretäre.

Besondere Aspekte der Monarchie Philipps II. behandeln folgende Bücher: Modesto Ulloa, *La Hacienda rcal de Castilla en el reinado de Felipe II* (Rom 1963); J. Caro Baroja, *Los Moriscos del Reino de Granada* (Madrid 1957); Henri Lapeyre, *Simon Ruiz et les „asientos" de Philippe II* (Paris 1953) und ders., *Géographie de l'Espagne morisque* (Paris 1959). Ein gutes Kompendium von Arbeiten über die *moriscos* bringt Bernard Vincent, „L'Expulsion des morisques du royaume de Grenade et leur repartition en Castille", in: *Mélanges de la casa de Veláquez,* VI (1970), S. 211–246; E. Schäfer, *El Consejo Real y Supremo de las Indias,* 2 Bde. (Sevilla 1935); Carlos Riba García, *El Consejo supremo de Aragón en el reinado de Felipe II* (Valencia 1914); J. Reglá Campistol, *Felipe II y Catalunya* (Barcelona 1956); Ralph Giesey, *If Not, Not* (Princeton 1968) über den Eid der Aragonier; Sebastian García Martínez, *Bandolerismo, pirateria y control de moriscos en Valencia durante el reinado de Felipe II* (Valencia 1977), ist von Bedeutung für Valencia. Henry Kamen, *The Spanish Inquisition* (London, New York 1965), eine objektive Darstellung auf dem neuesten Stand; J. F. Guilmartin, *Gunpowder and Galleys* (Cambridge 1974), zeigt die Vorteile und Nachteile der Galeeren für Philipp. Siehe auch Gino Benzoni (Hrsg.), *Il Mediterraneo nella seconda metà del '500 alla luce di Lepanto* (Florenz 1974). I. A. A. Thompson, „The Armada and Administrative Reform: the Spanish Council of War in the reign of Philipp II, in: *English Historical Review,* LXXXII, Nr. 325 (1967), S. 698–725; und von ders., „Appointment of the Duke of Medina Sidonia to the Command of the Spanish Armada", in: *Historical Journal,* 12, Nr. 2 (1969), S. 197–216; P. O'M. Pierson, „A Commander for the Armada", in: *Mariner's Mirror,* 55, Nr. 4 (1969), S. 383–400. Über die Annexion Portugals siehe Alfonso Dánvila, *Felipe II y el Rey Dom Sebastian de Portugal* (Madrid 1954), und von dems., *Felipe II y la sucesión de Portugal* (Madrid 1956). Über Philipps Regierung in Portugal siehe L. A. Rebello de Silva, *Historia de Portugal nos seclos* XVII e. XVIII (Lissabon 1862), Bd. I.

Eine exzellente Übersicht über Philipps überseeische Besitzungen bietet J. H. Parry, *The Spanish Seaborne Empire* (London, New York 1966). Ein anregender Essay ist J. H. Elliott, *The Old World and the New* (Cambridge, New York 1970). Siehe auch J. Miranda, *España y Nueva España;* C. H. Haring, *The Spanish Empire in America* (New York, Oxford 1947); J. H. Parry, *The Spanish Theory of Empire in the Sixteenth Century* (Cambridge, Toronto 1940); und A. P. Newton, *The European Nations in the West-Indies 1492–1688* (London, Toronto 1933). Auch die Geschichtswerke von Merriman, Ballesteros, Elliott und Lynch enthalten gute Kapitel über die Neue Welt; vgl. auch Pierre Chaunus Beitrag zu *L'Espagne aux temps de Philippe II.* Über die portugiesischen überseeischen Besitzungen siehe C. R. Boxer, *The Portugese Seaborne Empire* (London 1969, New York 1970).

Über Italien siehe H. G. Koenigsberger, *The Practice of Empire* (Ithaca, N. Y. 1969), eine „verbesserte" Auflage von „The Government of Sicily under Philip II" (London 1951). B. Croce,

Storia del regno di Napoli (Bari 1925, 6. Aufl. 1965), bricht mit den antispanischen Vorurteilen der italienischen Geschichtsschreibung, um Philipps Regierung in Neapel objektiv darzustellen. Croces Essay erscheint in engl. Übersetzung in Eric Cochrane, Hrsg., *The Late Italian Renaissance* (New York, London 1970). Hierin ist auch Rosario Villaris *Philippe II et la Franche-Comté* (Paris 1911, Neuaufl. 1970) erschienen. Mit diesem Werk setzte sich die von Braudel begonnene Methode durch, zuerst die geographischen, wirtschaftlichen, sozialen und geistigen Strukturen zu analysieren, bevor einzelne politische Persönlichkeiten und Ereignisse zur Diskussion gestellt werden, so daß letztere in fast deterministischer Weise sich aus den ersteren entwickeln.

Eine kurze und gute Bibliographie über den Aufstand der Niederlande findet man in H. R. Rowen, Hrsg., *The Low Countries in Early Modern Times* (New York, London 1972); Pieter Geyl, *The Revolt of the Netherlands* (London, 2. und verb. Aufl. 1962), ist als Standardeinführung in das Thema zu empfehlen. Neue Forschungsergebnisse bietet Charles Wilson, *Queen Elizabeth and the Revolt of the Netherlands* (London, Berkeley 1970). Der Autor legt dar, daß der Aufstand ohne englische Intervention von Philipp niedergeschlagen worden wäre. Sein Porträt der Königin Elisabeth I., die er als eine Frau voller Vorurteile und Leidenschaften, schwankend zwischen Unentschlossenheit und Hysterie und zugleich als fähige Herrscherin zeigt, ist eine willkommene Abwechslung zu den vielen schmeichelnden Darstellungen dieser Königin. So erscheint Elisabeth I. als eine glaubwürdige Zeitgenossin von Philipp II. G. N. Parker, „Spain, her Enemies an the Revolt of the Netherland", in: *Past and Present,* Nr. 49 (1970), S. 72–95. Parker greift hier Pierre Chaunu an, der in „Seville et la Belgique", in: *Revue du Nord* Nr. 42 (1960), S. 259–292) behauptet hatte, Philipps Kriege seien in Zusammenhang mit den Schätzen aus der Neuen Welt gestanden. Parker dagegen ist wie auch ich der Meinung, daß sich vielmehr die türkische Gefahr im Mittelmeerraum hemmend oder fördernd auf Philipps Kriegführung ausgewirkt hat. G. Parkers *Army of Flanders and the Spanish Road 1567–1659* (Cambridge, New York 1972) ist ein brillantes Werk über den Aufstand der Niederlande und Spanien, über die Kriegführung im 16. und 17. Jahrhundert und ihre Folgen auf die Regierung und die Gesellschaft.

Eine interessante Studie über die niederländische Gesellschaft aus marxistischer Sicht ist Tibor Wittman, *Les Gueux dans les „Bonnes Villes" de Flandre* (Budapest 1969).

Alle oben genannten Werke setzen Grundkenntnisse über den Aufstand voraus. Zur Einführung sei empfohlen: J. L. Motleys *The Rise of the Dutch Republic,* 3 Bde. (New York, London 1855) und v. ders. *The United Netherlands,* 4 Bde. (New York, London 1860–1868 und viele weitere Auflagen). Obwohl er mit der protestantischen und rebellischen Seite klar sympathisiert, hat er gründlich recherchiert, und viele der von späteren Historikern als neu präsentierten Erkenntnisse über den Aufstand in seiner sachlich brillanten Darstellung vorweggenommen.

Über Philipps Beziehungen zu England: Manuel Fernández Alvarez, *Tres embajadores de Felipe II en Inglaterra* (Madrid 1951); mit Frankreich: De Lamar Jensen, *Diplomacy and Dogmatism* (Cambridge, Mass. 1964) speziell über die Gesandtschaft von Don Bernardino de Mendoza; sowie Bhodan Chudoba, *Spain and the Empire 1510–1643* (Chicago 1952).

Zu neueren Werken über europäische Geschichte, die sich auf intelligente Weise mit Philipp II. auseinandersetzen, gehören: *New Cambridge Modern History,* Bd. III, „Western Europe and the Power of Spain" von H. G. Koenigsberger. Das Kapitel ist auch in Koenigsbergers *The Habsburgs in Europe 1516–1660* (Ithaca, N.Y., London 1971) enthalten; J. H. Elliott, *Europe Divided 1559–1598* (London, New York 1968); und Henri Lapeyre, *Les monarchies européennes du XVIᵉ siècle* (Paris 1967).

Anhang

ÜBERSEEISCHE BESITZUNGEN DER SPANISCHEN HABSBURGER BIS 1700
(1700: Ende der spanischen Habsburger)

Bolivien
1535: Entdeckung und Eroberung – Angliederung an das Vizekönigreich Peru.
1825: Proklamation der Unabhängigkeit.

Chile
1537: Entdeckung und Eroberung.
1541: Die Hauptstadt Santiago wird gegründet.
1818: Ausrufung der Republik.

Ecuador:
1533/34: Eroberung.
1830: Proklamation der selbständigen Republik.

Kalifornien
1542: Eroberung von Mexiko aus.
1697: Besitznahme durch Gründungen von Missionen durch Jesuiten.
1846: Unabhängigkeitserklärung.

Kolumbien
1499: Entdeckung.
1536–1539: Eroberung.
1739: Vizekönigreich.
1810: Beginn der Befreiungskämpfe.
1819: Ausrufung der Republik.

Kuba
1492: Entdeckung.
1511: Eroberung.
1868: Beginn der Aufstände.
1898: Angliederung an die USA.
1902: Ausrufung der Republik.

Mexiko
1519–1521: Entdeckung und Eroberung.
1535: Spanisches Vizekönigreich.
1825: Räumung des letzten spanischen Stützpunktes. Die Republik wird ausgerufen.
1863: Besetzung der Hauptstadt durch französische Truppen.
1864: Ankunft von Kaiser Maximilian I. (Erzherzog von Österreich).
1867: Erschießung Maximilians in Querétaro.

Peru
1532–1535: Entdeckung und Eroberung.
1535: Vizekönigreich.
1810: Beginn der Unabhängigkeitskämpfe.
1821: Ausrufung der Unabhängigkeit.

Philippinen
1521: Entdeckung und Eroberung (Besitznahme).
1762–1764: Britische Besetzung.
1898/99: Abtretung an die USA nach Beendigung des span.-amerikanischen Krieges.

Texas
1521: Entdeckung und Eroberung (langsame Besiedelung).
1821: Texas wird ein Teil Mexikos.
1836: Unabhängigkeitserklärung.

Venezuela
1498/99: Entdeckung.
1528: Beginnende Besiedelung.
1810: Beginn der Revolution.
1811: Unabhängigkeitserklärung.

ZEITTAFEL

21. 5. 1527: Geburt Philipps in Valladolid.

1540: Philipp II. wird Herzog von Mailand.

1554: Philipp II. wird König von Neapel.

25. 10. 1555: Kaiser Karl V. (I.) bestellt Philipp II. zum Regenten der Niederlande.

16. 1. 1556: Philipp II. wird König von Spanien. Karl V. (I.) übergibt Philipp auch Burgund, die italienischen und überseeischen Besitzungen.

10. 8. 1557: Sieg der Spanier über die Franzosen bei Saint Quentin.

3. 4. 1559: Friedensschluß von Câteau-Cambrésis.

1559–1567: Margarete von Parma (Tochter Karls I. [V.]) wird Statthalterin in den Niederlanden.

1565: Philipp II. erteilt den Befehl zur Durchführung der Inquisition.

1566: Aufstand der Niederlande.

1567: Der spanische Feldherr Herzog Alba marschiert mit seinem Heer zur Bekämpfung der Aufständischen in den Niederlanden ein. Wilhelm von Oranien flieht nach Deutschland.

1568–(1648): Freiheitskampf der Niederlande. Forderung nach Anerkennung der Generalstände und nach Religionsfreiheit. Alba läßt die Führer der Aufständischen, Graf Egmont und Graf Hoorn, hinrichten.

1571: Seeschlacht bei Lepanto. Don Juan d'Austria besiegt mit der vereinigten spanisch-venezianischen Flotte die Türken.

1568–1571: Aufstand der *moriscos* von Granada.

1573: Der Feldherr und Staatsmann Herzog Alba wird von Philipp II. von seinem Amt abberufen.

1576: Gründung der „Heiligen Liga" mit Unterstützung von Philipp II. (zur Bekämpfung der Reformierten).

1576–1578: Don Juan d'Austria – Statthalter in den Niederlanden.

1578–1592: Alexander Farnese, Herzog von Parma – Statthalter in den Niederlanden.

1579: Friede von Arras. Die südlichen Niederlande unterwerfen sich der spanischen Herrschaft.

1580: Philipp II. wird nach dem Aussterben des portugiesischen Königshauses König von Portugal. Personalunion zwischen Spanien und Frankreich bis 1640.

1581: Die sieben vereinigten Provinzen der nördlichen Niederlande (Holland, Zeeland, Utrecht, Geldern, Overijssel, Friesland und Groningen) erklären ihre Unabhängigkeit.

10. 7. 1584: Ermordung von Wilhelm I. von Oranien. Sein Sohn Moritz wird Statthalter in den Niederlanden und Oberbefehlshaber der Land- und Seemacht der vereinigten niederländischen Provinzen.

1588: Die spanische Armada wird von den Engländern im Kanal schwer geschlagen. Heftige Stürme auf der Rückfahrt vernichten weitere Schiffe der Armada.

13. 9. 1598: Philipp II. stirbt im Escorial. Sein Sohn Philipp III. (1578–1621) wird sein Nachfolger.

LEBENSDATEN

PHILIPP II., König von Spanien 1556–1598
  * 21. 5. 1527 in Valladolid
  † 13. 9. 1598 im Escorial b. Madrid
  Grabstätte: Monasterio de San Lorenzo im Escorial – Pantheon der Könige

  1. ⚭ 15. 11. 1543 in Salamanca
  MARIA, Infantin von Portugal
  Eltern: Johann III., König von Portugal, und Katharina, Infantin von Kastilien,
  Erzherzogin von Österreich, Tochter Philipps I., König von Kastilien
  * 15. 10. 1527 in Coimbra
  † 12. 7. 1545 in Valladolid
  Grabstätte: Monasterio de San Lorenzo im Escorial – Pantheon der Infanten

  2. ⚭ 25. 7. 1554 in Winchester
  MARIA I. Tudor von England – „die Blutige"
  Eltern: Heinrich VIII., König von England, und Katharina, Infantin von Aragonien,
  Tochter Ferdinands V., König von Aragonien
  * 18. 2. 1516 in Greenwich
  † 17. 11. 1558 in London
  Grabstätte: Im nördlichen Seitenschiff der Westminster Abbey in London

  3. ⚭ 2. 2. 1560 in Toledo
  ELISABETH, Prinzessin von Frankreich a. d. H. Valois
  Eltern: Heinrich II., König von Frankreich, und Katharina von Medici, Tochter
  Lorenzos II., Großherzog von Urbino
  * 2. 4. 1545 in Fontainebleau
  † 3. 10. 1568 in Madrid
  Grabstätte: Monasterio de San Lorenzo im Escorial – Pantheon der Infanten

  4. ⚭ 12. 11. 1570 in Segovia
  ANNA, Erzherzogin von Österreich
  Eltern: Maximilian II., Römischer Kaiser, und Maria, Infantin von Spanien, Tochter
  Karls V., Römischer Kaiser
  * 2. 11. 1549 in Cigales b. Valladolid
  † 26. 10. 1580 in Badajoz
  Grabstätte: Monasterio de San Lorenzo im Escorial – Pantheon der Könige

Personenregister

STAMMTAFEL

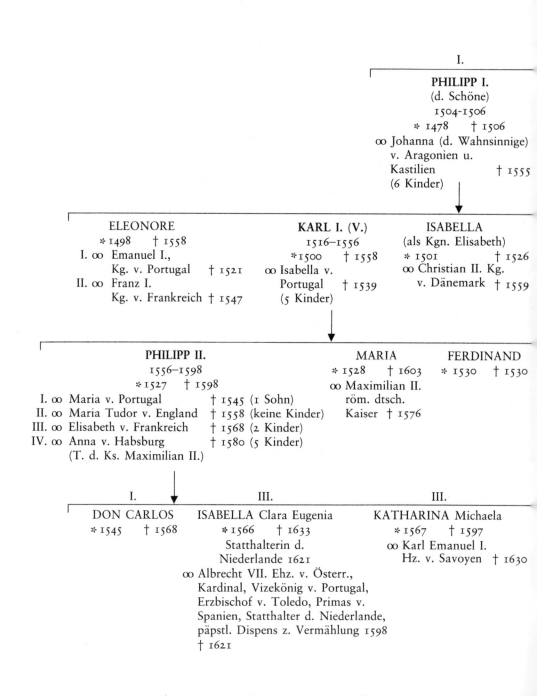

I.

PHILIPP I.
(d. Schöne)
1504-1506
* 1478   † 1506
∞ Johanna (d. Wahnsinnige)
v. Aragonien u.
Kastilien   † 1555
(6 Kinder)

ELEONORE
*1498   † 1558
I. ∞ Emanuel I.,
Kg. v. Portugal   † 1521
II. ∞ Franz I.
Kg. v. Frankreich † 1547

KARL I. (V.)
1516–1556
*1500   † 1558
∞ Isabella v.
Portugal   † 1539
(5 Kinder)

ISABELLA
(als Kgn. Elisabeth)
* 1501   † 1526
∞ Christian II. Kg.
v. Dänemark † 1559

PHILIPP II.
1556–1598
*1527   † 1598
I. ∞ Maria v. Portugal   † 1545 (1 Sohn)
II. ∞ Maria Tudor v. England † 1558 (keine Kinder)
III. ∞ Elisabeth v. Frankreich † 1568 (2 Kinder)
IV. ∞ Anna v. Habsburg   † 1580 (5 Kinder)
(T. d. Ks. Maximilian II.)

MARIA
* 1528   † 1603
∞ Maximilian II.
röm. dtsch.
Kaiser † 1576

FERDINAND
* 1530   † 1530

I.

III.

III.

DON CARLOS
*1545   † 1568

ISABELLA Clara Eugenia
*1566   † 1633
Statthalterin d.
Niederlande 1621
∞ Albrecht VII. Ehz. v. Österr.,
Kardinal, Vizekönig v. Portugal,
Erzbischof v. Toledo, Primas v.
Spanien, Statthalter d. Niederlande,
päpstl. Dispens z. Vermählung 1598
† 1621

KATHARINA Michaela
*1567   † 1597
∞ Karl Emanuel I.
Hz. v. Savoyen † 1630

MAXIMILIAN I.
* 1459 † 1519
Ehz. v. Österr., röm. dtsch. Kg., röm. dtsch. Ks.
I. ∞ Maria v. Burgund † 1482 (3 Kinder)
II. ∞ Bianca Maria Sforza
    v. Mailand † 1510 (keine Kinder)

I.	I.
MARGARETE	**FRANZ**
* 1480 † 1530	* 1481 † 1481
Generalstatthalterin	
d. Niederlande 1507	
I. ∞ Johann Pr. v. Aragonien u.	
Kastilien † 1497	
II. ∞ Philibert II. v. Savoyen	
† 1504	

FERDINAND I.	**MARIA**	**KATHARINA**
1556–1564	* 1505 † 1558	* 1507 † 1578
* 1503 † 1564	∞ Ludwig II. Kg. v.	(postume Geburt)
∞ Anna v. Böhmen † 1547	Ungarn u. Böhmen	∞ Johann III. Kg. v.
(15 Kinder)	† 1526	Portugal † 1557

uneheliche Kinder
mit Johanna van der Gheenst † ?   mit Barbara Blomberg † 1597

JUANA	SOHN	MARGARETE v. PARMA	DON JUAN D'AUSTRIA
* 1537 † 1573	totgeboren	* 1522 † 1586	* 1547 † 1578
∞ Johann Pr. v.	25. 4. 1539	Statthalterin d. Niederlande	Oberbefehlshaber
Portugal † 1554		1559–1567	d. Seestreitkräfte
		I. ∞ Alexander Medici	d. „Heiligen Liga"
		Grhz. v. Florenz † 1537	– Sieger v. Lepanto
		II. ∞ Ottavio Farnese	Statthalter in den
		Hz. v. Parma † 1586	Niederlanden 1576

IV.	IV.	IV.	IV.	IV.
FERNANDO	CARLOS	DIEGO	**PHILIPP III.**	MARIA
* 1571 † 1578	* 1573 † 1575	* 1575 † 1583	1598–1621	* 1580 † 1584
			* 1578 † 1621	
			∞ Margarete v.	
			Österr.-Stmk. † 1611	
			(8 Kinder)	

In derselben Reihe erschienen:

Verlag Styria Graz Wien Köln